우리에게
유교란 무엇인가

배병삼

녹색평론사

일러두기

— 본문에 인용하는 유교 관련 원전은 《논어》와 《맹자》가 중심이다. 논의 전개에 따라 그리고 인용문의 중요도에 따라 한자로 된 원문을 붙이기도 하고 생략하기도 하였다. 또 번역문 밑에 원문을 붙이기도 하고 각주로 처리하기도 하였다. 이것은 가독성을 고려한 때문이다.

— 《논어》는 전체 20편으로 이뤄졌다. 원전을 인용할 때 사용한, 예컨대 '《논어》, 3:12'라는 기호는 《논어》 제3 '팔일(八佾)' 편의 12번째 장을 뜻한다. 다만 판본에 따라 장절의 순서가 들쑥날쑥하다(12장의 내용이 책에 따라서 13장이나 14장으로 되어있는 경우가 있다). 여기서는 장절의 기준을 《한글세대가 본 논어》(배병삼 주석, 문학동네, 2002년, 전2권)에 둔다(《한글세대가 본 논어》는 원문을 차례대로 번역하고, 장절을 나눠 각각 해설을 붙인 것이다).

— 《맹자》는 모두 7편으로, 또 각 편은 상·하로 나뉘었다(이런 편찬은 이미 한나라 경학자 조기(趙岐)의 손에서 이뤄졌다). 본디 《맹자》의 각 편 제목은 《논어》처럼 그 첫 문장, 첫머리 글자를 똑 떼어 이름으로 삼았던 것이다. 가령 맹자 제1편 제목은 '양혜왕(梁惠王)'이고, 마지막 제7편 이름은 '진심(盡心)'인데, 이것을 각각 상·하로 분절하여 '양혜왕(상)', '양혜왕(하)' 또 '진심(상)', '진심(하)'라는 식으로 표기해왔다. 《맹자》가 교과서로서 널리 쓰이던 때라면 이런 식의 편명 표기는 원문 찾기에 도움이 된다. 그러나 오늘날은 《맹자》라는 책 이름조차 낯선 형편에, '양혜왕' 편이니 '진심' 편이니 하는 명칭은 독자를 더욱 어리둥절하게 만들 뿐이다. 이에 나는 편장의 순서를 중시하였다. 즉 각 편을 순서에 따라 아라비아숫자로 표시하고, 또 상편은 영어 알파벳 'a'로, 하편은 'b'로 표기하였다. 이를테면 첫 편인 '양혜왕(상)'은 1a, 끝 편인 '진심(하)'는 7b로 표기할 참이다. 그러므로 '1a:3'이라는 부호는 '양혜왕 상편의 제3장'을 뜻한다. 그리고 장절을 나누는 기준은 주희(朱熹)의 《맹자집주》에 따랐다. 전통적인 편장 표기법에 익숙한 독자들의 양해를 바란다.

— 그 외, 《시경》과 《서경》 및 《순자》 그리고 《예기》, 《대학》, 《중용》 등 유교 관련 경전과 《사기》, 《춘추》 등의 역사서 또 《도덕경》과 《장자》 등 노장 관련 서적들은 그 인용 횟수가 많지 않아 엄밀한 출처보다 인용 부분이 소속된 편장을 표기하였다(예컨대 '《순자》, 자도(子道) 편'으로 표기하는 식이다).

머리말
"나도 지금 세상이 두렵다"

이 땅에서 유교가 죽은 지 100년 세월이 흘렀다. 조선이 망한(1910년) 뒤, 유교의 이마 위에는 '미개'와 '야만'이라는 주홍글씨가 새겨졌다. 향교와 서원들은 퇴락하여 텅 빈 채 무너졌다. 장중한 상례와 번다한 예식은 봉건제도니 가부장제라는 손가락질 앞에 가뭇없이 사라졌다. 대신 서양의 가치와 양식이 문명의 북극성인 양, 이 땅의 좌표축으로 등장하였다. 지난 100년 동안 못나고 잘못되고 추레한 것 앞에는 '유교적'이라는 수식어가 붙었다. 서양의 근대가 광명이라면, 유교는 암흑이었다. 진보의 걸음을 가로막고, 근대화의 소매를 붙잡는 누추한 전통, 수구의 원흉이 유교였다.

1

지금 이 땅은 피로감에 휩싸여 있다. 서양이라는 북극성을 향해 종종걸음 쳐온 길 뒤에는 황폐한 땅과 피폐한 사람들이 남았다. 물질적 성취나마 고루 나눠졌더라면 죽어버린 유교를 되돌아볼 이유는 없을 터다. 하나 자본주의가 마지막 안간힘을 쓰고 있는 오늘, 이 땅은 부정의와 불균등, 불평등과 과로로 몹시 피로하다.

　이미 농업은 궤멸된 지 오랜 터에, 빈농의 자식인 노동자들은 쌍용자동차와 한진중공업에서 목을 맨다. 한겨울 지하도에서는 노숙자들이 제 손으로 만든 '골판지 관' 속으로 기어들어가 칼잠을 잔다. 청소년들은 늦은 봄 쏟아지는 꽃잎처럼 제 몸을 마구 내던지고, 폭력으로 얼룩진 중등학교에는 경찰이 곧 상주할 참이다.

　가장이 직장을 잃으면 가정이 무너지고, 기댈 데 없는 노약자들은 거리로 나앉는다. 와중에 뉴스거리도 되지 못할 이름 없는 사람들은 또 하염없이 스러져간다. 한 언론인은 오늘 이 땅의 모습을 힘겹게 묘사한다.

> 일자리 못 찾고, 실직하고, 벌이가 적고, 병들고, 월세·학원비 밀린 이들은 다리 위에서, 집에서, 차 안에서, 공원에서 죽는다. 만일 가장이 생계를 유지할 능력이 없다면 그의 가족도 살아남기 어렵다. 국가는 경쟁력 강화하고 선진화하느라 겨를이 없고, 사회는 이미 정글로 변해 아무도 남의 가족을 돌보지 않는다. 그래서 나온 해결책이 가족 살해다. 사회가 낙오자로 찍기만 하면, 찍힌 이가 알아서 나머지 쓸모없는 가족을 사회로부터 제거한다. 이건 연쇄살인, 아니 청부살인이다. 그런데도 세상은? 너무 조용하다.
>
> — 이대근, '우리는 조용히 죽어가고 있다', 〈경향신문〉 2011년 2월 17일자

　잘사는 이들은 배가 불러서 죽을 판이고, 못사는 사람들은 목숨을 연명하기도 힘든 판이다. 생존의 시간이 늘어난 만큼 길어진 노년은 천대받고 그 주검은 사흘 만에 소각, 처리된다. 장송곡은커녕 남몰래 홀로 숨지는 '고독사'며, 장례식조차 없이 곧바로 불구덩이로 떨어지는 직장(直葬)이라는 낯선 말들이 점점 귀에 익어간다. 젊음을 늘리느라 온갖 성형기술이 난무하지만, 삶의 끝자락에는 지옥도의 풍경이 펼쳐진다.

누구 할 것이 없이 모두 초조하고 불안하며 피로하다. 자연스레 '사람이 산다는 것이 무엇인가'를 질문하게 된다. 아니 '제대로 죽는 것이 무엇인지'를 질문하게 만드는 '철학의 시대'를 지금 우리는 살아가고 있다.

2

21세기도 10여 년이 지난 오늘. 유교를 호출한다. 이 책은 100년 전 묘비명조차 없이 파묻힌 유교의 혼령을 불러내 그 말을 들어보는 초혼제의 마당이다. 그동안 유교에 대한 비평은 있었어도 유교가 제 목소리로 발언한 적이 거의 없었다는 사실에 착안한다. 이 책은 유교 앞에 마이크를 대놓고, 그의 말을 들어보는 자리다.

죽은 자는 살아있었던 자다. 2,500년 전, 춘추전국시대에 태어난 유교 역시 꿈을 품은 젊은 시절이 있었고, 호기롭게 천하를 제어하던 장년의 세월도 있었다. 그리고 "예교가 사람을 잡아먹는다"(루쉰)라는 비난을 들을 만큼 광기에 사로잡힌 노년도 있었다.

공자와 맹자는 500년간에 걸친 전쟁의 시대를 살았던 사람들이다. 그 시대는 사람이 짐승보다 못한 꼴로 타락하고 한 움큼의 밥을 위해 낯 모르는 자의 등에 칼을 꽂는 세월이었다. 어른들의 말씀에 "한밤중에 산길을 가다가 만나는 사람이 짐승보다도 무섭더라"던 것처럼, 사람이 짐승보다 더 두려웠던 시대였다. 가정맹어호(苛政猛於虎)라, "가혹한 정치는 호랑이보다 무섭다"는 고사 속에 그런 세태가 오롯이 들었다.

공자가 제자들과 깊은 산속을 가던 어느 날. 한 여인이 통곡하는 모습을 보았다. 우는 까닭을 묻자, 여인은 '남편과 자식을 연달아 호랑이에게 잡아먹혀 잃었다'고 하소연한다. 공자는 '산을 떠나 마을에서 살면 될 것 아니냐'고 권한다. 그러자 여인은 '마을의 정치는 호랑이보다 더 무섭기 때문에 이곳을 떠날 수도 없다'고 답한다. 공자는 제자들을 돌아보고 말했다. "단단히 기억해두어라. 세상의 잘못된 정치는 호랑이보다 더 무섭다는 사실을!"

— 《예기(禮記)》

유교의 밑바닥에는 두려움이 깔려있다. 유교에는 천당과 극락이 없는 대신, 인간이 짐승으로 추락할지 모른다는 공포와 염려가 있다. 맹자는 "공자가 시대를 두려워하였다(孔子懼)"라고 전한다. 제 자신도 "인간이 짐승보다 못한 꼴로 타락할까 두렵다(吾爲此懼)"며 진저리쳤다(《맹자》, 3b:9). 공자와 맹자가 이 나라 저 나라를 전전한 것은 고작 제 한 입을 벌기 위함이 아니었다. "짐승이 사람을 잡아먹고, 급기야 사람이 사람을 잡아먹는" 암울한 인간세상을 구제하고자 함이었다.

한데 농익은 자본주의의 끝자락에 선 오늘날, 기시감을 느낀다. 데자뷰! 처음 만나는 장면인데 어디선가 이미 본 듯한 느낌! 2,000년 전의 책 《논어》와 《맹자》를 읽고 있노라면 어제 신문에서 본 내용 같기도 하고, 지금 옆방에서 나는 소리인 듯도 하여 주변을 둘러보곤 하였던 것이다.

이 대목에서 텔레비전 드라마 제목이던 '쩐의 전쟁'이란 말이 가슴에 닿는다. 목숨 걸고 돈을 놓고 싸우는 오늘날의 세태를 잘 압축하였다. 기시감의 근원이 바로 여기 있는 것이리라. 2,000년 전 '국가들의 전쟁' 시대와, 오늘 '쩐의 전쟁' 시대는 서로 겹쳐들어 같은 이미지를 구성한다. 공자와 맹자가 당대를 두려워했듯, 한낱 시골 서생에 불과하지만, '나도 지금 세상이 두렵다!' 이 책은 그들의 두려움에 공감하고, 세상의 공포와 사람에 대한 염려를 공유한 기록인 셈이다.

3

이 책은 한 시대의 끝자락에서 새로운 문명을 예감하며 쓴 것이다. 모두 열일곱 편의 글을 3부로 나눠 펼쳐보았다. 첫번째 마당에서는 유교에 대한 오해를 걷어내고자 하였다. 두 번째 마당에서는 유교의 정체가 무엇인지를 따져보고, 셋째 마당에서는 유교를 오늘 이 땅에 초청하여 그 목소리를 들어보고자 하였다. 프롤로그로서 맨 앞에 실은 〈생태의 눈으로 '논어' 읽기〉는 이 책의 서문이면서, 유교의 보편적 의의를 천명한 것이다.

제1부에 실은 여섯 편의 글은 '근대 100년' 동안 유교라는 이름에 덕지덕지 붙은 오물을 걷어내는 작업이다. 일종의 씻김굿이라고 할까. 충효라느니, 삼강오륜이라느니, 또는 위민사상이라느니 민본주의라느니 하는 말들이 실은 유교를 오해하고 오도한 것임을 해명하는 자리다. 여태 유교가 이런 오해들에 대해 제대로 변명해본 적이 없었다는 점에 유의하여, 조목조목 따져볼 참이다. 그리하여 충효는 도리어 법가에서 기원한 것임을, 또 삼강은 오륜과 전혀 다른 이데올로기임을, 그리고 위민사상이나 민본주의는 도리어 반(反)유교적이거나 내용 없는 허깨비 이름임을 드러내 보일 것이다.

2부에 실린 다섯 편의 글은, 그렇다면 '유교란 무엇인가'라는 정체성에 대한 답변이다. 유교라고 하면 떠오르는 '의리', '충성'이 정말 유교적이거나 한 것인지 살펴보는 곳이다. 또 왜 유교는 입만 열면 요순(堯舜) 타령인지를 기독교의 야훼에 견주어 논함으로써, 신(神)이 없는 유교에서 구원자로서 요순이 요청된 맥락을 따져볼 것이다.

무엇보다 제2부의 눈동자는 7편 〈여민이란 무엇인가〉와 8편 〈맹자의 꿈 – 여민체제〉에 있다. 인(仁)이나 여민(與民)이라는 말 속에 깃들인 유교의 꿈이 무엇이며, 또 그 실현을 위해 어떤 제도를 구상했는지 살펴본다. 서구 민주주의 위기와 그 몰락이 거론되는 오늘날, 유교의 여민체제 구상이 하나의 대안이 되길 기대한다. 귀신(유교)의 말을 정확하게 공수해야 할 무당의 솜씨가 필요한 대목인데, 막상 독자들이 이해 못할 소리를 중언부언한 것은 아닌지 염려스런 곳도 여기다.

그렇다면 오늘날 우리에게 유교란 무엇인가. 피로에 찌든 우리 삶에 유교는 어떤 처방을 내릴 수 있을 것인가. 제3부는 오늘 이 땅으로 유교를 초청하여 그 목소리를 들어보는 자리다(이 점에 주의하여, 책 제목을 '우리에게 유교란 무엇인가!'라고 잡았다).

유교는 일용지간(日用之間)이라, 평범한 일상 속에 진리가 숨 쉰다고 여긴다. 오늘날 역시 유교의 진리는 지금 이곳, 너와 나의 사이(間)에 있을 따름이다. 지금 우리가 겪는 고통을 해결하는 데 도움이 되지 못할 유교라면, 쓰레기통에 내던져도 좋을 터. 공자와 맹자가 우리 삶을 관찰한 후 내뱉음직한 비평과 조언을 들어보려는 것이다. 이를테면 질곡으로 변한 이 땅의 학교에 대한 조언을, 또 해체일로에 접어든 한국의 가족과 사회문제에 대한 의견을, 그리고 사익의 추구로 위기에 봉착한 시장경제와 가진 자의 도구로 타락한 정치에 대한 비판과 그 대안을 청해본다.

끝으로 유교의 참된 가치를, 공자와 제자들의 대화에서 추려본 〈스승과 제자〉 편을 에필로그로 삼아 문을 닫는다.

4

이 책이 꾸려진 계기는 격월간지 《녹색평론》과의 만남에서 비롯되었다. 생각하면 이 만남은 운명적인 데가 있다. 실은 녹색이야말로 유교의 본령인 터다. 유교에 깃든 '과거 속의 미래'와, 회색문명 속에서 녹색의 길을 모색하는 《녹색평론》과의 만남은 필연적이라 여겨져서다. 하나 일각에서는 "진보 잡지인 녹색평론에서 무슨 시대착오적인 유교놀음이냐"라는 비아냥거림도 있었다고 들었다. 그러니 이 사이에 모종의 결단이 있었으리라 짐작한다. 해묵은 유교의 속내를 드러낼 수 있도록 너른 마당을 마련해준 김종철 선생께 감사드린다.

한문이나 배울 요량으로 들어간 유도회(儒道會) 한문연수원에서, 권우 홍찬유(卷宇 洪贊裕, 1915-2005) 선생을 만났다. 글만이 아니라 유교가 무엇인지를 직접 뵙고 배울 수 있었다. 이분을 만나지 못했더라면 나는 지금도 유교를 흘겨보고 있으리라. 선생님의 영전에 부족한 이 책을 올린다. 정녕 이 책에 볼만한 것이 있다면 그건 선생님 덕이요, 잘못된 것은 정작 제대로 배우지 못한 내 탓이다.

임진년 단오절
배병삼

목 차

	머리말 "나도 지금 세상이 두렵다"	3

1부
유교, 오해 풀기

프롤로그 생태의 눈으로《논어》읽기	12
1장 위민(爲民)은 없다	27
2장 민본주의는 번역어다	43
3장 충효(忠孝)는 없다	59
4장 삼강과 오륜은 다르다	76
5장 가족을 다시 보자	92

2부
유교, 이해하기

6장 충성(忠誠)이란 무엇인가	110
7장 여민(與民)이란 무엇인가	124
8장 맹자의 꿈 — 여민체제	144
9장 왜 요순(堯舜)인가	169
10장 유교의 정의(正義)란 무엇인가	185

3부
유교에서 길 찾기

11장 불인하도다, 카이스트여!	204
12장 인(仁)이란 소통이다	223
13장 덕(德)이란 매력이다	239
14장 유교와 시장	258
15장 유교의 정치	277

에필로그 스승과 제자	296

1부

유교, 오해 풀기

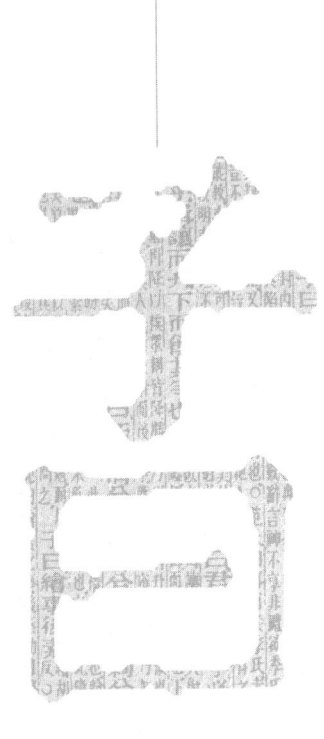

프롤로그 생태의 눈으로 《논어》 읽기
위민(爲民)은 없다 | 민본주의는 번역어다 | 충효(忠孝)는 없다
삼강과 오륜은 다르다 | 가족을 다시 보자

프롤로그
생태의 눈으로《논어》읽기

1. 일상을 일상답게 살기의 어려움

《논어》'향당(鄕黨)' 편에는 공자의 일상생활이 사진으로 찍은 듯 잘 묘사되어 있다. 그 가운데 이런 대목이 있다. "공자는 밥 먹을 때는 말이 없었고, 잠을 잘 때도 말이 없었다."[1] 밥 먹을 때는 밥만 먹고, 잠을 잘 때는 잠만 잤다는 뜻이다.

처음 이 구절을 접했을 때는 밥상머리에서 떠들면 꾸중 듣던 우리 식사습관이 여기 공자의 생활태도에서 비롯되었구나 하는 '인류학적' 감회에 머물렀다. 한데 시간이 흐를수록 그 속에 든 뜻이 새삼스러워진다. 최근에는 이 말을 먹고 자는 일에 오롯이 하나가 되어, 먹을 때는 '먹는 사람'이 되고 잠잘 때는 '잠자는 사람'이 될 뿐이라는 뜻으로 새기기에 이르렀다. 먹고 자는 일이 나(의 건강이나 업무)를 위한 수단이 아니라 그 자체로서 완결된다는 것.

---

1) 食不語, 寢不言.(《논어》, 10:8)

그러자 공자의 공자다움도 무엇을 '위하여' 살지 않았던 데 있을 따름이라는 생각이 든다. 하면 나를 위하여 먹고 자지도 않은 사람이, 즉 내 몸이나 일을 위하여 먹고 자지 않는 사람이 과연 남을 위하여 살 겨를인들 있었으랴 싶기도 하다. 그렇다면 인(仁)이니 덕(德)이니 하는 그의 주장도 천하를 위하라거나 나라를 위하라는 게 아니요, 또 남을 위하라는 것도 아니고, 다만 인과 덕 그 자체가 사람다움의 발현이라는 뜻이겠다는 생각에까지 미친다.

그러나 우리는 대개 음식을 무엇을 '위하여' 먹는다. 암보다 무섭다는 비만을 막기 위해 적게 먹고, 어려운 일을 하기 위하여 보약을 먹는다. 잠도 마찬가지다. 내일 치를 시험을 위하여 잠을 줄이고, 피로를 풀기 위하여 아침나절을 잠으로 채운다. 숙면클리닉이니 숙면베개라느니, 숙면장애니 숙면조절이라느니 하는 말들은, 잠자기 자체가 아닌 나(건강)를 위한 수단이 된 잠자기의 처지를 거꾸로 보여준다. 우리네 먹기와 잠자기는 나로부터 분리되어 있고, 또 소외되어 있는 것이다.

이에 반해 "밥 먹을 때는 밥만 먹고 잠을 잘 때는 잠만 잤다"는 공자에게 식사시간은 밥 먹는 것이 주인인 시간이요, 수면시간은 잠이 주인공인 시간이 된다. 하나 어디 공자뿐이랴. 불교 쪽에서도 같은 뜻을 품은 말이 있다.

    어느 선사에게 누가 물었다.
    "스님도 도를 닦고 있습니까?"
    "닦고 있지!"
    "어떻게 하시는데요?"
    "배고프면 먹고 피곤하면 잔다."
    "에이, 그거야 아무나 하는 것 아닙니까. 도 닦는 게 그런 거라면, 아무나 도를 닦고 있다고 하겠군요."
    "그렇지 않아. 그들은 밥 먹을 때 밥은 안 먹고 이런저런 잡생각을 하고 있고, 잠잘 때 잠은 안 자고 이런저런 걱정에 시달리고 있지."

(한형조 번역)

먹기와 잠자기는 누구나 다 언제나 행한다는 점에서 참으로 비근한 일이다. 먹지 않고 사는 사람이 없고, 잠자지 않고 사는 사람은 없는 것이다. 그러니까 먹고 잠자기는 삶의 기본이요 일상 자체다. 한데 우리는 너무나 일상적인 먹기와 잠자기를 소외시키고 무엇을 '위한' 도구로 삼을 뿐 그 자체를 누리지 못한다. 삶을 구성하는 가장 중요한 일임에도 익숙한 습관처럼 그냥 그렇게 스쳐 지나갈 뿐인 것이다.

사실 밥 먹는 일만 놓고 봐도 보통 어려운 일이 아니다. 나부터가 내가 얼마를 먹어야 배가 차는지를 모르고 산다. 언젠가 통도사(양산)에 들러 점심공양을 하는데 얼마만큼 먹어야 내 배가 차는지 모른다는 사실을 그제서야 알았다. 대야마다 밥과 김치며 국을 담아놓았는데, 각자 식기를 들고 대야의 음식들을 자유롭게 덜어서 먹도록 되어있었다. 한데 문기둥에 큰 글씨로 '밥 한 톨도 남겨선 안된다'는 경구가 붙여져 있었다. 그걸 본 순간부터 움찔움찔 불안해지기 시작했다. 식기에 밥을 담을 때도 국을 풀 때도 담았다가 덜었다가, 밥을 먹을 때도 밥이 남을까 국이 남을까 반찬이 남을까, 내내 어쩔 줄을 몰랐다. 그러니 밥맛을 느낄 틈이 언제 있었으랴.

그날에야 반백 년 넘도록 하루 세끼씩 꼬박꼬박 먹고 살면서도, 밥과 반찬을 마음껏 먹되 남김없이 먹는 것이 얼마나 큰일인지를 처음으로 뼈저리게 깨달을 수 있었다. '마음껏 먹어라'는 자유에 덧붙여 '깨끗이 다 먹어라'는 책임이 함께 부과되었을 때, 나는 그 자유와 책임 사이에 끼여서 식사시간 내내 불편했던 것이다. 흰머리가 그득한 중늙은이가 되도록 밥과 반찬을 적절히 섞어가면서 식사를 즐기기는커녕 얼마를 먹어야 제 배가 차는지 정량조차 알지 못한 채 살고 있다는 사실이야말로 밥을 제대로 먹는다는 것이 보통 일이 아님을 증거한다. 거꾸로 지천명의 나이에 이르렀으되 내가 제대로 된 삶을 살지 못하고 있음을 보여주는 사태이기도 하다. 매일매일 행하는 짓, 아니 '나'를 존재하도록 만드는 기본 동력인 먹고 자는 것조차 알지 못하고, 누리지 못한다는 이 어처구니없는 사실이 지금 '나'의 현실태인 것이다.

2. 배운다는 것

그렇다면 평범한 일상(먹고, 마시고, 잠자기)의 의미를 알고, 그것을 누리고 사는 것을 배우는 일부터가 공부길이다. 무엇을 '위하여' 먹지 않고, 내일을 '위하여' 잠자지 않고, 먹을 때는 먹음 자체가 되고, 잠잘 때는 잠자기 자체가 되는 법을 배워서 익숙해지는 것이 공부의 급선무가 된다. 그 다음에라야 선생질도 아비노릇도 바로 할 수 있을 것 같다.

무엇을 위하지 않고 그 자체(아비든, 선생이든)를 오롯이 구현함이란, 또 상대방을 나를 '위한' 수단으로 삼지 않는 것이기도 하다. 학생은 선생을 위해 존재하는 피사체가 아니며, 자식은 아비를 위해 존재하는 종속물이지 않을 때라야 상대방의 존재의미가 온전하게 피어난다. 나아가 대상이 일(업무)일지라도 마찬가지이리라. 공자가 업무를 뜻하는 사(事)자 앞에 공경한다는 뜻인 경(敬)을 붙여서 경사(敬事)라느니 집사경(執事敬)이라는 표현을 거듭하는 까닭도, 일조차 활물(活物)로 보고 있다는 뜻이다.

그렇다면 자연이야 일러서 무엇하리. 산과 숲, 물과 강, 천지자연은 결코 인간을 '위한' 도구가 아닌 것이다. 이들은 인간과 함께 더불어 세계를 구성하는 어엿한 주인공들이다. 그러기에 공자는 자연물들을 취하되 남용하지 않았던 것이리라. 하여 물고기를 잡을 때도 "낚시질은 하되 그물질은 하지 않았으며, 잠자는 새는 쏘아 맞추지 않았다"[2]고 하였다. 사람도 동물인지라 남의 살을 먹을 수밖에 없으나, 그물질을 해서 넘치도록 생명을 잡지는 않았고 또 새들에게도 도망갈 길을 틔워주는 것을 생물에 대한 예의로 여겼던 것이다.

　나를 위하여 자연물을 사물화하지 않고, 또 그렇다고 나를 자연물을 섬기는 도구(이데올로그로서의 자연주의자)로 만들지 않는 사잇길에 공자의 생태주의가 깃든다. 요컨대 공자의 생명과 삶에 대한 자세는 '위하여'를 벗어나야 한다는 것이다. '위하여'는 결국 너와 나를 소외시키고 만다. '위하여'에는 상대를 수단이나 도구로 보는 눈길이 탑재되어 있기 때문이다. 상대방(자연이나 일조차)을 어엿한 주인공으로 영접할 때만 서로는 서로에게 꽃송이로 피어나는 것이다.

　한데 일상을 일상으로서 느끼면서 살아가기가, 일상 속에서 그 일상을 즐기며 살아가기가 쉽지 않은 게 문제다. 열쇠는 '눈'에 있는 것 같다. 심드렁하게 살아가는 하루하루를 '비상하게' 재발견할 때라야만 일상은 다시금 일상으로서 새로이 다가오리라. 《중용》에서 말했듯 "누구나 먹는 밥이지만 참맛을 제대로 느끼며 먹는 사람이 드문 것"[3]이기에 그렇다. 공자는 매일 먹는 밥맛을 새롭게 느끼면서 먹을 수 있었기에 "밥 먹을 때는 밥만 먹었던" 것이지만, 우리로선 매일 먹는 밥(일상)에 브레이크를 걸어 밥 자체를 낯설게 바라보는 눈이 없다. 그렇다면 새로운 눈으로 일상을 재발견하는 법을 배우기가 참된 공부의 첫걸음이 된다.

　공자가 스스로를 두고 호학(好學)이라, 곧 '배우기를 좋아하는 사람'으로 규정한 것도 딴 뜻이 아닐 터이다. 또 《논어》 첫 장을 "배우고 또 때때로 익히면 기쁘지 않으랴"라며, 배움과 익힘으로써 문을 연 까닭도

---

2) 子釣而不綱, 弋不射宿.(《논어》, 7:26)
3) 人莫不飮食也, 鮮能知味也.(《중용》, 제4장)

일상을 재발견하는 법을 배우고 익힐 때라야 새로운 눈을 얻고, 또 새로운 사람으로 재탄생할 수 있기 때문이리라.

하면 재발견이란 어떤 것일까. 나의 배경으로나 여기고 여태 심드렁하게 여겼던 산과 들이, 혹은 내내 당연시하며 시큰둥하니 보아 넘겼던 학교 가는 길이, 또는 그저 그렇게 대수롭지 않게 여겼던 아침과 저녁나절이 한순간 '딱!' 뒤통수를 치면서 낯설게 돌출하는 체험을 통과하는 순간이 일상을 재발견하는 때다. 세상을 관찰하는 나, 세상의 중심이던 나가 아니라 문득 나를 둘러싼 시공간과 주변 풍경이 거꾸로 주인공이 되는 전도된 체험을 통과하기다. 이때가 재발견의 순간이다. 이런 때는 어떤가.

> 공자가 개천가에서 물을 보고 말했다. "이렇구나, 흘러가는 것이! 밤과 낮을 가리지 않고 흐름이여."
>
> 子在川上曰, "逝者如斯夫! 不舍晝夜."
>
> —《논어》, 9:16

개천의 물이란 본시 그냥 흘러가는 것이거니 대수롭지 않게 보아 넘겼던 공자에게 어느 날 물 스스로 흘러가는 사실 자체가 낯설고 새로운 광경으로 확 덤벼든 것이다. 공자는 순간 개천을 재발견한 것이다. 풍경처럼 존재하던 개천의 물이 어느 순간 자연의 주인공이 되어 불끈 앞으로 돌출하고, 도리어 그간 세계의 주인공이던 '나'는 물가에 선 손님으로 쪼그라드는 뒤집히는 체험을 해버린 것이다. 고작 개천에 불과했던 물흐름이 갑자기 천지자연의 '자연스러움'을 체현하고 있음을 목도한 것이다. 우주의 중심이 나(사람)가 아니라 저 흘러가는 물임을, 물속에 자연의 진리가 흐르고 있음을 문득 깨닫고 토로한 것이다. "흘러가는 것이 저럴진저. 밤낮을 가리지 않음이여…."

확장하면 하느님이 수천만 년 동안 봄, 여름, 가을, 겨울을 이토록 성실하게 운행함에 거기 온갖 생명이 싹을 틔우고 자라고 또 열매 맺어 만물이 화육함을 깨달은 것이다. 세계의 주인공은 나, 인간이 아니라 자연이요 하느님이라는 각성이다. 혹 이것이 공자가 나이 오십에 획득했다는 지천명(知天命)의 경지가 아닐까? 여하튼 공자는 흐르는 물속에 든 하느님의 존재를 읽어내고, 도리어 사람이란 자연의 주인공이 아니라 자연에 깃들어 사는 한 미물임을 통절하게 깨달았던 것이다. 개천가에서 토로한 공자의 각성이야말로 배움의 절정이다. 덧붙여 이렇게 토로한 것이리라. '지혜로운 자라야만 물을 좋아할 줄 아는 법(知者樂水)'이라고.[4]

역시나 오늘 가야산 홍류동 계곡에는 물이 흘러내리고 있을 것이다. 저 옛날 신라시대 최치원(崔致遠)이 신발을 벗어놓고 자연 속으로 스며들 때 그러하였듯 지난여름에도 그러하였고, 지금도 그렇게 흘러내릴 것이다. 내가 물을 보든지 말든지 물에겐 전혀 상관이 없는 일이다. 홍류동 계곡물도 공자의 개천과 똑같이 '제 스스로(自) 그러하게(然)' 흘러내릴 따름인 터다. 내가 계곡을 찾아와 볼 때를 기다려 내 사진의 배경이 되기 '위하여' 존재하고 있음이 아닌 것이다. 노자도 말한 바 있었다. 천지불인(天地不仁)이라, "하늘땅 곧 자연이 어찌 인간을 '위하여' 존재할 것인가"라고. 저 물은 제 스스로 그렇게 흘러가는 것이지 어찌 '인간을 위하여' 흘러가는 것이랴, 라고.

도리어 계곡물이야말로 내내 흐르고 흘러 천지자연을 구성하는 한 주인공이라면, 나는 고작 그를 잠시잠깐 만나고 돌아올 뿐인 것이다. 홍류동 계곡에게 나는 손님일 따름이다. 한데도 우리는 계곡에다 상수원이라는 이름을 붙이고, 강을 운하라고 부르고, 바다를 영해라고 구획한다. 강을 풍경으로 밀어붙이고, 개천을 용도로 대상화하며, 바다를 도구로 소외시키고 있는 것이다. 급기야 하천을 '관리한다'고 하고, 강을 '정비

---

4) 《논어》, 6:21

한다'고 하면서 물밑을 파내고 물가를 시멘트로 처바른다. 제 먹는 양조차 옳게 알지도 못하는 주제에.

이 착각을 일삼는 나를 깨우치고, 도리어 풍경으로 소외시켰던 상대를 섬기는 것이 자연(진리) 속의 인간으로 재탄생하는 길이다. 여태 보고 들은 것을 상식이요 진리로 여겼던 '나' 중심의 생각을 뒤집어, '나'를 의심하고 도리어 나의 배후에 웅크리고 있던 자연이 활발하게 살아 숨 쉰다는 체험을 하는 것이 배움이다. 그리하여 자연과 함께 더불어 살아가는 것이 참된 삶임을 제대로 느끼고 익히는 것이다.

이 뒤집어 보기 체험(배움)이 몸에 익을 때, 기쁨이 온몸을 휘감으리라고 공자는 전망한다. "배우고 때로 익히면 기쁘지 않으랴"라는 말은 너(자연)가 나를 '위하여' 존재하는 것이 아니라 외려 세계의 주인공임을 깨닫는 순간 내 속에서 충일한 기쁨이 터져나온다는 뜻이다. 이런 점에서 《논어》는 뒤집어 보기, 나를 중심으로 세상 보기에 길들어 있던 눈을 뒤집어서 거꾸로 세상을 보도록 가르치는 책이다.

3. 극기복례 — 발효의 과정

하면 어떻게 공부해야 일상을 일상으로서 느끼면서 살아갈 수 있을까. 《대학》의 구절을 빌려 다시 질문하자면 일신우일신(日新又日新)이라, 심드렁한 나날을 날마다 새롭고 또 날마다 새롭게 여기며 살아갈 수 있는 방법은 무엇일까? 공자는 극기복례(克己復禮)의 길을 제안한다.

제자 안연이 인(仁)을 물었다.
공자 말씀하시다. "극기복례라, 단독자로서의 나를 이겨내고 상대방과 더불어 함께하는 순간 인(仁)이 되지. 단 하루라도 극기복례할 수 있다면 온 세상이 문득 인(仁)으로 바뀔 거야. 그 변화는 나로부터인 게지,

상대방으로부터가 아님이랴!"

顔淵問仁. 子曰, "克己復禮爲仁. 一日克己復禮, 天下歸仁焉. 爲仁由己, 而由人乎哉."

— 《논어》, 12 : 1

극기복례는 우리에게 낯익은 말이다. 극기(克己)란 '나를 이긴다'는 뜻인데, 여기 나(己)란 상대방을 수단으로 삼으려는 나, 흐르는 물을 사람을 위한 도구로 보는 나를 뜻한다. 보고 듣는 감각에 사로잡혀 너와 나를 구분 짓고 너를 나의 도구로 삼는 나, 곧 에고(ego)덩어리가 기(己)다. '극기'란 에고를 부수고 툭 트인 마음으로 상대방에게 손을 내미는 과정을 말하고, '복례'란 너와 나의 경계가 툭 트이면서 '우리'로 승화하는 과정을 뜻한다.

오해하기 십상이지만, 복례의 예(禮)는 리바이어던으로 몸을 바꿔 사람을 잡아먹던 조선 말기의 경직된 의례들을 뜻하는 말이 아니다. 여기서 예란 상대방을 세계의 주인공으로서 영접하는 길들을 말한다. 너와 내가 마음을 열고 소통하는 길이 예다. '복례'에는 '함께·더불어 살기'가 사람의 본래적 가치라는 뜻이, 더불어 살 때라야만 사람의 사람다움이 드러난다는 생각이 전제되어 있다. 그러므로 복례의 복(復)에는 현재 나(에고) 중심의 세계를 벗어나 '우리'의 세계로 되돌아가자는 지향성이 들어있다.

복례가 지향하는 세상은 '위하지 않는' 곳이다. 너를 위하여 나를 소모하지도 않고 나를 위하여 너를 수단화하지 않는 세계다. 내가 그대에게 무엇을 준다면 그건 이웃으로서 그냥 주는 것이지, 반대급부를 예상하고 주는 것이 아닌 곳이다. 주면 주는 것으로 끝나고, 받으면 받는 것으로 끝나는 세계다. 만일 그대가 나를 '위하여' 무엇을 준다면, 받은 나는 얼마나 부담스러울 것인가. 부담감은 미안함으로 변하고 미안함은 상대가 나를 지배하도록 만드는 빌미가 될 수 있다. '위하여' 논리의 무서욺은 지배복종이라는 권력세계로 너와 나를 끌어가 끝내 '우리'를 파괴한다는 점에 있다. 이 점이 '위하여' 논리의 속내다. 공자가 당시 정직한 사람으로 알려진 미생고(微生高)의 처신을 두고 올바른 사람이 아니라고 비난한 까닭도 이 때문이다.

> 공자가 말했다. "누가 미생고를 일러 정직하다고 했던고! 누군가 식초를 얻으러 왔는데, 이웃집에 가서 빌려다 주었다더군."
> 子曰, "孰謂微生高直? 或乞醯焉, 乞諸其隣而與之."
>
> ―《논어》, 5:23

식초는 우리에게 간장이나 된장처럼 중국인이라면 누구나 다 갖추고 사는 필수품이다. 그러니 제 집에 없으면 이웃집에서 빌려다 줄 것이 아니라 그냥 없다고 하면 그만이다. 그 사람이 또다른 이웃집에 가면 얻을 수 있으므로.

공자가 미생고를 '바르지 않다'고 비난한 것은 그의 처신에서 '위하여'의 굴레를 발견했기 때문이다. 이웃집에서 빌려서까지 식초를 얻어주는 것은 너와 나를 거리낌 없는 '우리'로 만들려는 노력이 아니다. 도리어 너와 나를 구별 짓고, 나의 속(가난함 같은 것)을 상대에게 감추고, 상대를 위함으로써 보상(명성)을 바라는 소외와 차별의 씨앗이 숨겨져 있는 것이다. 참된 선물은 상대방으로 하여금 받는다는 것(나로서는 준다는 것)조차 잊도록 배려하는 것이지, 이웃에서 얻어주면서까지 부담을 주는 것은 선물이 아니라 관계를 해치는 독이다. 상대를 '위하여' 주는 순간, 흔하디흔한 식초는 권력의 도구로 타락하는 출발점에 서게 된다. 이 대목에서 모스(Marcel Mauss)의 《증여론》 독후감은 인용할 만하다.

실제로 원시부족들이 선물하는 장면들 중 비슷한 장면들이 있다. 한 부족이 다른 부족에게 무언가를 선물할 때 그들은 그것을 내버리는 것처럼 행동한다. 그러면 다른 부족이 그것을 집어 들고는 횡재라도 한 양 즐거워한다. (…) 여기에 선물하는 자의 배려가 있다. 받는 자가 횡재했다고 느낌으로써 아무런 부담 없이 그것을 쓰도록 주는 자가 배려하는 것이다.

— 고병권,《고추장, 책으로 세상을 말하다》, 그린비, 2007년, 79쪽

복례의 꿈 속에는 재화가 이익의 도구가 되기 이전, 사람과 사람 사이의 관계를 증진하는 한 도구로 순기능하던 때에 대한 그리움이 담겨있는 듯하다. 상대방을 나와 똑같은 주인공으로 배려하는 세상에의 꿈이다. 하나 이 꿈이 어찌 복고적이기만 하랴. 공자가 "극기복례가 곧 인(仁)이 된다"라며 수제자 안연(顏淵)에게 제 속을 드러냈을 때, 이미 그의 손가락은 미래를 지향하고 있는 것이다. 하여 공자는 몸소 친구와의 사귐 속에서 자기 꿈을 실현하기도 하였던 것이리라.

친구가 죽었는데 몸을 누일 데가 없으면 공자는 말했다. "우리 집에다 모시자"라고. 한편 친구가 준 선물은 비록 그것이 값비싼 말과 수레일지라도 고맙다는 인사를 하지 않았다.

朋友死, 無所歸. 曰, "於我殯." 朋友之饋, 雖車馬, 非祭肉, 不拜.

— 《논어》, 10:15

'고맙다'라는 인사 한마디에 친구의 선물(값비싼 선물일수록)은 '위하여' 논리 속으로 빠져들고, 그 인사 한마디로부터 내 마음에는 그림자가 드리워진다. 마음속의 그림자는 부담감으로 또 미안함으로 변질되다가 끝내 친구 사이가 상하관계로 변질될 씨앗이 피어나게 된다. 그러니까 위하지 않을수록 사람답고 또 가까운 사이인 것이요, 위할수록 거리가

멀어지고 또 상대를 소외시키는 짓이 된다. 이 벌어진 틈새에 권력이 끼어드는 것이다. 이로부터 내가 너의 도구가 되거나, 네가 나의 수단이되는 지배복종 관계의 문이 열린다. 한편, 죽어버린 친구는 나의 배려에 전혀 반응하지 못한다. 그럼에도 시신을 내 집에 안치한 것은 그를 '위하여' 한 일일 수가 없다. 위함이 없이 해맑은 사람대접, 이것이 공자가 지향하는 예의 세계, 극기복례의 고향임을 헤아릴 수 있겠다.

'참된 나'는 남과 함께·더불어 살아갈 때, 즉 '우리'가 될 때라야만 진면목이 드러난다. 내 등 뒤에는 수많은 타인들이 존재하고 있다. 내 몸뚱이는 부모님으로부터 받은 것이요, 음식은 농부에게 빚지고 있는 것이다. 나아가 현재의 '나'는 아들과 아내 그리고 학생들과 관계 맺고 있기도 하다. 그러니 다음 시는 나와 네가 어울려 '우리'로 전환하는 길을 잘 보여준다.

> 그대의 근심 있는 곳에
> 나를 불러 손잡게 하라
>
> 큰 기쁨과 조용한 갈망이
> 그대 있음에
> 내 마음에 자라거늘
>
> 오, 그리움이여
>
> 그대 있음에 내가 있네
> 나를 불러 손잡게 해
>
> — 김남조, 〈그대 있음에〉(부분)

그렇다. "큰 기쁨과 조용한 갈망이 / 그대 있음에 / 내 마음에 자라"날 때, 그리하여 "그대 … 나를 불러 손잡게 해"줄 때, 그대와 나는 문득 너도 아니고 나도 아닌 우리로 변모한다. 신화 속에서 곰이 사람으로 변하듯이 변모한다. 실은 내가 먼저 '그대의 근심 있는 곳에' 손을 내밀어 그대 손을 잡을 때라야, 우리로 발효할 수 있다. 공자 식으로 말하자면 내 손을 내미는 것은 극기요, 그대의 손을 잡는 때는 복례하는 순간이요, 우리로 변모하는 순간이란 곧 인(仁)으로 승화하는 때다. 요컨대 극기복례란 상대를 나와 동등한, 그러면서도 나와 또다른 주인공으로 영접할 때 '우리'로 발효하는 과정이다.

극기복례를 생태적 관점에서도 읽을 수 있을 듯하다. 이 과정은 꼭 콩이 소금을 받아들여 된장으로 발효되는 과정과 닮아 보이기 때문이다. '기'(나)는 콩에 비유할 수 있겠고, 극기는 콩이 몸을 열어 소금을 받아들이는 고통의 과정에 비할 수 있겠다. 또 복례의 '복'은 콩이 소금을 받아들이고 소금은 콩으로 녹아들어 된장이 되는 발효과정에 비할 수 있겠고, 복례의 '례'는 소금과 콩이 어울려 새로운 물질인 된장, 곧 '우리'로 승화된 경지에 이름과 같아 보인다.

사실 콩에게 소금은 적대적일 만큼 타자다. 콩이 자기와 적대적이기조차 한 소금에게 자신을 열어 그를 영접할 때, 즉 담담하게(소금을 위하지도 않고, 또 저 자신을 위하지도 않고) 받아들일 때 그제야 콩은 콩을 벗어나 된장이라는 새로운 존재로 변모하기 시작하는 것이다. 하나 발효라고 쉽게들 말하지만 실은 소금기에 섞이는 콩의 살은 얼마나 아프고 고통스러울까. 소금인들 제 몸이 녹아서 사라지는 과정인데 어찌 섞임이 쉬울 수 있으랴. 이 변화의 고통을 알기에 공자는 극(克)이라는 강한 표현을 사용하였으리라.

그러나 만일 콩이 저 자신을 단독자로 유지하려고 소금을 영접하지 않는다면, 혹은 제 문을 닫고 상대를 고작 자신의 확장을 위한 수단으로 삼으려 한다면 머지않아 콩은 똥이 되고 만다. 썩어버리고 마는 것이다. 콩이 소금을 영접할 때는 된장으로 발효할 기회를 얻지만, 이를 거부하고 홀로 외돌토리로 '자기애'에 빠져 살기를 고집하면 곧 똥이 된다는 이 절박함은 사람관계에 그대로 적용할 수 있다. 사람이 상대방을 또다른 주인공으로 영접할 때만이 사람다움(너와 나가 변모한 우리)을 이뤄내지만, 만일 상대방을 나(에고)의 확장 수단으로 삼거나 '자기애'의 목표를 위한 도구로 삼을 때는 죽음을 면치 못하리라는 경고로서 말이다. 그러고 보면 극기복례의 과정은 자체로 생태적이라고 할만하다.

4. 공자의 생태정치학 — 내가 변하는 순간 세상이 바뀐다!

요컨대 "단독자로서의 나를 극복하고 상대방과 더불어하는 순간 인(仁)이 되지. 단 하루라도 극기복례할 수 있다면 온 세상이 문득 인(仁)으로 바뀔 거야!"라는 구절은 "내가 변하는 순간, 세상이 바뀐다!"라는 말로 재번역할 수 있다.

공자사상의 핵심어 인(仁)이란 곧 '함께·더불어하기'다. '함께·더불어하기'의 원동력은 '그대가 있기에 내가 존재한다'는 생각으로의 전환에서 비롯된다. '내가 있기에 네가 있다'라는 자기애에 가득 찬 일상을 완전히 뒤집어 '그대가 있음으로 내가 존재한다'로 전환하는 순간, 평화의 길이 툭 열린다. 공자는 이 전환의 극적인 순간을 "단 하루라도 극기복례할 수 있다면 온 세상이 문득 인(仁)으로 바뀔 거야. 그 변화는 나로부터인 게지, 상대방으로부터가 아님이랴!"라고 표현한 것이다.

여태 '나'만이 존재하던 세계 혹은 '내가 있음으로 네가 있다'라는 오만한 생각으로부터, '당신, 곧 부모, 형제, 농부, 친구가 있기에 겨우 내가 존재할 수 있다'는 생각으로 바꾸는 순간 '함께하기'가 가능해지는 것이다. 그렇다면 사람다움이란 결코 홀로, 따로, 눈에 보이는 사물로서 존재하는 것이 아니다. 사람다움이란 너와 나 사이 어디쯤에 있는데, 그것은 너를 나의 대상이나 수단이 아니라 도리어 네가 있음에 내가 존재함을 깨닫는 순간 문득 드러난다. 다시금 노랫말을 빌리자면 "그대 있음에 내가 있네 / 나를 불러 손잡게 해"(김남조 시인)라며, 손을 내밀어 그대를 영접하는 순간에 피어난다. 그 꽃송이의 이름을 따로 인(仁)이라 부를 따름이다.

    하면 공자에게 정치의 역할이란 무엇인가. '위하여' 논리를 거부하고, 그대가 있음에 내가 존재하는 '함께·더불어'의 세계로 전환시키는 것이 정치가 할 일이다. 여기가 덕치(德治)의 세계요, 또 여민동락(與民同樂)의 세상이며, 극기복례가 실현되는 마당이다. '위하여' 세계에서 너는 나의 수단이 되고 나는 너의 수탈자가 되지만, '함께·더불어' 세계 속에서 너와 나는 우리로 발효되고, 또 동식물, 산과 강, 나아가 일마저도 물질덩어리가 아닌 이 세계의 또다른 주인공으로서 대접받는 세상이 된다. 생태정치가 이뤄지는 곳이 여기다.

1장
위민(爲民)은 없다

    내가 나가는 학교는 경남 양산의 천성산 기슭에 자리하고 있다. 산세가 깊고 그윽하여 지금껏 태고의 정취를 품고 있는 곳이다. 그저께 점심 먹고 걸었던 산책길은 찬연하기 이를 데 없었다. 가을 오후의 햇살이 비껴드는 산 정수리에는 누렇고 붉은 단풍이 감돌고, 아랫마을 논배미에는 황금빛 나락들이 바람에 넘실거렸다. 고개 들어 보는 하늘엔 구름 한 점 없어 깨질 듯 파란색 일색이었고, 가을 햇살은 눈이 시어 바로 쳐다 볼 수 없을 지경이었다.

    지난해의 오늘이 지금과 같지 않았듯, 내년의 오늘도 지금과는 다르리라 싶었다. 이 순간은 그저 이 순간으로 사라져버리고 만다는 생각이 들고, 그러자 문득 '산다'라는 우리말이 순간순간을 살아버린다는 뜻이 아닐까 하는 생각으로 번져나간다. '살아간다(to live)'는 말이 훌쩍 날아서 '살라버린다', 즉 '태워버린다(to burn)'는 뜻에 가닿았던 것이다.

    '후회 없이 산다'는 말도 매 순간을 찌꺼기 없이 살아버리는, 태워버림을 뜻하는 것이겠구나 싶었다. 예수나 석가 같은 성인들의 삶이 빛나는 까닭도 순간순간을 불로 살라버리듯 살다 갔기 때문이다 싶고, 공자가 "아침에 도를 들으면 저녁에 죽어도 좋다"[1]라고 토로했던 것이나, 소크라테스가 죽음을 목전에 두고서 외려 미지의 땅(저승세계)으로 떠난다는 희열에 설렜던 것도 매 순간을 살아-버렸기 때문이리라 싶은 것이었다. 죽음마저 살아버리는 이 생생한 '살아버림'이야말로 위대한 인간들의 공통분모로 여겨졌다. 시인 정호승이 "사랑하다 죽어버려라"고 노래했던 것(《부석사》)도 '지금 여기'서의 삶을 남김없이, 찌꺼기 없이 태워버리며 살라는 뜻을 역설적으로 표현한 것이리라.

1. '즉하여 살기'와 '위하여 살기'

순간을 살아버린다는 것은 지금 현장의 삶에 "즉(卽)하여 산다"는 말과 같다. '즉하여 살기'란 아들을 대하는 순간엔 아비로서의 나를 다하고, 학생을 대할 적엔 선생으로서 나를 살아버리는 것이다(주희는 이것을 진기(盡己)라고 표현한 바 있다). 너를 위하여 살지 않고 또 내일을 위하여 오늘을 살지도 않고, 오롯이 이 순간의 '나'를 살아버리는 것이다. 그러니 '즉하여 살기'란 상대방에 대해 무슨 바람도 없고 원망도 없이, 티끌 그림자조차 드리우지 않는 삶이다. 하나 '위하여 살기'는 '즉하여 살기'의 정반대되는 자리에 위치한다.

'상대방을 위한다'는 생각 속에는 나를 희생한다, 나를 덜어내어 상대에게 더해준다는 베풂의 의식이 깔려있다. 이 베푼다는 의식 속에서 반대급부의 바람이 씨앗처럼 잉태된다. 만약에 위함을 받았던 상대방이 나의 '위함'을 무시하거나 보답하지 않을 때는 그 바람의 씨앗이 피어나 미움과 분노, 미련과 회한 같은 오욕칠정의 열매를 맺는다. 그러니까

---

[1] 子曰, "朝聞道, 夕死可矣."(《논어》, 4 : 8)

'위하여'의 문제는 오늘을 내일을 위한 도구로 소외시키고, 또 나를 나로서 살아버리지 못하게 만들고, 나아가 상대방에게 내 욕망을 투사시켜 상대를 나의 도구나 수단으로 타락시키는 데 있다.

정작 사랑이란 '위하여' 없이 마알간 것이리라. 어미의 자식 사랑에서 그 순수한 모습을 찾을 수 있다. 좋아한다는 뜻의 한자, 호(好) 자 속에 위함 없는 사랑에 대한 통찰이 담겨있다. '호'는 여성을 뜻하는 여(女)와 자식을 뜻하는 자(子)가 합쳐져서 만들어진 합성문자다. 이것은 아낙이 어린 자식을 껴안고 있는 모습을 상형한 것이다. 옛사람들은 젊은 어미가 첫아기를 낳아 어르고 있는 모습보다 더 절실하게 좋아하는 모양은 없다고 여겼던 셈이다. 어미의 자식 사랑은 자식을 위한다는 생각 없이, 아니 '나'라는 에고(ego)조차 없이 그 자식의 안으로 쑥 들어갔다 나오는 트인 소통에 있다. 아기가 아파서 울기라도 하면 어미는 어쩔 줄을 모르고(나니 너니, 어미니 자식이니 하는 온갖 이름들을 다 벗어던지고) "어쩌면 좋아, 어쩌면 좋아"라며 자식의 아픔 속으로 오롯이 빠져드는 것이다. 이것이 좋아함이요 사랑이다. 여기에는 '위하여'라는 찌꺼기가 없다.

하면 공자가 스스로의 삶을 호학(好學)으로 규정한 까닭도 '위하여 공부하기'가 아니라 '즉하여 공부하기'일 따름이겠다. 그가 "열 가구의 작은 마을에도 나보다 더 배우기를 좋아하는 사람은 없을 것"[2]이라고 말했던 것은, 고작 남보다 공부를 열심히 한다거나 잘한다는 자랑이 아니라 어미가 자식을 좋아하듯 그렇게 평생을 두고 배움의 대상에 오롯이 투신하였음을 알려주려 함이었다.

그렇다면 또 알겠다. "배움에 싫증을 내지 않고, 남을 가르침에 게으르지 않는 미덕이 어찌 내게 있으리오!"[3]라던 공자의 겸양도 무엇을

---

2) 子曰, "十室之邑, 必有忠信如丘者焉. 不如丘之好學也."(《논어》, 5:27)

3) "學而不厭, 誨人不倦, 何有於我哉!"(《논어》, 7:2)

'위해서' 배우거나 가르치지 않고, 그저 배움과 가르침에 즉해서 더불어 살았다는 뜻이다. 배울 때는 배우는 사람이 되고, 가르칠 때는 가르치는 사람으로 '살아버렸다'는 것이다. 오늘날식으로 당겨오자면, 공자에게 배움이란 대학을 가기 위한 수단이거나 회사에 입사하기 위한 노동으로서의 공부가 아니었다는 말이다.

2. 이광수

산책길의 이런저런 생각은 뜬금없이 또 튀어서, 우리 지성사의 비극도 '지금·여기'를 '살아버리는' 산 공부를 하지 못했던 데 있지 않을까 하는 데에 미친다. 내가 디디고 선 현재의 현장성을 도외시하고, 내일을 위하여 오늘을 소외시키고, 나를 공부하기는커녕 나를 도구로 만드는 죽은 공부를 해온 데 있지 않을까 하는 의심이다. 가령, 춘원 이광수의 문제도 '위하여 살기'에 있지 않았던가 싶다. 이광수의 진짜 비극은 그가 친일파였다는 점보다 저 자신의 공부가 아니라 남을 위해 공부하고(그러니까 가르치려 들고), 또 오늘을 젖혀두고 내일을 고민한(이를테면 '창씨개명' 같은 일본의 정책을 따르면 장래에 조선에 자치권을 줄 것이라는 망상) 데 있었던 것이리라.

이광수의 평생은 '위하여'라는 단 한마디로 요약할 수 있을 것 같다. 아니 그는 '위하여 살기'에 대해 한 번도 의심해보지 않은 사람 같다. 남을 위해 사는 것은 옳은 삶이요, 자기를 위하는 것은 잘못된 삶이라는 이분법의 강박 속에서 살았던 사람이다. 그렇기에 해방 후 스스로에게 이렇게 자문한 것이리라.

"나는 깊이 반성해보았습니다. 내게는 불순한 동기가 없었더냐고. 내 명리욕을 '위한' 것이 없었더냐고." 이에 대해 그는 또 이렇게 자답한다. "나는 '민족을 위하여 살고, 민족을 위하다가 죽은 이광수'가 되기에 부끄러움이 없습니다."(《因果》,《이광수전집》, 제19권, 삼중당, 1971년)

안타까운 것은 '민족을 위하여 살고 민족을 위하다가 죽은 이광수'의 이 지극한 '위하여 살기'가, 상대방의 동의 없이 가해졌을 때는 폭력이 된다는 점을 그가 도외시했다는 점이다. 결국 죽을 때까지 "민족을 위하여 살았다"던 사람이 도리어 민족을 배신한 결과를 빚은 아이러니, 이것이 그의 '위하여'의 비극이자 또 우리 근대사의 비극이다.

이광수는 젊은 시절부터 '위하여'의 강박에 사로잡혔던 것 같다. 일찌감치 그는 〈세 가지 맹세〉라는 시 속에서 '위하여' 살기를 맹세하고 있었다.

> 맹세합니다 / 내 목숨을 가리키어 맹세합니다 / 이 몸을 / 이 몸의 일생을 / 내 일신의 안락말고 / 의를 위해 — 동포를 위해 바치게 하기로 / 맹세하옵니다
> ― 〈세 가지 맹세〉(부분),《조선문단》, 1925년 1월, 제5호

이 '위하여'의 맹세를 실천하는 것이 그의 평생 과업이었다. 그가 솔선해서 창씨개명을 하고 또 적극적으로 일제에 부역하기에 이른 시절, 그의 시집에 서문을 쓴 제자의 글 속에서 이광수의 '위하여'는 동포를 위한 수준을 넘어, 점점 진리와 인류를 위한 것으로까지 커가고 또 숭고해지고 있다.

> 정의와 인도를 위하여, 진리를 위하여, 즉 사랑하는 '임'을 위하여, 선생님(이광수) 개인을 초월하여 전 인류에 살고, 현재를 초월하여 무한한 진리에 산다고 저는 말하고 싶습니다. (…) 선생님의 하시는 일은 남을 위하여, 그야말로 중생을 위하여 도와주는 일뿐이 아닌가 합니다.
> ― 박정호(朴定鎬), 서(序),《춘원시가집》, 박문서관, 1940년

이처럼 평생을 두고 조선과 조선사람, 나아가 진리를 '위하여' 살았던 이광수가 일본제국과 천황을 '위하여' 희생하기를 조선 학생들에게 강요한 이율배반은 무슨 까닭에서였을까. 첫째는 동포들의 삶 속에 이광수가 없었기 때문이다. 곧 바깥에 서서 동포를 바라보는 외재성과 피상성에 원인이 있었다. 둘째는 '동포를 위한다'는 의식 속에 도리어 '나'라는 에고의 찌꺼기가 들어차 있었기 때문이다. 이것들이 그가 조선을 위한다면서 끝내 조선을 배신하고 만 까닭이다.

정작 '위하여'는 주제넘은 말이요 생각이다. 제 스스로 상대방(남)보다 지위가 높거나, 아는 것이 많다거나, 재산이 많다고 여길 적에야 '위한다'는 생각이 들겠기 때문이다. 누구도 '위해달라'고 하지 않았는데 제 스스로 '남을 위하겠노라'고 나서는 우스꽝스러움이 이광수의 분주함 속에 들어있다. 하나 '위하여'의 속내는 우스꽝스럽기보다는 음험한 경우가 더 많다. 한 이광수 연구자의 지적은 이 지점을 겨눈다.

"지도자 원망을 가졌던 이광수에게 가르치는 행위는 거의 하늘에서 부여받은 소명과 같은 것이었다. 가르치는 행위가 그에게는 항상 수직적인 인간관계를 의미하는 것이었다는 사실은 말할 필요도 없다." 그랬기에 "이광수에게 지식을 중개로 한 가르치는 자와 가르침을 받는 자의 계급성은 부정할 수 없는 신성한 것이었다."(하타노 세츠코, 최주한 옮김, 《"무정"을 읽는다》, 소명출판, 2008년, 69쪽)

이광수가 설정한 동포와의 관계가 가르치고 가르침을 받는 '수직적인 인간관계'였다는 지적은 정곡을 찌른 것 같다. 여기서 위하는 자는 선지자나 선각자 곧 스승이 되고, 위함을 받는 자는 계몽의 대상으로 전락하고 만다. 이광수의 '위하여'는 스승으로 자처하고 동포들을 계몽의 대상으로 소외시키는 권력적 욕망의 표출인 것이었다.

이처럼 '너를 위하여'의 실제는 '나를 위하여'라는 욕망의 굴절된 반사물인 경우가 대부분이다. '국민을 위하여'라며 시작한 독재정치의 끝자락이 '국가를 위하여' 또는 '지도자를 위하여'로 변질되어 거꾸로 국민에게 희생을 강요한 수많은 사례들은 '위하여' 논리의 속내를 방증한다. 일본 군국주의도 '위하여' 논리의 전도된 양상을 또렷하게 보여주지 않았던가!

그러나 '위하여' 논리는 이광수만의 문제는 아니었던 듯하다. 문제의 뿌리는 좀더 깊어 보인다. 조선시대 선비들의 생활태도 속에도 '위하여' 논리는 가득하다. 동학농민전쟁을 이끈 전봉준이 일본 검찰관의 취조에 답한 기록에도 '위하여'가 들어있다.

"너는 … 수탈의 피해를 본 일이 있는가?"
"없다."
"너는 피해가 없으면서 어찌하여 난을 일으켰는가?"
"일신의 피해를 면하려고 난을 일으키는 것을 어찌 남아의 할 일이라 하겠는가? 백성들의 원한이 맺혀있었기 때문에 '백성들을 위하여 학정을 없애고자(欲爲民除害)' 했을 뿐이다."

— 전봉준 공초(供草), 신복룡, 《전봉준의 생애와 사상》, 양영각, 1982년[4]

한 정치학자는 전봉준의 진술에 대해 "여기서 주의할 것은 전봉준은 백성들과 더불어(與民) 피해를 본 일도 없었으며, 이들과 더불어 학정을 없애고자 했던 것도 아니라는 것이며, 단지 '백성들을 위하여(爲民)' 봉기했다고 밝히고 있다는 점이다. 이러한 '위민'은 또한 전통적 유교사상의 근간을 이룬다"라고 분석한 바 있다(김홍우, 《현상학과 정치철학》, 719쪽).

실제로 인민들의 의사와 관계없이 일방적으로 앞장서서 인민을 위한

---

4) 김홍우, 《현상학과 정치철학》, 문학과지성사, 1999년, 718~719쪽에서 재인용.

다는 선지자적 행태는 이 땅의 오랜 전통으로 여겨진다. 그 사상적 유래는 《대학》 속의 구절인 '친민(親民)'을 '신민(新民)'으로 고쳐 쓴 주자학적 사유로부터 그 근원을 찾을 수 있을지도 모른다. 만약 그렇다면 이광수의 '위하여' 논리 속에는 주자학에서 발원한 '신민'의 전통, 곧 선비가 앞장서서 백성들을 지도해야 한다는 전통적 지식인의 우환의식이 숨겨져 있다고 평가할 수 있다. 그러나 '지금·여기'의 문제를 인민들과 '함께·더불어' 해소하려 들지 않고, 체현되지 않은 지식으로써 대중을 '위하여' 가르치려 드는 사이비 선지자 의식이야말로 조선 유학의 몰락의 원인이면서 또 이광수의 비극일 것이다.

3. 맹자

오늘날 우리는 전봉준의 의식을 검토하면서 "위민(爲民)은 전통적 유교사상의 근간을 이룬다"고 지적했던 김홍우 교수의 분석에 대부분 공감한다. 그리고 위민의 전통을 전국시대 사상가 맹자로부터 찾는 데도 익숙해 있다. 각종 교과서와 수험서들에는 '맹자사상 = 위민사상·민본주의'라는 등식이 상식처럼 통용되고 있기 때문이다. 그런데 정작《맹자》 속에는 '위민'이란 단어가 단 한 번도 출현하지 않는다.

물론 맹자가 '위민'이라는 말을 사용하지 않았다는 것이 그를 위민사상가로 규정할 수 없는 근거가 될 수는 없다. 정약용(丁若鏞)이 자기 사상을 '실학'이란 말로 개념화하지 않았다는 것이 곧 그를 실학사상가로 규정하지 못할 근거가 되지 않는 것과 같다. 맹자 스스로 '위민'이라는 말을 쓰지 않았을지언정, 오늘날 관점에서 이것이 맹자사상의 전모를 포섭할 수 있는 개념이라면 마땅히 그를 위민사상가로 규정할 수 있을 것이다. 하지만 맹자가 자기 사상을 놓고 위민으로 규정하는 데 쌍수를 들고 반대할 지경이라면 그 사상을 '위민'이라 일컬어서는 안된다.

위민이란 군주가 국가의 소유자임을 전제하고 있는 말이다. 또 자기 소유물을 백성들에게 시혜로 베풀 적에야 '인민을 위한다'는 말을 쓸 수 있다. 가령, 조선을 이씨 집안의 사유물로 보는 점에 동의할 때 "어린 백성을 위하여 한글을 창제한" 세종의 정치를 위민정치·애민정치라고 규정할 수 있고, 또 그의 은덕을 칭송할 수 있게 된다. 위민정치는 국가가 군주의 사유물이라는 전제와 또 그것을 인민에게 널리 베푸는 시혜의 실천이라는 조건을 충족할 때라야 가능한 표현이다.[5] 맹자사상을 '위민'으로 개념화할 수 있을지는 맹자가 국가를 특정인(군주)의 사유물로 보는가가 관건이 된다.

맹자가 제선왕에게 말했다. "여기 가족을 친구에게 맡기고 먼 나라로 떠난 신하가 있습니다. 돌아와 보니 맡겼던 가족이 추위에 얼고 굶주려 있다면 어떻게 하겠습니까?"
제선왕: 친구관계를 끊습니다.
맹자: 포도대장이 휘하 군졸들을 제대로 다스리지 못하면 어찌시겠습니까?
제선왕: 파면시켜야지요.
맹자: 나라 안이 다스려지지 않는 것은 어찌시겠습니까?
임금은 눈을 딴 데로 돌리더니 다른 이야기를 하였다.

孟子謂齊宣王曰, "王之臣, 有託其妻子於其友而之楚遊者, 比其反也. 則凍餒其妻子, 則如之何?" 王曰, "棄之." 曰, "士師不能治士, 則如之何?" 王曰, "已之." 曰, "四境之內不治, 則如之何?" 王顧左右而言他.

—《맹자》, 1b:6

---

5) 어떻게 보면 모든 정치는 다 위민정치다. 파쇼도, 독재도, 전제정치도 '인민을 위하지 않는' 정치는 없기 때문이다. 이렇게 넓게 규정한다면 위민은 실은 속살 없는 껍데기 개념일 가능성도 많다.

여기 '가족을 친구에게 맡기는 신하'와 '휘하 군졸들을 다스리지 못하는 포도대장'의 경우, 그리고 '나라를 제대로 다스리지 못하는 군주'에 이르는 세 비유는 맹자의 군주에 대한 생각을 잘 보여준다. '가족을 친구에게 맡기다(託)'라는 비유는 군주가 인민을 하늘로부터 위탁을 받았다는 점을, 포도대장의 비유는 휘하 관료들의 일탈과 범법을 관리해야 할 책임이 군주에게 있다는 점을 꼬집어 제선왕 앞에 계시하는 것이다. 두 경우 다 책임을 물어 관계를 끊거나 해임해야 한다는 점에 제선왕이 동의한다면 '나라 안이 다스려지지 않는 것'은 군주의 책임일 수밖에 없다. 왕은 맹자가 내놓은 비유들의 칼날이 제 자신을 겨눈 것임을 알아채자 "눈을 딴 데로 돌려 다른 이야기를 한" 것이다.

군주는 국가관리를 위탁받은 존재이며, 또 휘하 관료들의 일탈을 관리해야 하는 책임자일 따름, 국가의 소유자는 아닌 것이다. 만일 관리자가 인민의 생존과 사회질서 유지라는 자기 책임에 실패한다면, 그 지위에서 물러나는 수밖에 없다. 여기서 역성혁명(易姓革命)은 상식으로 끌려나온다. 맹자가 탕왕(湯王)과 무왕(武王)의 혁명을 당연시한 까닭이 이 때문이다.

맹자에게 군주 직위는 다른 공동체 구성원들과 마찬가지로 제 몫의 일, 곧 국가관리를 충실히 수행할 때에 밥을 먹을 수 있는, 한 직책에 지나지 않는 것이다. 이 직분은 공자가 "군주는 군주답고, 신하는 신하답다"[6]고 했을 때의 '군주다움'에 해당하는 것이다.

이렇게 맹자에게 군주는 관리자에 불과하다면 '위민'이란 말은 성립될 수 없다. 국가의 소유자가 아닌 관리자가 '인민을 위한다'는 것은 어불성설이기 때문이다. 관리자는 다만 제 맡은 일을 올바로 처리해야 할 책임자일 뿐이다. 그러므로 맹자는 '군주가 인민을 위하여 정치해야 한

---

6) 君君, 臣臣.(《논어》, 12:11)

다'는 뜻의 '위민'을 사용한 적이 한 번도 없었던 것이다. 농사꾼이 제 직분에 충실해야 하듯, 포도대장이 제 직분에 충실해야 하듯, 군주는 제게 맡겨진 국가관리 책임, 곧 인민 생명의 보존과 그 생활의 보전을 다해야 할 따름이다.

맹자가 공자로부터 전승된 사냥터지기 일화를 드는 것도 이런 대목에서이다. 제후가 사냥을 하다가 급한 마음에 대부(大夫)를 호출하는 깃발로 사냥터지기를 불렀을 때 그는 꼼짝도 하지 않았다. 화가 난 제후에게 죽임을 당할지언정 대부를 부르는 신호에 응하지 않는 사냥터지기의 처신을 두고, 공자는 "선비는 허기져 고랑에 거꾸러져 죽기를 각오하고, 용사는 제 목이 남의 칼에 날아갈 것을 각오하며 산다"고 칭찬했다는 것이다. 공자의 칭송은 죽음을 각오하고 제 직분을 넘어서는 안된다는 직업윤리를 몸소 실현한 점을 높이 산 것이다. 하물며 한 나라의 군주임에랴. 군주는 더더욱 제 직분에 충실한 모범을 보여야 하는 것이지, 제 욕망대로 권한을 남발해서는 혁명이 기다리고 있을 뿐이다. 그런 점에서 맹자는 '위민'에 적극적으로 반대한다! 위민정치는 맹자가 극복하려 했던 전국시대의 사회적 질병이었을 뿐이었다. 다음을 보자.

양혜왕이 맹자에게 물었다. "나는 진심으로 백성을 다스립니다. 하내(河內)지방에 흉년이 들면 주민들을 하동(河東) 땅으로 옮기고 노약자들에겐 식량을 풀어 구제하지요. 하동 땅에 흉년이 들 경우에도 그렇게 합니다. 한데 다른 나라를 보면 저같이 마음을 쓰는 임금이 없습니다. 그런데 이웃나라 백성은 줄어들지(少) 않고, 그렇다고 내 나라의 백성이 늘어나지도(多) 않는 까닭은 무엇인가요?"

梁惠王曰, "寡人之於國也, 盡心焉耳矣. 河內凶, 則移其民於河東, 移其粟於河內. 河東凶, 亦然. 察隣國之政, 無如寡人之用心者. 隣國之民不加少, 寡人之民不加多, 何也?"

— 《맹자》, 1a : 3 전반부

양혜왕의 질문 요지는 '이웃나라 백성은 줄지 않고 그렇다고 내 나라의 백성이 늘지도 않는 까닭'에 대한 것이다. 왕의 관심은 인구 숫자에 잡혀있다. 인민이 늘어나야 생산물을 증산할 수 있고, 또 군사력을 증대할 수 있기 때문이다. 그는 인간을 사람으로서 보는 것이 아니라 '많다/적다(多少)'라는 숫자로 환산하고 있다. 수치화한 인간(통계숫자 속의 인간!)의 쓰임새란 뻔한 것이다. 국력, 이른바 경제력과 군사력의 도구 또는 군주의 사적 이익을 실현하기 위한 사물일 뿐이다.

흉년 든 인민에 대한 구제를 두고 오로지 자기만의 베풂이라고 자랑하는 순간, 국가를 사유물로 여기고 있노라는 왕의 숨은 무의식도 고스란히 드러난다. 왕은 이런 구휼활동은 자신만이 행하고 있다고 자부하기에 "마음을 다하여 백성을 다스리고 있노라"고 강변한 것이다. 이것이 '위민정치'인 것이다. 국가는 군주의 사유물이라는 생각, 인민의 재난에 구휼하는 것은 특별한 사랑의 베풂이라는 시혜의식 등이 위민정치를 구성한다. 그러면 왕의 질문에 대한 맹자의 답변을 보자.

> "왕께서 전쟁을 좋아하시니 거기 비유해봅시다. 진격의 북소리가 울리면 창칼이 부딪치면서 싸움이 시작됩니다. 머지않아 갑옷을 벗어던지고 창은 끌면서 달아나는 병사가 나오지요. 그중엔 50보를 도망가다 멈춘 자도 있고, 100보를 도주한 자도 있습니다. 한데 50보를 도망간 자가 100보를 도주한 자를 두고 비웃는다면 어떻겠습니까?"
> 왕이 말했다. "옳지 않소이다. 100보는 아니라 해도 그 또한 도망친 것이니까요!"
> 맹자가 말했다. "왕께서 이런 이치를 아신다면 인구가 이웃나라보다 더 늘기를 바라선 될 일이 아니지요!"
>
> "王好戰, 請以戰喩. 塡然鼓之, 兵刃旣接, 棄甲曳兵而走. 或百步而後止,

---

7) 孟子曰, "民爲貴, 社稷次之, 君爲輕."(《맹자》, 7b : 14)

或五十步而後止, 以五十步. 笑百步, 則何如?" 曰, "不可. 直不百步耳, 是
亦走也." 曰, "王如知此, 則無望民之多於隣國也."

— 《맹자》, 1a : 3 후반부

양혜왕은 적나라하게 백성을 수탈하는 동시대 다른 군주들보다 더 간악한 자다. '인민을 위한다'는 겉치레로 본색을 위장하면서 숨어서 백성을 제 목적을 위한 도구로 삼으려 들었기 때문이다. 위민정치는 포악하게 인민을 지배하는 전제정치보다 더 사악한 형태라고 할만하다.

흥미롭게도 이 대화 밑에는, 인민이 군주의 겉치레 술수에 속지 않는 존재라고 보는 맹자의 생각이 숨어있다. 인민은 군주의 명령에 복종하는 사물(수동적 존재)이 아니라 흉년에 구제해주는 '위민'정책이 책략임을 알고서 양나라로 몰려들지 않을 만큼 지혜로운 존재다(양혜왕의 고민이 바로 이것이었다). 《맹자》 속에서 그려지는 인민은 군주와 마찬가지로 지혜롭고 자율적이며 성숙하다. 국가가 위기에 봉착했을 때, 군주를 따라 목숨을 바칠 것인지 아니면 국가가 붕괴되도록 내버려둘 것인지를 결정하는 최후의 결정권을 쥔 존재로도 그려진다. 실로 맹자에게 인민이란 군주의 시혜를 구걸하는 위민정치의 대상이 아니라 군주와 더불어 정치를 구성하는 동반자인 것이다.

이런 점에서 "인민이 가장 귀하며, 사직이 그 다음이요 도리어 군주는 가볍다"[7]는 맹자의 발언은 결코 '위민정치'를 권하는 말이 아니라 인민이 정치의 한 주체임을 천명한 선언으로 읽혀야만 한다.

4. 위민? 여민!

인민이 군주가 베푸는 위민정책의 시혜자이거나 대상물이 아닌, 정치의 어엿한 주체임을 맹자는 여민(與民)으로 개념화한다(낯익은 여민동락

(與民同樂)이라는 표현 속에서 '여민'이란 말을 가까이 접한다). 얼핏 보기에 위민이나 여민이나 다를 바 없는 말 같지만, 그 사이는 하늘과 땅만큼 벌어져 있다. 여(與)는 '함께·더불어'를 뜻하는 글자다. 곧 인민과 군주가 더불어서 국가를 구성하며 또 정치를 함께 행한다는 뜻이 '여민' 속에 들어있다.

위민정치가 자기 목적을 위해서 군주가 인민을 도구로 삼는 것이라면, 그리하여 인민을 통치의 대상으로 사물화한다면, 여민정치는 인민과 군주가 상호적으로 대응하면서 함께 더불어 정치를 구성해나간다. 위민정치에서는 인민이 군주의 시혜를 구걸하는 대상에 불과하였다면, 여민정치에서 인민의 지위는 군주와 대등하거나 또는 군주를 대체할 수 있는 권위의 근거가 된다.

여민정치 속에서 군주의 위상은 인민에게서 통치를 위탁받은 국가경영 관리자에 불과하다. 따라서 군주가 관리자로서의 선을 넘어 국가의 소유자임을 자처할 때, 인민이 혁명을 통해 새로운 정권(왕조)을 수립하는 것은 자명한 '자연권'에 속한다. 맹자에게 천하국가는 군주의 사유물이 아니라 공동체(곧 공물(公物))이며, 군주의 지위란 공동체의 경영을 위탁받은 관리자에 불과하기 때문이다.

위민정치가 지배하는 국가를 '군주의 나라' 또는 '소유의 나라'라고 표현할 수 있다면 맹자가 제시하는 여민정치가 실현되는 나라는 '우리의 나라', '군주와 인민이 함께하는 나라'라고 할 수 있다. '소유의 나라'를 '우리의 나라'로 전환시키는 방법으로서 맹자는 한 가지 마음가짐과 네 가지 정책을 제시한다(이것은 전국시대를 극복하고 새로운 질서로 나아가는 길이기도 하다). 한 가지 마음가짐은 인민들 속에서, 인민들과 더불어 정치를 행한다는 여민의 정치원리를 견지하는 것이다. 이 마음가짐을 맹자는 호선(好善)으로 개념화한다.

이 마음가짐을 실현할 네 가지 방책으로는 첫째, 인민에 대한 가중한 형벌을 간소화할 것, 둘째, 막중한 세금을 소출의 1/10로 줄일 것, 셋째, 새로운 농사법을 보급하여 인민들을 가혹한 노동으로부터 해방시킬 것 그리고 넷째, 학교를 만들어 인민들에게 오륜(五倫)의 윤리를 가르쳐 '사람다운 삶'을 알게 만들 것 등이다. 이 네 가지 정책을 인정(仁政)이라고도 부르는데, 이들이 고루 실현될 때 인민들이 거처하는 땅은 더이상 너(군주)의 소유가 아니라 우리의 땅으로 변모한다. 급기야 '여민'의 나라에 외적이 침략한다면 "백성들은 스스로 일어나 창칼이 없다면 몽둥이를 깎아서라도 적군의 날카로운 창과 단단한 방패에 대적하리라"[8] 고 전망한다. 이제 전쟁은 군주의 땅에서 벌어진 '너의 전쟁'이 아니라 우리 땅에서 벌어진 '우리의 전쟁'이 되기 때문이다. 인민들이 자율적으로 판단하고 스스로 작동하는 정치세계, 이것이 맹자가 꿈꾼 왕도(王道)의 세계였다.

맹자가 위민정치의 대명사로 여겼던 양혜왕의 말로가 《맹자》 마지막 편의 첫번째 장에 배치되어 있는 데도 깊은 뜻이 서린 듯하다.

맹자가 말했다. "불인(不仁)하도다, 양혜왕이여! 인자(仁者)는 사랑하는 것을 미루어 사랑하지 않는 것에까지 미치고, 불인한 자는 사랑하지 않는 것으로 사랑하는 것에 미치는 법이러니."
공손추: 무슨 말씀이신지!
맹자: 양혜왕이 땅 욕심으로 여러 차례 전쟁을 치르다가 크게 패했었지. 잃은 땅을 회복하고 싶은데 백성들이 따르지 않을까 염려한 왕은 제가 아끼는 자식들을 앞장세워 전쟁터로 보냈다네. 결국엔 자식들을 전쟁터에서 다 죽이고 말았으니 '사랑하지 않는 것으로 사랑하는 데까지 미친' 불인자라 이른 것이지.

孟子曰, "不仁哉, 梁惠王也! 仁者, 以其所愛, 及其所不愛. 不仁者, 以其

---

[8] "可使制梃, 以撻秦楚之堅甲利兵矣."《맹자》, 1a:5)

所不愛, 及其所愛." 公孫丑曰, "何謂也?" "梁惠王, 以土地之故, 糜爛其
民而戰之, 大敗. 將復之, 恐不能勝故, 驅其所愛子弟, 以殉之. 是之謂以
其所不愛, 及其所愛也."

— 《맹자》, 7b : 1

이것이 위민정치가를 자부했던 양혜왕의 말로다. '위하여'의 정치는 상대방을 자기 이익의 수단으로 삼고자 하지만, 결국엔 스스로 제 자신을 속이고, 끝내는 제가 아끼고 사랑하는 것조차 해치는 자해(自害)의 길을 자초한다는 사실을 맹자는 보여주고 싶었던 것이리라. 요컨대 맹자는 전국시대의 상식이던 '위하여' 정치논리에 '함께·더불어'라는 '여민'으로 길을 터 내서 인민이 주인이 되는 새로운 문명세계를 건설하고자 했던 사상가였다. 그러므로 《맹자》 속에 위민은 없다!

인간다운 삶은 여민의 정치로 전환하는 길 외에는 실현할 다른 방법이 없다는 절박감이 맹자로 하여금 천하를 주유하며 군주들을 설득하게 만든 동기였다. '인민을 위하여 정치한다'는 망상에서 깨어나, 본시 천하는 인민의 것이었으며, 군주는 공동체의 관리자에 불과하다는 본연의 위상을 회복하지 않는 한, 전국시대의 피비린내는 계속되리라는 경고를 가는 곳마다 발했던 것이었다.

하면 연전 텔레비전 드라마의 제목이 상징하듯 '쩐의 전쟁'의 시대 속에 사는 우리의 정치는 저 2,000여 년 전 전국시대 맹자의 경고로부터 얼마나 멀리 떨어져 있는 것일까. 권력과 국토를 사유하고서 영토를 더 늘리고자 '백성을 위한다'며 농간을 부린 양혜왕의 '위민정치'와, 시장자본주의 속에서 '기업국가'를 지향하는 현대 '민주정치'와의 거리는 얼마나 되는 것일까.

2장
민본주의는 번역어다

1. '슬픈 동아시아'

2009년 10월, 《슬픈 열대》의 저자 레비스트로스(Claude Lévi-Strauss, 1908-2009)가 백수를 누리고 타계했다. 《슬픈 열대》(1955)는 열대우림지역의 '야만인'들에게 바치는 엘레지다. 동시에 백인우월, 유럽독존의 세계관에 빠진 이른바 '문명인'들을 깨우치는 각성제이기도 했다. 자기들만이 문명인이라는 오만한 백인들에게 '야만인'들 역시 각각의 환경 속에 최적의 문화를 형성한 문명인임을 깨우쳐주었던 것이다. 이런 점에서 《슬픈 열대》는 근대 유럽인들의 자민족 중심 세계관에 대한 장송곡이기도 했다.

한데 오늘도 이 땅에는 레비스트로스의 엘레지가 울려 퍼진다. 주변을 둘러보면 금방 우리가 서양을 뜻하는 접두어 양(洋)의 바다에서 살고 있음을 발견할 수 있으리라. 삶의 기반인 의식주가 모두 그러하다. '양복'과 '양장'을 차려입고, '양식'을 먹으며, '양옥'에서 살아가는 우리 처지가 그렇다. 지난 100년간, 그러니까 레비스트로스가 야만 속에서 문명을 발견하던 세월 동안 우리는 거꾸로 서양문명을 북극성으로 삼아 그들의 본을 뜨기에 급급하였다. 프란츠 파농(Frantz Fanon, 1925-1961)이 식민지 사람의 특성으로서 묘사한 '흑색 피부'에 '백색 가면'을 덮어쓰기를 안달하며 치달려온 세월이었다.

이제 그 100년의 꿈이 이뤄져 서양은 우리네 일상의 중심에 자리 잡았고, 외려 토착적인 것들은 변방으로 밀려나고 말았다. 서양 것은 '양'이라는 거추장스런 접두어를 떼고 일상언어가 된 반면, 이 땅 본래 것들이 외려 접두어 '한'자를 덮어써야 하는 모양새가 그런 처지를 잘 보여준다. 예컨대 서양식 의사는 '양의사'에서 '의사'가 된 반면 이 땅의 의사들은 '한의사'라야 사람들이 알아듣게 된 모양새가 그러하다.

그런 예를 들자면 어디 한둘일까. 이 땅의 본래 음식은 한식으로, 우리 과자는 한과로, 우리 옷은 한복으로, 우리 집은 한옥이 되었다. 여기 접두사 '한'은 결핍과 소외의 언어이다. 접두어 '한'을 덮어쓴 것들은 더이상 성장을 멈춘 데 반해, '양'을 덮어쓴 말들은 끊임없이 분화하는 경향이 있다. 한옥이 기와집과 초가집이라는 고정된 양상에서 벗어나지 못하는 반면, 양옥은 '아파트', '빌라', '주상복합' 등등으로 분화되어간다.

문화 다양성의 통찰을 제시했던 레비스트로스가 살다 간 100년은 우리에겐 도리어 서양을 본받기에 급급한 세월이었고, 그렇기에 그가 들려준 '슬픈 열대'의 엘레지는 이 땅에서는 현재진행형이다. 하나 이것이 어디 이 땅의 처지이기만 할까.

아편전쟁(1840-1842)으로 야기된 서양의 충격은 동아시아 전반을 덮친 '쓰나미' 같았다. 그 충격 앞에 동아시아는 누구 할 것 없이 모두 서양의 힘을 모방하고 배우기에 급급하였다. 자기 힘으로 세계를 운용하지 못하게 되면 그리고 제 손으로 사회를 구성하지 못하게 되면, 그 방법을 바깥에서 빌리지 않을 수 없으렷다. 서양 베끼기! '슬픈 동아시아'는 번역의 시대를 통과하지 않을 수 없었다.

2. 번역의 시대

일찌감치 중국의 청나라 지식인들이 서양 언어를 번역하기 시작하였지만, 오늘날까지 이 땅에 강력한 영향을 미치고 있는 번역어들은 대개 메이지(明治)시대 일본 지식인들의 손을 거친 것이다. 이를테면 정치·경제, 사회·문화, 체육·미술, 음악·과학 등등. '신문'과 '방송'(이들도 번역어이지만)에서 접하는 두 글자로 이뤄진 한자어들 대부분은 서양어의 번역어라고 보면 될 것이다. 곧 정치라는 말은 폴리틱스(politics), 경제는 이코노믹스(economics), 사회는 소사이어티(society), 문화는 컬춰(culture)의 번역어라는 사실이다.

그러니까 동아시아인의 일상은 서양어의 번역어를 바탕으로 이뤄져 있으며, 그것들은 결코 그 이전의 한자문화와 연결되지 않는다는 점을 잊어서는 안된다. 가령 정약용 선생과 대화를 나눈다고 한다면 그는 우리가 사용하는 정치·경제·문화라는 말을 알아듣지 못하리라는 것이다. 언뜻 오랜 역사를 가진 한자어를 사용하니까 먼 과거와 연결되어 있을 듯싶지만, 결코 그렇지 않다. 글자는 같을지 몰라도 개념은 과거와 완전히 단절되었다. 자기 생각을 자기들 본래 말로 표상할 수 없다는 사실, 남의 개념을 빌려(번역하여) 쓸 수밖에 없다는 현실이야말로 '슬픈 동아시아'의 슬픔의 정체일 것이다.

하나 번역인들 어찌 쉬울까. 번역이 낯선 단어를 낯익은 말로 바꾸는 단순작업 같지만, 실은 새로운 세계를 만드는 복잡하고 품이 많이 드는 사업이다. 예컨대 소사이어티(society)가 사회(社會)라는 한자어로 정착하는 과정을 보자. 무엇보다 난감한 사실은 소사이어티가 동아시아에는 존재하지 않고 서양만의 특수한 '사회현상'이었다는 점이다. 메이지 지식인들은 소사이어티를 어떻게 번역할 것인지를 두고 고심하였다. 와중에 그 말뜻이 '사람들 사이의 만남이나 모임' 같은 것임을 알기에 이르렀다. 이에 근사한 한자로서 '모일 사(社)'와 '모일 회(會)'가 뽑혔다.

한데 더 큰 문제는 두 글자의 조합에서 불거졌다. '사·회'라는 조합도 소사이어티의 번역어가 될 수 있지만, 거꾸로 '회·사'라는 조합도 가능했기 때문이다. 이를 둘러싸고 좌충우돌, 우왕좌왕하는 갈등과 혼돈이 계속되었다. 언제부턴가 사회가 소사이어티의 번역어로 정착하는 한편, 회사는 컴퍼니(company)의 번역어로 고정되면서 번역시장에는 새로운 질서가 형성되었다.

이런 번역어 전쟁이 도처에서 일어났다. 사이언스(science)는 과학으로, 피직스(physics)가 물리학으로 또 케미스트리(chemistry)가 화학으로 번역되는 와중은 그야말로 혼돈과 갈등의 연속이었다. 누구도(국가권력조차도) 판정을 내릴 수 없는 번역의 전투 과정을 통과하면서 조금씩 서양어들은 일본식 한자어로 바뀌어갔다. 그리고 이 번역어들은 일본제국주의의 대륙 침탈과 영향력 확산에 따라 동아시아 전역으로 전파되었다.

번역어를 둘러싼 전쟁은 특별히 사이언스와 데모크라시(democracy)라는 개념에서 첨예하게 드러났다. 아편전쟁의 충격을 직접 받은 중국 지식인들과 서구식 근대화를 이끈 일본 지식인들의 눈에 서양의 힘은 사이언스와 데모크라시에서 비롯되는 것으로 여겨졌다(후쿠자와 유키치, 《서양사정(西洋事情)》등 참고). 사이언스가 서양의 힘(하드웨어)의 동력이라면, 데모크라시는 강대국들의 문명 질서(소프트웨어)의 근원이었다.

사이언스가 '과학'이라는 번역어로 정착하는 과정은 '사회'보다 굴곡이 훨씬 심했다. 처음 '사이언스'라는 낯선 개념을 만났을 때 동아시아인들은 신기한 기술쯤으로 치부했던 듯싶다. 기술로 치자면 폭약이나 나침반, 인쇄술이며 도자기 등 이쪽 기술도 서양에 꿀릴 게 없는 터였다. 이런 생각이 동도서기(東道西器)니 화혼양재(和魂洋才)와 같은 구호 속에 담겨있다. 이 구호들은 사이언스가 기술적 차원, 즉 '생활에 이로운 물건을 만드는 기술' 정도로 인식되었음을 보여준다. '동양식 학문의 바탕 위에 서양 기술을 받아들이면 된다'는 낙관주의가 동도서기란 말에 깃들어 있기 때문이다.

한데 사이언스는 단순한 기술이 아니었다. 그것은 '힘'이었다. 사이언스는 군함과 대포로 상징되는 '폭력'으로, 물리학과 화학으로 상징되는 '지식'으로 등장하였다. 그러니 사이언스는 단순히 기술적 차원에서 배우고 익힐 수 있는 대상이 아니었다. 그 충격의 흔적들이 번역 과정 속에 남아있다. 사이언스의 번역 과정은 세 단계를 거칠 정도로 굴곡이 심했다. 첫번째는 '격치'요, 두 번째가 '학문'이고, 세 번째 번역어가 '과학'이었다.

첫번째 번역어인 격치(格致)는 유교 경전인 《대학》에서 지식 습득 방법론으로 제시한 '격물치지(格物致知)'의 준말이다. "사물에 대한 관찰을 통해 지식을 획득한다"는 전통적 공부방법론을 번역어로 삼았던 것이다. 하지만 '객관 세계(사물)에 지식이 존재한다'는 전제에 있어서는 둘이 흡사할지 몰라도, 성리학의 '격치' 곧 윤리적 인간을 만들기 위한 공부와 서양의 사이언스는 전혀 다른 세계관을 바탕으로 한 서로 다른 말이었다. 물리적 개념을 윤리적 언어로 번역해서는 코드가 맞을 수 없는 노릇이다. 이런 난점으로 '격치'라는 번역어는 곧 사라지고 만다.[1)]

사이언스의 두 번째 번역어는 학문(學問)이다. 사이언스도 본시 '어떤 사물을 안다'는 뜻의 라틴어 스키레(scire)에서 연유된 말이었다. 스키레는 넓은 의미로 배움, 곧 학(學)을 뜻했다. 한편 그 짝이 될 '학문'이란 말은 《맹자》에서 비롯된 것이다. 거기서 '학·문'이란 '배우고 묻는다'

---

1) 흥미로운 점은 19세기 말 사상(四象)의학체계를 수립했던 이 땅의 의학자 이제마(李濟馬)가 《격치고(格致稿)》라는 이름의 저술을 남기고 있다는 사실이다. 만일 이제마가 '격치'를 사이언스의 번역어로 삼아서 책 이름으로 끌어 썼다면(그는 의학자이면서 자연과학자였으니 이런 추론은 가능하다), '격치고'를 현대식으로 번역하자면 '과학 에세이(An Essay on Science)'가 된다. 여하튼 '격치'라는 번역어에는 전통(유교경학)을 바탕으로 서양(사이언스)을 인식하는 눈길이 깔려있다.

는 뜻이다. 유교에서는 배우고 묻는 것은 곧 앎에 이르는 길이므로 '배움'을 뜻하는 사이언스의 본래 뜻과 짝으로서 코드가 맞았다고 할 것이다. 하지만 학문은 사이언스보다 너무 포괄적인 것이 흠이었다.

그 세 번째 번역어가 '과학'이다. 과학은 특정한 전문분야를 가리키는 교과학(教科學)의 줄임말이다. 그러니까 '과학'이라는 번역어에 이르러 동아시아인들은 사이언스가 학문 전반을 포섭하지 않고, 인문학·예술과는 다른 분과학문, 즉 자연과학(natural science)분야를 특칭한 말임을 이해했던 것이다. '학문'이 사이언스의 보편성을 강조한 번역이라면, '과학'은 사이언스의 전문성을 드러내는 번역어라고도 할 수 있을 것이다.

사이언스 = 과학의 정착 과정을 보면 동아시아인들이 서양어의 본래 의미에 근사한 번역어를 찾아 고투했던 힘겨운 과정을 엿볼 수 있다.

3. 데모크라시

동아시아인에게 함포와 군함 같은 서양 군사력의 근원이 사이언스였다면 인간관계의 합리성과 서양문명의 동력은 데모크라시(democracy)로 여겨졌다. 그렇기에 데모크라시에 대한 관심은 사이언스에 못지않게 열렬하였다. 데모크라시의 번역은 동아시아 삼국(중국, 일본, 조선)이 함께 참여한 국제적 차원에서 전개되었다.

데모크라시를 처음 번역한 것은 중국 지식인이었다. 처음에 이들은 낯선 이 말을 번역하지 못하고 그저 발음을 한자로 옮겨 '德謨克拉西'[dæmokælaksi]라고 표기하였을 뿐이었다. 그러다가 점점 민주(民主)라는 말을 번역어로 사용하기에 이른다. '민주'는 전통적으로 사용해온 말이긴 했지만 '인민의 주인'을 뜻했다. 곧 민주는 군주(君主)와 같은 의미였다. 다시 말해 민주는 본시 '인민의 주인'(군주)이라는 뜻으로 쓰인 한자어인데, 데모크라시를 번역하면서 '인민이 주인'이라는 뜻으로 의미가 바뀌치기된 것이다. 이런 상반된 용법이 데모크라시라는 낯선 개념을 토착화하는 데 혼돈을 낳은 한 원인이었으리라.

1890년대에 이르러 중국에서는 인민이 주인이라는 뜻의 '민주'가 대중화된다. 세계정세를 전하는 월간지에서 빈번하게 '군주'와 대립되는 의미로 '민주'라는 표현을 사용하고 있는 것이다(《萬國公報》, 1890년, 제13호).

한편 일본에서는 데모크라시의 번역어로서 민본(民本)이라는 말이 쓰였다. 사전의 내용을 빌리자면, "민본주의라는 용어는 데모크라시의 번역어이다. 카야하라 카잔(茅原華山)이 천황의 조칙(詔勅)에서 따와 최초로 사용했으며, 요시노 사쿠조가 이어서 민본주의라는 말을 씀으로써 널리 보급되기에 이르렀다."(모로하시 데쓰지 編, 《大漢和辭典》, 6권, 842쪽)

독일 유학에서 돌아온 요시노 사쿠조(吉野作造, 1878-1933)는 1914년에서 1916년에 걸쳐 《주오코론(中央公論)》에 발표한 논문들에서 민본주의를 데모크라시의 번역어로서 확정한다. 일본의 경우 1910년대 중반에 '민본주의'를 데모크라시의 번역어로 채택한 것이다. 주목할 점은 요시노가 논문 속에서 데모크라시의 번역어로서 민주주의와 민본주의 두 종류를 제시하고, 민주주의는 '국가의 주권이 인민에게 있는 체제'로, 또 민본주의는 '주권은 군주에게 있지만 인민의 권익을 위해 노력하는 체제'라고 규정하였다는 것이다. 그는 둘 가운데 일본에 적절한 번역어로서 민본주의를 권한다.

요시노가 민주주의라는 말을 알면서도 민본주의라는 번역어를 선택한 까닭은 천황제를 의식하고 그 체제 내에서 데모크라시를 운용하려고 했던 데 있다. 군주의 절대권을 인정한다면 데모크라시가 될 수 없음에도 억지로 민본주의라는 말을 만든 까닭은 천황제라는 일본식 통치형태를 감안한 때문이다. '민본주의'라는 말의 탄생에 일본의 특수한 사정이 개입돼 있다는 점에 주의하지 않으면 안된다.

또 그렇다면 데모크라시의 번역어로서 중국에서는 '민주'가 선택된 까닭도 추리할 수 있다. 전통적 어법으로는 군주를 의미했던 '민주'라는 말의 용법을 군주에 대립되는 뜻으로 해석해서 데모크라시의 번역어로 삼은 까닭은, 만주족 황제에 대한 한족 지식인들의 저항심 때문일 것이다. 즉 군주제를 철폐하려는 정치적 욕망이 중국 지식인들로 하여금 데모크라시를 민주주의로 번역하게 만든 동기였다면, 천황제를 유지하려는 욕망이 일본 지식인들로 하여금 민본주의로 번역하게 만든 것이다.

그러므로 일본의 사회운동가들이 '민주(주의)'라는 글자를 꺼려 만든 '민본주의'에 만족하지 않고 '데모크라시'라는 원어를 그대로 사용하여 그 실현을 위해 노력했던"[2] 까닭도 넉넉히 이해하게 된다. 그들은 사회운동 과정에서 민본주의라는 말에 서려있는 반민주적 독성을 깨달았던 것이다. 군주제를 보존하려는 음모가 민본주의라는 번역 속에 깔려있음을 알았기에 데모크라시라는 외래어를 의식적으로 사용했던 것이다. 일본인들이 다이쇼(大正)시대의 민주주의를 두고 '다이쇼 데모크라시'라고 호명하는 데에도 그런 생각이 깃들어 있는 듯하다. 민본주의라는 말로는 데모크라시를 순전하게 담을 수 없는 비극이 일본의 슬픔이었다고 나 할까? 데모크라시 번역 과정을 통해 드러나는 이런 비틀림은, 번역이 결코 중립적이거나 무색투명한 작업이 아니라 나라마다 특수한 정치적 고려가 개입한다는 점을 보여주는 좋은 사례다.

4. 조선의 경우

1919년 3·1운동의 결과 일본제국의 식민지 통치방식은 이른바 '문화

---

[2] 가노 마사나오, 이애숙·하종문 옮김, 《근대 일본의 사상가들》, 삼천리, 2009년, 332쪽.

통치'라는 유화 국면으로 전환한다. 이즈음 언론활동이 제도적으로 허용되는데, 1920년에 들어 종합잡지 《개벽》이 창간된다. 그 창간호에는 천도교인 박래홍이 현파[3]라는 필명으로 쓴 〈데모크라시 약의(略義)〉라는 논문이 게재되어 있다. 이 논문 속에는 조선 지식인의 '데모크라시'론이 잘 들어있다.

> 데모크라시를 '민본'이라고만 부르고 '민주'라고 부르지 않는 사람이 있는가 하면, 데모크라시를 '민본'과 '민주' 두 종류로 구별하여 나눠서 보는 사람도 있다. 그러나 이는 서양의 본래 뜻이 그러한 것이 아니라 나라의 정세가 서로 다른 정치적 견해로부터 이런 구별이 생긴 데 불과한 것이다. (윤문은 인용자)

민주와 민본이 중국과 일본의 정치적 사정에 따라 다르게 번역되었지만 실은 같은 뜻이라는 점을 밝히고 있다. 당시 동아시아의 정세 속에서 데모크라시의 번역이 분화되었음을 정확하게 관찰하고 있는 것이다. 이어서 민주와 민본이 본시 같은 뜻이긴 하나 또 둘을 나눠서 보기도 하는 만큼, 이 논문에서는 '민주와 민본을 구별하는 설'을 바탕으로 민주와 민본을 각각 논의하겠다는 뜻을 밝힌다.

우선 '민주주의'는 '인민에 의하여 행하는 정치'로 규정한다. 민주주의에도 두 가지 방식이 있는데 하나는 영국식으로서 주권을 인민이 갖되 정치의 운용은 군주나 귀족이 행하는 방식이요, 다른 것은 미국식으로서 주권뿐만 아니라 운용도 오로지 인민에게 귀속되는 방식이다. 민주

---

[3] 현파(玄波)는 박래홍(朴來弘)의 필명이나. 박래홍은 독실한 천도교 집안 출신으로(아버지와 아들이 모두 천도교 교주를 지냈다) 소파 방정환(小波 方定煥)과 함께 1920년 천도교 청년회를 창립하고, 1921년에는 천도교 소년회를 발족하여 '어린이날'을 제정하는 데 주축이 된 인물이다. 1938년 신간회 활동 와중에 천도교 내분으로 인해 암살당했다.

주의가 이처럼 영국과 미국에 통용되는 데모크라시 체제라면, 민본주의는 중국과 일본의 정치에서 행해지는 것이라고 주장한다. '서양은 민주주의, 동양은 민본주의'라는 식의 지리적 기준을 잣대로 민본과 민주를 구분하는 점이 독특하다. 이런 구분은 오늘날에도 무의식적으로 행하는 분류법이다.[4]

둘째, 민본주의에 대해서는 "정치의 목적이 인민을 근본으로 삼는 것이다. 곧 인민의 행복을 증진하는 것이 민본주의의 주안점"이라고 주장한다. 즉 민본주의에서 인민은 정치의 주체가 아니라 정치의 목적이라는 것, 이 점이 인민이 정치의 주체인 민주주의와 다른 점인데, 이 해설은 일본의 요시노 사쿠조의 해설과 같다. 〈데모크라시 약의〉 속에 개진된 민주주의/민본주의 구분과, 또 개념에 대한 해설은 요시노의 것을 차용한 것으로 판단된다.[5]

한편 이 논문에서 흥미로운 사실은 민본주의를 링컨의 연설 내용과 연관 짓는 부분이다.

> 미국 대통령 링컨의 유명한 연설 중에, '인민을 위하는 정치, 인민에 의한 정치'라고 말한 구절이 있었다. 전자, 즉 '인민을 위하는 정치'란 곧 민본주의 사상을 뜻한다. (윤문은 인용자)

당시 동아시아인에게 데모크라시의 이념으로서 선명하게 와닿았던 것이 프랑스혁명의 자유·평등·박애라는 이념들과 링컨의 게티스버그

---

4) 서양 = 민주주의, 동양 = 민본주의라는 식의 지역적 구별은 오늘날도 자주 만나는 분류 방식이다. 예컨대 한국정신문화연구원에서 편찬한 《한국민족대백과사전》(1992년)에서 '민주주의' 항목은 서양 정치사상을 중심으로, '민본주의' 항목은 중국과 조선의 유교사상사 관점에서 서술하고 있다.
5) 요시노의 논문들은 1914~1916년에 걸쳐 발표되었고, 현파의 〈데모크라시 약의〉는 1920년에 게재된 것이다. 현파의 논조는 요시노의 영향을 크게 받았던 것으로 생각된다.

연설문에서 제시된 민주정부의 삼대원칙이었다. 박래홍은 이 중에 'of the people'을 '인민에 의한 정치'라고 번역하여 민주주의의 범주에 붙여놓고, 'for the people'은 '인민을 위하는 정치'라고 번역하고서 민본주의에 귀속시켰다.[6] 즉 민주주의는 미국과 영국에서 이뤄지는 데모크라시로서 인민에 '의한' 정치를 특징으로 하고, 민본주의는 일본과 중국에서 이뤄지는 정치로서 인민을 '위한' 정치를 특징으로 하는 것이 된다.

이 논문에서 흥미로운 두 번째 사실은 민본주의가 동양에서는 오랜 전통을 가진 것임을 천명하는 데 있다. 박래홍은 '민유방본, 본고방녕(民唯邦本, 本固邦寧)'이라, 곧 "인민만이 나라의 근본이니 근본이 튼튼해야 나라가 안녕하리라"는 《서경》 구절을 '민본'의 어원으로 지목한다. 나아가 맹자를 전통 민본주의 사상가의 대표적 인물로 지목한다.

> 만일 데모크라시 사상을 맹자(孟子)의 왕도 옹호주의 사상에서 관찰하여, 민의를 존중하는 왕도 인민(民)으로 근본(本)을 삼는 정치사상이라고 한다면, 이는 하등 위험한 사상으로 볼 것도 없고 또한 하등의 국체(國體)에도 위반될 것이 아님은 물론이다. (윤문은 인용자)

이처럼 맹자의 왕도사상과 민의 존중 그리고 인민 근본적 특성을 민본주의 요소로 이해하고, 이를 바탕으로 민본주의 = 맹자사상이라는 등식을 구성하고 있는 것이다(과문의 소치이나, 맹자사상과 민본주의를 관련짓는 것은 조선의 경우 이 논문이 최초로 여겨진다).

한편 4년 후, 《개벽》 제51호는 창간 기념으로 《중요술어사전》이 부

---

6) 인용문 속에서 "링컨의 인민을 위한 정치가 곧 민본주의 사상이다"라고 하였으니 여기서 '인민을 위한 정치' 곧 위민 = 민본이라는 등식이 형성된다. 위민사상과 민본주의라는 단어는 모두 '데모크라시'를 번역하는 와중에 태어난 '근대적 번역어'임에 주의하자.

록으로 첨부되는데, 당시 쟁점이 된 개념들인 자본주의·제국주의 등과 함께 데모크라시도 그 가운데 한 항목으로 서술되어 있다. 여기서 흥미로운 점은 '민주주의'가 데모크라시의 번역어로 정착되는 사실을 관찰할 수 있다는 점이다. 그 부분을 인용하면 이렇다.

제목 : 민주주의(Democracy)
해설 : "떼모크라시는 민본주의, 민주주의라고 한다."

— 《개벽》, 제51호, 33쪽

민주주의를 내세워 표제어로 삼고 원문 'democracy'를 괄호에 넣어 제목으로 삼은 것은 1924년 당시 조선에서 민주주의라는 말이 데모크라시의 번역어로 자리 잡았음을 보여준다. 한편 해설부분에서 민본주의와 민주주의가 병기된 데서는 민본주의도 유통되고 있음도 알려준다.

그러나 대세는 이미 민주주의로 기울었다. '한국 근현대 잡지 자료' 색인에서 통계를 잡아보면, 민주주의를 사용한 곳이 212항목인 반면 민본주의는 고작 13건에 불과한 데서 그런 압도적 경향을 확인할 수 있다. 일본에서도 중국에서도, 1924년 이후의 조선과 마찬가지로 민주주의는 점점 민본주의를 제치고 데모크라시의 번역어로 정착한다.

5. 맹자사상은 '민본'인가

데모크라시의 번역어 지위를 놓고 민주주의와 민본주의가 벌인 경쟁은 동양 삼국이 함께 참여한 국제적 규모였다. 동아시아의 열망이 데모크라시에 집중되었음을 방증하는 사례이기도 하다. 결국 데모크라시의 번역어로서 민주주의가 승리하였고, 그 후의 추세는 민주주의의 다양하고 풍요로운 자기증식 과정이었다. '인민 민주주의', '민중 민주주의', '생태적 민주주의', '심의 민주주의' 등은 금방 떠올린 민주주의 용례들이다. 민주주의는 이처럼 다양한 수식어를 붙여가면서 풍요롭게 발전하고 있는 것이다.

그러면 민주주의에 패배한 번역어 민본주의는 어디로 갔을까? 민본주의의 행로는 이미 1920년 조선 지식인 박래홍이 예측한 행로를 밟는다. 민본주의는 맹자사상을 대변하는 수식어로 전락하였다. 특히 한국 땅에서 민본주의는 '위민'이라는 말과 더불어 맹자사상을 대변하는 말로 낙착되었다. 하나 민본주의는 이미 공식적 번역어 지위에서 탈락했기 때문에, 원본적 또는 정전적 위상을 획득한 민주주의에는 언제나 못 미친다. 민주주의의 아류로서 혹은 민주주의로 나아가는 도정의 미성숙한 상태를 지칭하는 말에 머문다. 다양한 수식어를 낳으면서 번창하는 민주주의와 달리 민본주의는 해묵은 맹자사상의 그늘에 머물면서 불임의 개념으로 전락하고 만 것이다.

그런데 거꾸로 질문해보자. 민본주의가 맹자사상을 제대로 대변하는 개념이기나 한 것일까? 우리는 맹자사상 = 민주주의·위민사상이라는 등식을 의심 없이 쓰고 있지만, 한 번도 맹자의 눈으로 민본주의를 평가해본 적은 없다. 과연 맹자는 자기 사상을 민본주의라고 칭하는 것을 허락할까?

《맹자》속에 민본이라는 말은 등장하지 않는다.[7] 또 경학의 시대에 《맹자》를 두고 민본이라는 말로 평한 경우도 없다. 앞서 보았듯 맹자 = 민본주의라는 등식은 1920년 박래홍의 논문인 〈데모크라시 약의〉이후부터다.

---

7) 민본(民本)의 전통적 용례는 농업·농민을 대신하는 말로 쓰거나(사물놀이 깃발에 쓰인 '농자, 천하지대본(農者, 天下之大本)'의 경우처럼), 또는 '백성은 밥을 근본으로 삼는다'는 식으로 쓰거나, 혹은 '백성은 본래 … 하다'라는 문장을 구성하는 식으로 쓰였다.

맹자 본인은 자기 사상을 '인민이 정치의 근본이라는 뜻을 제창하였으므로 민본주의라고 칭하겠다'는 후세인(後世人)의 명명에 대해 시큰둥한 반응을 보일 것이다. '인민이 정치의 근본'이라든지, '군주가 민의를 존중하는 정치'라는 식의 '민본'은 맹자의 고유의 주장이 아니라 고대 동양사상의 일반적 특징이기 때문이다.

중국의 현대 사상가 머우쫑산(牟宗三, 1909-1995)이 지적했듯, "중국의 정치사상은 법가를 제외하고는 모두가 다 민본주의라고 할 수 있다."[8] 정녕 그렇다. 아니 머우쫑산이 예외로 젖혀둔 법가사상조차도 민본주의라는, 더 나아가 법가사상이야말로 '민본'의 본래 의미에 합당하다는 주장도 있다. 우선 한비자(韓非子)의 주장을 보자.

> 성인이 인민을 다스림은 인민을 이롭게 하기를 기대할 뿐이다. 그러므로 성인이 형벌을 부여하는 것은 인민을 미워하는 때문이 아니라 인민을 사랑하는 근본인 것이다.
> "聖人之治民, 期於利民而已. 故其輿之刑, 非所以惡民, 愛之本也."
>
> ─《한비자》, '심도(心度)'편

이를 두고 최진덕은 "법가는 한비자의 이 말에서처럼 '민본'이나 '위민'을 드러내놓고 말하는 경우가 드물다. 하지만 법가의 표면적인 입장 이면에는 늘 민본의 이념이 은밀하게 깔려있다. 한비자는 유학자들이 실현하고자 했던 민본정치의 이상을 법치를 통해 소수의 강자들의 발호를 막음으로써 실현하고자 한다"라고 지적한다.[9]

---

8) "中國的政治思想, 除法家外, 都可說是民本主義." (머우쫑산, 〈정도와 치도(政道與治道)〉, 대만학생서국)

9) 최진덕, 〈유학의 민본사상, 그 이상과 현실〉, 《민본주의를 넘어서》, 청계, 2000년, 182~183쪽.

또 전국시대 여러 사상들을 결집한 《회남자(淮南子)》에서도 "인민은 나라의 근본이라(民者, 國之本也)"고 지적하고 있다. 그렇다면 맹자뿐만 아니라 민본주의가 아닌 동양사상은 없게 된다. 민본이 이처럼 포괄적이어서, 모든 것을 다 품을 수 있는 말이라면 그 자체로 '개념'으로서는 실격이다. 세상에 어느 정치사상치고 인민을 근본으로 삼지 않는 사상이 있을까 보냐. 그렇기에 법가조차 민본주의로 포섭될 수 있다는 최진덕 교수의 주장은 새겨들을 만한 값어치가 있는 것이다.

그 근본원인은 개념이 될 수 없는 말을 억지로 개념화했기 때문이다. 즉 민본은 애초부터 일본인들이 천황제라는 반민주적 체제를 보전하면서 데모크라시를 번역하려는 모순된 욕망을 담은 허위 개념이었던 것이다. 이제 데모크라시의 번역 과정을 요약해보자.

① 19세기 말엽, 서양의 데모크라시는 중국에서 민주로, 일본에서는 민본으로 번역되었다. 데모크라시의 번역어를 추적하는 과정에서 민주(民主)가 재발견되고 민본(民本)이라는 개념이 만들어졌다.

② '민본'은 일본에서 천황제를 보전하기 위한 조어로 출발한 것이다. 또 민본이라는 말의 권위를 확보하기 위해 동양 고전에서 그 기원을 추적하는 전도된 계보학이 성행했다. 이 와중에 《서경》의 민유방본(民維邦本)이 어원으로 발굴되었고, 맹자는 민본주의의 대변자로 왜곡되었다.

③ 조선에는 1920년에 데모크라시의 번역어로서 민주주의와 민본주의가 소개된다. 민주주의는 미국과 영국의 서양의 정치로, 민본주의는 중국과 일본의 동양의 정치로 보는 지역 기준의 분류법이 덧붙어 파생하였다.

④ 민본주의는 링컨의 '인민을 위하는 정부', 곧 위민(爲民)과 관련을 맺고 사상적으로는 맹자와 밀접하게 부착시키는 경향을 보였다. 이런 경향이 오늘날까지도 맹자사상을 '민본주의' 또는 '위민 사상'으로 호명하는 근원이 된다.

요컨대 민본과 위민은 모두 데모크라시를 번역하는 와중에 빚어진 지적 편의주의의 산물로서 맹자와의 만남은 '우연한 조우'에 불과하다. 데모크라시의 번역 과정과 여기서 패배한 번역어 민본주의가 해묵은 맹자 사상에 덧붙는 과정은 오리엔탈리즘의 한 사례로도 보인다.
　데모크라시라는 '서양식' 정치체제가 문명의 표준으로 구실하는 한, 그 번역어로 확정된 민주주의는 자기증식을 계속하겠지만, 반면 패배한 민본주의는 언제나 미성숙하고 아류적인 의미를 표상할 수밖에 없다. 문제는 내용을 품을 수 없는 쭉정이 개념인 민본주의가 맹자의 얼굴(persona)이 되어버리면 맹자의 사상도 알맹이를 잃어버릴 뿐만 아니라 맹자는 제 고유의 사상적 비전을 표상할 기회를 잃고 질식해버린다는 점이다. 맹자사상 = 민본주의 등식의 진짜 문제가 이것이다(동양·전통 사상이 불모화되는 원인의 일단이 이런 명명법에 있다).
　어쩌면 이것은 한국의 학문연구 풍토 전반과 관련된 문제다. 특히 서구의 개념들을 무반성적으로 수입해서 유통하기만 하는 한국 사회과학 연구의 '불임성'은 기본 개념들의 식민지적 특성, 혹은 오리엔탈리즘에서 비롯되는 것이다. 이 점이야말로 오늘날 동아시아의 진짜 '슬픔'이다. 그리고 이제는 벗어야 할 슬픔이다.
　동양사상의 현대화 작업은 텍스트를 고유의 맥락에 따라 이해하고 또 오늘날로 해석하는 기초적(경학적) 작업에서 비롯될 뿐이다. 맹자의 사상도 《맹자》를 꼼꼼하게 점검하는 작업에서 추출되어야만 한다.

3장
충효(忠孝)는 없다

　유교에서 이해하는 사람이란 서양의 '존재론적 인간'이 아니라 '관계적 인간'이라 할만하다. 서양의 인간관이 '더이상 쪼개지지 않는 존재', 개인(in-dividual)을 기초로 하고 있다면, 동아시아의 인간은 사람 사이를 중시하는 '관계적' 존재이다. '나'가 있고 난 다음 '남'이 있는 것이 아니라, 남이 있음으로써야 비로소 내가 있게 된다. 이런 점에서 유교는 관계의 바탕 위에 지은 집이다.
　유교의 눈으로는 개인 혹은 단독자는 제대로 된 사람이 아니다. 홀로 된 사람, 혼자 힘으로 사는 사람은 부족하거나 미완성된 존재이지 결코 서양에서 보는 것처럼 '영웅'이 아니다(서양 문학에서 영웅이란 혼자 힘으로 자연과 환경의 난관을 극복한 존재로 그려진 터다. 오디세이, 돈키호테, 로빈슨 크루소가 그렇다). 그러니까 맹자는 환·과·독·고(鰥寡獨孤), 즉 홀아비와 홀어미, 독거노인과 고아를 나라에서 가장 먼저 보살펴야 할 불행한 사람들로 여겼던 것이다. 그러니 "우리는 로빈슨 크루소의 행복을 믿지 않습니다. 행복은 관계 속에 있어요"라고 말한 부탄의 지성인 카르마 우라의 지적은 유교의 인간관과 합치한다(김남희, '추천사', 《행복의 경제학》,

서해문집, 2009년). '참된 나'는 남과 함께 더불어 살아갈 때, 즉 '우리'가 될 때라야만 진면목이 드러나는 것이다.

그런데 사람이 살면서 피치 못하게 남의 도움을 받아야만 하는 때가 있다. 공자는 그것이 태어난 후부터 3년의 기간이라고 본다. 사람은 제 발로 서서 먹을 것과 먹지 못할 것을 구별하기까지 최소한 3년 세월을 남에게 절대적으로 의존해야 하는 생리적 한계를 가진 동물인 것이다. 이 동안 남, 곧 부모는 "진자리 마른자리 갈아 뉘시며, 손발이 다 닳도록 고생하시는" 은혜를 베푼다. 이 보살핌은 일방적이기에 절대적이다. 그것을 되갚을 수 있는 기회는 없다. 다만 이것을 유추하여 되갚는 의례를 재현해볼 따름이다. 3년간의 절대적 의존을 회상하며 되갚는 의례가 삼년상이다.

오늘날 생각하면 삼년상이란 얼마나 멍청하고 바보스러운 짓인가. 그런데 공자 당대에도 삼년상을 의심하는 눈길이 있었다. 재아(宰我)라는 제자가 그러했다.

> 재아: 삼년상은 한 해만으로도 넉넉하다고 봅니다. 군자가 3년 동안 예(禮)를 집행하지 않으면 나라의 예법은 반드시 무너지고, 3년 동안 악(樂)을 펴지 않으면 나라의 문화는 반드시 무너지고 말 것입니다.
> 공자: 군자란 부모의 죽음을 맞아 맛난 것을 먹어도 달지 않고, 음악을 들어도 즐겁지 않으며, 집에 있어도 편안하지 않은 사람이다. 사람이 태어나서 3년을 지나야 부모 품을 벗어날 수 있는 것. 그러니 삼년상이란 하늘 아래 '공통된 상례'인 것이다.
> — 《논어》, 17 : 21

정치적이고 경제적인 측면에서, 즉 효율성의 차원에서 삼년상이 너무 길다고 지적하는 제자에게 공자는 인문학적 측면에서, 즉 사람과 사람의 관계라는 차원에서 삼년상의 의의를 제시하고 있다. 부모가 돌아가

신 뒤 맛난 것을 먹을 때면 부모의 모습이 떠올라 목이 메는 추체험의 기간이 3년이라는 것이요, 또 태어나서 부모에게 절대적으로 의존했던 3년의 경험이 삼년상의 수치적 근거가 된다는 것. 그러니까 삼년상은 부모의 죽음을 기화로 인간다움에 대해 명상하는 '인문학 페스티벌'인 셈이다.

그런데 삼년상에는 또다른 뜻도 들어있는 듯하다. 부모에게조차도 '빚지고는 못 살겠다'는 오연한 자존심 말이다. 부모조차 남으로 여기는 서늘한 자의식이 삼년상 의례의 조건을 구성하고 있다. 부모조차 타인으로 대하고, 남에게 끼친 신세는 추체험의 의례(곧 삼년상)를 통해서라도 되갚고야 말겠다는 '자존심 강한' 인간관을 바탕으로 형성된 것이 유교다. 부모의 은혜에 대해서조차 이렇게 대한다면 그보다 먼 관계야 더 말할 바가 없으리라.

남으로부터 도움을 받으면 그 신세를 꼭 갚으려 들고, 반면 남을 도와준다면 도움 준 그 순간으로 끝나는 것이지 뒤에까지 그림자를 드리우지 않는 사람이 유교적 인간이다. '위하여'가 없는 칼칼함이 유교적 인간의 특징이다. 나를 위하여 너를 이용하지 않고, 너를 위하여 나를 소모하지 않음 — 다만 내 역할과 직분에 충실할 따름이다. "군자는 탓을 제 자신에게서 찾고, 소인은 탓을 남에게서 구한다"[1]라는 대목이 이런 특성을 잘 요약하고 있다.

1. 효(孝)란 무엇인가

하지만 또 부모의 자식 사랑인들 어찌 자식을 '위하여' 사랑을 베푸는 것일까. '위한다'라는 찌꺼기가 끼어든 베풂은 참사랑이 아니다. 부모의

---

1) "君子求諸己, 小人求諸人."(《논어》, 15:20)

자식 사랑은 아마 사랑의 가장 순수한 형태이리라. 고려시대 승려 일연(一然)이 전해주는 설화는 모든 동물의 자식 사랑이 다 그렇게 순정함을 보여준다.

> 승려 혜통의 본디 이름은 알 수가 없다. 속가에 살 때 그의 집이 경주 남산의 서쪽 기슭에 있었다 한다. 하루는 동쪽 시냇가에서 놀다가 수달 한 마리를 잡아 그 살은 발라 먹고, 뼈는 동산 안에 버렸다. 이튿날 새벽에 보니 뼈가 사라지고 없어 핏자국을 따라가보았다. 뼈는 전에 살던 동굴로 돌아가, 새끼 다섯 마리를 끌어안고 쪼그려 있었다.
> 혜통이 이를 보고는 놀라워하고 이상히 여겨, 한참을 탄식하고 주저하다가 마침내 속세를 버리고 출가하여 이름을 혜통이라고 바꿨다.
>
> ― 《삼국유사》, '혜통항룡(惠通降龍)'조

속가에 살던 혜통이 어미 수달의 뼈가 새끼들을 끌어안은 모습을 보고 놀란 까닭은, 새끼들이 염려스러워, 죽었으나 죽어있을 수조차 없었던 지극한 어미의 사랑을 목도한 때문이다. 새끼들의 배고파 우는 소리에 뼈만 남은 어미의 몸뚱이조차 움직이게 만드는 힘이 모든 어미의 자식 사랑이라는 뜻이 서려있다. 이런 어미의 자식 사랑을 한자로는 자애(慈愛)라 칭했고, 우리말로는 '내리사랑'이라고 불렀다. 물이 위에서 아래로 흐르듯, 사랑도 부모로부터 자식에게로 흘러내린다는 뜻이다.

이런 내리사랑은 인간만이 아니라 모든 동물이 다 갖고 있는 것이다. 여기 수달이 그러하고, 텔레비전 프로그램 〈동물의왕국〉에서 만나는 연어의 한살이가 그러하며, "자식 잃은 설움에 창자가 끊어진다"는 이른바 단장(斷腸)의 고사 속에 그려진 원숭이가 그러하다.

그러나 부모가 베푼 사랑을 기억했다가 그 은혜를 되갚겠다는 동물은 오로지 인간이라는 종류밖에 없다. 이 되갚으려는 마음을 효(孝)라고 칭하고 우리말로는 '치사랑'이라고 부른다. 그러니까 동물들의 사랑은 부모로부터 자식에게로 흘러내리기만 할 뿐 거슬러 올라가는 법이 거의 없지만, 인류만은 가족이라는 공간에서 내리사랑과 치사랑을 주고받으면서 화목의 꽃을 피워낸다. 공자의 프로그램은 이 사랑의 순환에서 피어나는 따뜻한 기운인 화목(和)을 가족의 문턱을 넘어 이웃으로, 사회로 또 국가로, 급기야 온 세계로 퍼뜨리려는 것이다. 그 꿈이 '가화만사성(家和萬事成)'이란 말 속에, 또 '수신(修身) – 제가(齊家) – 치국(治國) – 평천하(平天下)'의 전개과정 속에 들어있다.

유의할 점은 내리사랑은 모든 동물의 유전자에 찍혀있는 선험적이고 보편적인 것이어서 따로 강조할 필요가 없지만, 치사랑 = 효도는 가족이라는 인간공동체 속에서, 경험과 의식적인 학습을 통과할 때 길러진다는 사실이다. 이것이 공자가 가족을 중시하고 또 효행을 강조했던 까닭이다.

그렇다고 효도란 것이 또 어찌 부모에 대한 자식의 복종을 뜻하는 것이랴. 효의 참된 뜻을 두고 공자의 후예 순자(荀子)는 이렇게 직언한 바다.

> 집에 들어오면 효도하고 밖에 나가면 공손한 것, 이따위는 사소한 행실이다.
> 윗사람에게 순종하고 아랫사람에게 따뜻이 대하는 것, 이런 건 중간치기다.
> 도를 좇지 임금을 따르지 않고, 정의를 좇지 아버지를 따르지 않는 것이 사람으로서 큰 행실이라 할만하다.
> — 《순자》, '자도(子道)' 편

첫대목부터 심상치 않다. "집에 들어오면 효도하고 밖에 나가면 공손한 것"을 사소한 행실로 치부하는 순자의 지적은 이른바 '마마보이'식으로 부모에 대한 순종을 효의 전부로 알고 있는 오늘날 유교 인식을 배반한다. 더욱이 끝대목, "정의를 좇지 아버지를 따르지 않는 것이 사람으로서 큰 행실이다"라는 지적은 유교가 바라보는 효도의 극단적 묘사라 할만하다. 여하튼 효도란 결코 부모에 대한 자식의 복종을 뜻하는 것이 아님은 유념해둘 점이다. 미국의 현대 유교학자 뚜웨이밍(杜維明)의, "정녕코 효라는 유교적 개념은 정치적 통제와 거의 관련이 없다. 효는 전제적 권력행사를 위한 기초가 아닌 것이다. 효자가 반드시 복종적인 아들을 의미하지는 않는다"[2]는 주장도 이를 뒷받침한다.

2. 충효는 없다

40대 이상 중년이라면 '효'라는 말을 들으면 충(忠)이라는 단어를 함께 떠올리기 십상이다. 이들에게 '부모에 대한 효도'는 '나라에 대한 충성'과 연쇄되어 유교의 이미지를 구성한다. 옛날 초·중등학교 담벼락에는 어김없이 충효(忠孝)라는 큰 글자가 쓰여있었고 아이들 일기장에 조차 '충효 일기장'이라고 박혀있었던 것이다. 특히 유신체제의 강요된 복종과 폭력 아래에서 젊은이들은 충효라는 구호에 '이를 갈았고', 공자와 유교에 '침을 뱉았다.' 그러니까 연전 《공자가 죽어야 나라가 산다》라는 책이 한국사회에서 베스트셀러가 된 밑바탕에는, 오랫동안 묵어온 공자와 유교에 대한 분노와 반발심이 폭발한 사회적 심리기제가 자리하고 있다고 할만하다.

---

[2] "Indeed, the Confucian concept of filial piety is only marginally conceived with political control. It was not conceived as a basis for exercising autocratic power. (…) The filial son is not necessarily an obedient son."(Tu Wei-Ming, *Centrality and Commonality : An Essay on Chung-yung*, The University Press of Hawaii, 1978, pp. 55-56)

그러나 《논어》를 읽어보면 놀랍게도 그동안 분노했던 충효의 논리가 존재하지 않는다는 사실을 발견할 수 있으리라. 《논어》에는 '효도를 통해 부모에게 복종하는 법을 배워서 군주에게 충성하라'는 식의 논조가 단 한 곳도 없는 것이다! 거꾸로 '충과 효는 다르다'는 증언은 있다. 수제자 안연과 더불어 덕을 실천하는 수준에 이른 제자 민자건(閔子騫)의 행실이 그러하였다.[3]

> 노나라 권력자인 계씨(季氏)가 민자건을 요충지 비(費) 성의 책임자로 삼으려고 사신을 보냈다.
> 민자건이 사신에게 말했다. "날 위해 잘 좀 말해주오. 만일 또다시 나보고 그런 일을 하라면, 난 문(汶)강 너머 가있을 게요!"
>
> 季氏使閔子騫, 爲費宰. 閔子騫曰, "善爲我辭焉. 如有復我者, 則吾必在汶上矣!"
> ─《논어》, 6:7

문(汶)강이란 우리나라 압록강처럼 노나라와 제나라 사이 국경을 가르는 강이다. 계씨 정권을 노나라 왕정을 찬탈한 부당한 권력으로 여겼던 민자건은 그들과 함께하지 않겠다는 결연한 의지를 보인 것이다. 또다시 나더러 이 정권에 참여하길 권한다면 고국을 떠나 망명하겠노라는 것.

진한(秦漢) 제국체제 이후는 달라지지만, 공자와 맹자의 활동시기인 춘추전국시대에는 사(士: 지식인 또는 무사)계급에게 정권에 대한 충성을 일률적으로 강제할 수 없는 자유공간이 남아있었다. 뜻이 맞으면 벼슬을 살지만, 뜻에 어긋나면 언제든지 망명할 수 있었던 것이다. 이런 자

---

3) "덕행에는 안연과 민자건, 염백우와 중궁이 탁월했노라(德行 顔淵閔·子騫·冉伯牛·仲弓)."(《논어》, 11:2)

유공간이 있었기에 사(士)계층의 의기는 그 어느 때보다 높았다. 먹고사는 것은 곤궁했을지라도. 한편 이렇게 부정한 정권에 대해서 매몰차게 대하는 민자건은 집안에서는 대단한 효자이기도 했다.

> 공자 말씀하시다. "정녕 효자로구나, 민자건은! 보통 부모형제들이 제 가족을 자랑하면 사람들이 입을 삐죽거리게 마련인데 민자건이 효자라는 말에 대해서는 누구도 군소리를 달지 않으니."
> 子曰, "孝哉, 閔子騫! 人不間於其父母昆弟之言."
> — 《논어》, 11:4

권력을 찬탈한 정부에 대해서는 의/불의의 잣대를 세워 저항하면서 집에서는 효성을 다해 내남없이 두루 인정받을 만한 효자였다니, 민자건은 안팎으로 반듯한 선비였음에 분명하다. 이 민자건의 사례는 유교를 충효사상으로 오인하는 데 대한 반증사례로서 충분하다. 즉 '부모에 대한 효도'와 '국가에 대한 충성' 사이에 등호를 그리는 이른바 충효사상은 《논어》와는 관련이 없다는 사실이다. 이런 사람을 어찌 공자가 아끼지 않으리오.

> 노나라에서 창고를 새로 지었다. 민자건이 말했다. "옛 창고를 고쳐 쓰면 될걸. 꼭 새 창고를 지어야 하는가?"
> 공자 말씀하시다. "저 사람은 말을 안 할지언정, 하면 사리에 꼭 들어맞는 말만 하더구나."
> 魯人爲長府. 閔子騫曰, "仍舊貫, 如之何. 何必改作?" 子曰, "夫人不言, 言必有中."
> — 《논어》, 11:13

여기 새로 지었다는 창고란 곧 세금창고를 뜻함이니, 창고를 새로 늘려 짓는다는 것은 백성들에 대한 수탈이 심해질 것이라는 뜻을 예고하고 있는 것이다. 이에 스승은 민자건을 두고 "평소에는 과묵하지만, 말을 하면 사리에 합당한 말만 하노라"고 무릎을 치며 칭찬한 것이다. 따로 《논어》에는 "민자건이 스승을 모실 때는 있는 듯 없는 듯 조용하였다"는 평이 있는 것으로 보아, 그는 평소에 무척 과묵하고 조용한 사람이었던 듯하다. 그럼에도 집에서는 효도하고 정의로운 사람이니, 공자가 그리워하는 군자의 상에 부합하는 인물이었던 셈이다.

그렇다면 공자가 제시하는 이상적 인격체로서의 군자란 '부모에게 효도'하고 이를 바탕으로 '나라에 충성'하는 사람이 아니라, 도리어 부모에게는 순종할지언정 나라에 대해서는 저항하는 사람이라고 해야 하리라.

이 정신을 이은 맹자는 부자유친(父子有親), 곧 부모와 자식 사이는 친밀함을 위주로 하지만 또 군신유의(君臣有義)라, 군주와 신하 사이는 '의/불의'를 매개로 하는 관계로 여겨 서로 구별했던 것이다. 역시나 주자학(朱子學)을 건설한 주희(朱熹)도 부모와 자식 사이의 관계는 천합(天合), 즉 하늘이 맺어준 천륜의 관계이지만, 군주와 신하의 정치적 관계는 의합(義合)이라, 서로 지향이 같아야만 함께 일하는 계약관계에 지나지 않는다고 천명한 것이다.

3. 충(忠)이란 무엇인가

그러면 충이란 무엇인가. '각각 맡은 제 소임을 다하는 것'이 충이다. 임금은 임금의 소임을 다하는 것이 충이요, 신하는 신하의 제 직분을 다함이 충이다. 다시 말해 충이란 내가 아비일 때는 '아비짓'을 다하고, 내가 선생이라면 '선생짓'을 다하는 것이요, 또 친구를 대할 적엔 친구로서의 도리를 다하는 것이다. 그러니까 충의 본래 의미는 군주에 대한 충성, 국가에 대한 충성이 아니라 누구든(임금조차도, 아니 임금부터) 제 맡은 일에 성심을 다하는 충실성, 성실성을 뜻한다.[4]

주희 역시 이런 충의 논리를 계승했기에 군주의 정사에 대해 날을 세워 비판할 수 있었던 것이리라.

> 조정의 기강은 마땅히 엄정해야 하는 것입니다. 위로는 임금으로부터 아래로는 뭇 관리에 이르기까지 제각각 맡은 소임이 있어 서로를 침범할 수가 없습니다. 지금 정승과 장관들의 진퇴와 언관의 교체를 모두 임금의 독단(獨斷)으로 행하고 대신들과는 서로 논의한 적이 없고 담당 관리들은 그런 의론이 있었는지조차 모르는 형편입니다. 임금이 독단으로 처리하는 일은 설사 이치에 합당하다 하더라도 이건 정치의 본질이 아닌 것이외다.
> ― 황간(黃幹),《주자행장(朱子行狀)》

문제는 주어진 내 역할을 제대로 하기, 곧 사람이 사람짓 하기가 쉽지 않다는 점이다. 여기서 충은 제 스스로 행동을 돌이켜 살피는 성찰과 반성의 기제를 동반하게 된다. 윤동주 시인의 유명한 시구절을 떠올리자면, "하늘을 우러러 한점 부끄럼 없기"를 기약함, 이것이 충이다. 가령 강의를 마치고 나오면서 자신에게 '나는 과연 선생으로서 할 짓에 충실하였던가'라고 되묻는 행위 속에 충이 들었다(요즘 쓰는 말로 하자면 '진정성'이 충에 근사하다).

유교 경전을 통틀어 충이 효라는 말과 짝을 지어 충효로 쓰이는 용례는 거의 없고, 신뢰(信)라는 말과 함께 쓰이거나 '역지사지'를 뜻하는 서

---

[4] 충(忠)이 군주에 대한 충성으로 바뀌게 된 결정적 계기는 한(漢)제국의 통일 이후다. 특히 제국체제를 위한 일통(一統) 이데올로기를 구축한 동중서(董仲舒)에 의해, 충은 직분의 충실성이 아니라 윗사람에 대한 복종으로 변질된다.

(恕)와 더불어 쓰이는 경우가 대부분이다. 가령 "충실과 신뢰를 위주로 삼으라"[5]라든지, 조그만 마을에도 어디든 "나만큼 충신(忠信)한 사람이야 있게 마련"[6]이라는 식으로, 충은 신뢰와 짝을 지어 출현한다.

그러니까 의미상으로 봐도 충·효라는 말은 격이 다른 개념의 조합이다. 효는 구체적이고 실천적인 말이다. 그래서 효는 내리사랑인 자애와 짝을 지어 효자(孝慈)라는 식으로 쓰이는 것이 일반적이었다. 반면 충은 진정성·자기성찰 등을 뜻하는 추상적이고 가치적인 개념이다. 그렇기에 '상대방 처지를 접어서 생각함'을 뜻하는 서(恕)와 짝을 지어 '충서'라는 표현을 이루거나, 신뢰(信)와 짝을 지어 '충신'으로 쓰이는 것이 일반적 용례였다. 요컨대 충효는 유교의 경전에서는 거의 쓰인 적이 없었던 말이다. 이 대목에서 일본의 동양사학자 미야자키 이치사다(宮崎市定, 1901-1995)의 지적은 인용할 가치가 있다.

> 공자의 유교에 대해 오로지 충효의 봉건 도덕을 가르쳤다고 이해한다면 그것은 오히려 고전을 읽는 쪽의 편향이다. 공자의 《논어》에서 말하는 충(忠)은 반드시 그 대상을 군주로 한정하지 않는다. 효(孝)를 중요한 도덕으로 가르친 것은 사실이지만, 그것은 상식적인 효행일 뿐 몸과 생명을 희생하라고까지는 말하지 않는다.
>
> ― 미야자키 이치사다, 이경덕 옮김, 《자유인 사마천과 사기의 세계》, 다른세상, 2004년, 142쪽

우리가 아는 충효, 즉 '아버지에게 효도하는 사람이 국가에 충성한다'는 논리가 '공자의 유교에는 없다'는 증언이다. 이어지는 대목은 충효의 기원을 알려준다는 점에서 더욱 계몽적이다.

---

5) 主忠信.(《논어》, 1:8)
6) 十室之邑, 必有忠信.(《논어》, 5:27)

"공자의 《논어》를 봉건적인 상하관계에서 작용하는 '멸사봉공'이라는 뜻의 충·효를 가르친 책이라고 읽는 것은, 오히려 도쿠가와(德川)시대 봉건제도 아래에서 살았던 일본사람들이 자기의 봉건사상을 바탕으로 이해하는 것과 다를 것이 없다."(미야자키 이치사다, 같은 책, 142쪽)

곧 충효라는 묶음말의 뿌리는 《논어》가 아니라 일본식 사무라이 전통에서 기인하였다는 사실을 일본 학자가 지적하고 있는 것이다. 그렇다면 우리가 그토록 분노했던 유교 = 충효라는 등식은 제대로 알아보지도 않은 채 남의 장단에 춤을 춘 우스꽝스런 짓이 된다. 그렇다면 충효라는 말의 기원을 추적해보자.

4. 충효의 기원

충효라는 말의 기원을 따져 올라가면 법가의 원조인 한비자에까지 이른다. 《한비자》 제20편의 제목인 '충효(忠孝)'가 그 출발이다. 이 편명이야말로 충과 효가 한 덩어리로 뭉쳐져 충효라는 개념으로 쓰인 최초의 흔적이다. 충효 = 공자사상으로 오해하는 오늘날의 통상적인 인식이, 실은 법가에서 비롯하여 일본의 봉건적인 사무라이 토양에서 꽃피운 것임은 여기서 꼭 짚고 넘어가야 할 점이다.

특히 그중에서도 《한비자》 '충효' 편의 첫머리에 등장하는 효제충순(孝悌忠順)이라는 구절에서 '충효'의 내막을 세밀하게 헤아릴 수 있다.[7] 효제충순이란 말은 겉으로는 유교 본연의 미덕인 효제충신(孝悌忠信)과

---

7) "천하 모든 사람들이 효제충순(孝悌忠順)이 올바른 도리라고 알고는 있다. 그러나 효제충순의 깊은 의미까지 낱낱이 몸에 익혀 샅샅이 실천하지 못하는 점이 천하가 어지러워지는 까닭이다(天下皆以孝悌忠順之道爲是也, 而莫知察孝悌忠順之道而審行之. 是以天下亂)."(《한비자》, 제20 '충효(忠孝)' 편)

닮았다. 그러나 그 속뜻은 하늘과 땅만큼이나 다르다.

유교와 법가가 비슷한 듯하면서 실제로는 전혀 다른 사상이란 점이 이런 데서 잘 드러난다. 효·제·충·신은 유교의 핵심 개념인 것이 맞다. 각각 '효행', '공손', '충실함' 그리고 '신뢰'를 뜻한다. 효제는 그만두더라도 충신(忠信)은 공자사상의 핵심인 인(仁)을 실현하는 중요한 방법이다. 충은 자아에 대한 성찰적 개념이요, 신은 상대방에 대한 성실성을 뜻한다. 더욱이 신(信)은 공자 정치경제학의 고갱이기도 하다.

한데 한비자는 지금 유교의 핵심이랄 수 있는 '충신'을, 발음은 비슷하지만 그 의미는 전혀 다른 '충순'이라는 말로 바꿔 쓰고 있다. 이것은 의도적 왜곡이다. 《한비자》의 맥락을 놓고 볼 때 충순은 충신과는 하늘과 땅의 차이가 나는 완전히 다른 개념이다. 한비자의 충순(忠順)이란 군주에 대한 신하의 절대적 복종을 강요하는 규범이다. 즉 유교의 충이 자기성찰을 뜻하는 반면, 한비자의 충은 군주에 대한 충성이다. 그리고 '순'은 분명 군주의 명령에 대한 절대적 순종을 뜻할 따름이다. 즉 오늘 우리에게 낯익은 군주(또는 국가)에 대한 충성(=충순)의 복종 규범과 부모에 대한 복종으로 인식되는 '효제'가 실은 법가의 규범인 것이다. 이 둘을 엮어 '효제-충순'이라는 형태로 계열화한 표현, 즉 '부모에 대한 효도=나라에 대한 충성'이라는 등식이 한비자를 기원으로 삼고 있음은 유념해야 한다.

이런 한비자에게서 기원한 법가의 원리가 한(漢)제국 초기 동중서(董仲舒)에 의해 제국의 통치 원리로 인입된 것이다. 그리하여 한당(漢唐)시대 이후 중국과 고려 및 조선 초기까지도 충효라는 말은 관습적으로 쓰이게 되었던 것인데, 특별히 일본의 에도(江戶)시대에 충-효는 지배 이데올로기로서 작동하였던 것이다.

이 대목에서, 위에서 인용한 일본학자 미야자키 이치사다의 증언, "논어를 충·효를 가르친 책이라고 읽는 것은 도쿠가와 봉건제에 살았던 일본사람들이 자기의 봉건사상을 바탕으로 이해하는 것과 다름없다"라는 구절은 재인용할 가치가 있다. 그렇다면 '유교에는 충효란 없다'는 이 글의 주제와 관련해 볼 때, 일본식 충효는 깊이 따져봐야 할 일이다.

일본은 유교국가인 적이 없었다. 특히 조선시대에 해당하는 일본의 도쿠가와시대는 유교의 나라가 아니라 '사무라이의 나라'였다. 상명하복(上命下服)·멸사봉공(滅私奉公)·대의멸친(大義滅親) 따위를 덕목으로 내세운 조직폭력(조폭!)의 사회였다. 맹자의 여민동락, 곧 임금과 인민이 함께·더불어 즐기는 정치의 꿈은 전혀 발을 붙이지 못했던 땅이다.

가족을 인식하는 데에서 그런 차이는 선명하다. 일본이나 조선 또 중국은 두루 '가(家)'라는 한자를 함께 쓰긴 했지만, 이 말이 가리키는 뜻은 크게 달랐다. 중국과 한국, 즉 유교문화권에서 가족은 부모와 자식의 혈연적 관계가 핵심이다. 즉 살과 피의 결속이 가족이다. 그러나 일본의 가족('이에(いえ)'라고 부른다)은 "사람의 집합체라기보다는 '가업'을 수행하기 위한 기구로서의 성질을 갖는다. 또 개개인은 '가업'을 수행하는 '이에'를 위해 살아가야만 하는 존재다. 그러므로 아버지로부터 아들로의 혈연(DNA)적 연속은 '이에'의 근간이 아니다."(와타나베 히로시, 〈도쿠가와 일본의 이에(家)의 특질과 그 의의〉, 정치사상학회(2005. 12. 3.) 발제문)

일본식 가족, 곧 '이에'란 혈연공동체라기보다는 직업공동체인 점이 특징이다. 또 '이에'의 구성요소가 일과 작업이라는 점에서 가업(家業)은 가족의 동의어가 된다. 그러므로 "일본에서 '가업'은 자신이 태어난 '이에'에 의해 결정되기에 천직(天職)이라고도 불렸다. '가업'에 힘쓰는 것은 '이에'에 할당된 '하늘이 명한 직분'을 수행하는 것으로 여겨, 도덕적 정당성을 갖게 되었다. 가업에 정진하여 소속되어 있는 '이에'를 위해 살아가는 것이 사람답게 사는 것이었던 것이다. 그리고 역대의 '이에'의 구성원은 가업을 일시적으로 맡았다가 후세에 전해주어야 하는 존재였

다. 그러므로 각각의 가업에 힘쓰는 것이 바로 도덕이 되었다."(와타나베 히로시)

그런데 만약 어느 '이에'에 딸밖에 없다면 어떻게 될까? 보통 양자를 들여 그 딸과 결혼시킨다. 이것을 데릴사위(무코요시(むこようし))라고 하는데, 이 경우 집안 남자든 성이 다른 사람이든 상관이 없다. 데릴사위는 자기의 본래 성씨를 버리고 양자로 들어간 가문의 성을 따르고 그 가업을 잇는데, 이런 성씨의 개조가 전혀 문제가 되지 않는 것이 일본의 가족관이다.

이쯤에서 우리는 일본에서 창씨개명이 일상적인 까닭을 이해할 수 있다. 우리식으로 해석하자면 홍길동이 삼성그룹에 양자를 들면 '삼성길동'으로 성을 바꾸는 것이 흠이 아니고 도리어 권장할 만한 일이라는 것이다(최근에는 실제로 현대그룹에 시집간 여성을 두고 '현대가(家)에 시집갔다'는 식의 표현이 등장하는데, 이런 어법은 일본식 가족관을 바탕으로 한 것이다).

주목할 점은 일본의 '이에'에서는 충과 효가 자연스럽게 한데 어울린다는 사실이다. 특별히 양자로 가서 성을 바꿔 가업을 계승한 사람의 경우에서 충과 효의 결합 양상이 선명하게 드러난다. 양자로 간 사람이 가업을 계승하여 그 가문을 번창하도록 만들었다면 이것이 곧 충이다. 동시에 이런 성취는 가업을 물려준 조상(양아버지)에게 효도하는 것이 된다. 다시 말해 일본의 '이에' 구조 속에서는 충성이 곧 효도가 된다!

이곳이 우리가 유교적 덕목으로 오해해온 멸사봉공·대의멸친·상명하복 등의 '일본식' 가치들이 쏟아져 나오는 지점이다. 예컨대 '사사로운 나를 죽이고 공공(가업)에 봉사한다'는 뜻의 멸사봉공은 '본래의 성씨' 곧 사(私)를 없애고 새로운 가업 곧 공(公)을 받든다는 의미로 통용된 것이었다. 이런 멸사봉공은 유교식 가족에는 전혀 어울리지 않는 것이다.

또 대의멸친(大義滅親)도 마찬가지다. 여기 대의(큰 뜻)란 가업이요,

'친'은 친부모를 뜻한다. 그러니까 대의멸친은 가업을 위해 친부모를 죽여도 좋다는 뜻이 들었다. 극단적인 예로 '양자의 친아버지가 양아버지를 죽였다면 어느 쪽을 따라야 하는가'라는 질문이 실제로 일본의 사상사에서는 제기된 적이 있었다. 도쿠가와시대 평민 출신 학자 이시다 바이간(石田梅岩, 1685-1744)은 이 질문에 대해 단호히 "양아버지의 원수를 갚고, 그 목을 사당에 바쳐야 한다"라고 답한다. 즉 양아버지를 위해 친아버지를 죽이는 것이 옳다고 여기는 자리에서 피어난 윤리가 대의멸친이다. 혈연과 육신을 중시하는 유교적 윤리로서는 도무지 납득하기 어렵지만, 일본의 '인공적 가족'인 이에의 세계에서는 실제 통용되던 윤리였다(그러므로 일본은 유교국가인 적이 없었다).

　바로 이곳이 일본에서 충과 효가 겹치는 여울목이다. 일제 식민주의자들이 조선에 대한 창씨개명정책을 그렇게 수월하게 여기고 밀어붙였던 이유도 여기에 있다. 역시나 이광수가 몸을 망친 곳도 바로 이 자리다. 이광수의 죄는, 일본과 조선이 한자를 같이 사용하고 가(家)를 중시하는 점에서 근사(近似)하긴 하나 실은 가족관의 사상적 토대가 전혀 다르다는 점을 몰각한 데 있다. 조선에서 '창씨'는 제 아비를 부정하는 짓이요, '개명'은 주체를 망실하는 치욕이라는 점을 몰랐거나 알면서도 모른 척한 것, 이것이 이광수의 죄다.

　유교식 가족이 자연적이라면 일본식 가족은 인공적 조직이라고 할 수 있을 것이다. 가족이 인공적 조직일 때 충과 효는 이음동의어가 된다. 또 멸사봉공이 고귀한 행위로 숭상될 때, '이에'의 확장 형태인 국가, 즉 '국(國)의 가(家)'를 '위하여' 몸을 바치기를 강요하는 전체주의적 파쇼체제가 상식으로 산포된다. 일본 근대에 파쇼체제가 금방 뿌리를 내리고 인민을 동원할 수 있었던 것도 충=효 등식의 바탕에 깔린 '위하여' 논리가 그 사회의 전통이었기 때문이다. 그러나 앞서 보았듯 유교사상은 '위하여' 논리에 결단코 반대한다. 역시 '함께·더불어'라는 여민(與

民) 체제를 지향한 맹자사상은 멸사봉공과 도리어 적대적이기조차 하다.

그렇다면 미야자키 이치사다가 "공자의 《논어》를 봉건적인 상하관계에서 작용하는 멸사봉공이라는 뜻의 충·효를 가르친 책이라고 읽는 것은 오히려 도쿠가와시대의 봉건제도 아래에서 살았던 일본사람들이 자기의 봉건사상을 바탕으로 이해하는 것과 다름없다"던 지적은 정곡을 찌른 것으로서, 이 자리에 재인용할 만한 가치가 있다.

우리는 일본제국주의의 침탈을 근 40년 겪는 와중에 일본의 봉건적 관습이었던 상명하복, 멸사봉공, 대의멸친 따위의 '군국주의적' 언어들을 무비판적으로 채용하여 마치 조선시대 내내 이 땅의 삶이 그러했던 양 오해했던 것이다. 역시 충효 = 유교라는 오해도 여기서 비롯된 것이었다. 두 나라가 같은 한자를 쓰는 통에, 그리고 우리가 일본의 지배를 받는 통에 일본식 관습이 마치 우리 전통인 양 '사이비 상식'으로 행세해왔다는 말이다.

요컨대 충효라는 말로서 익숙한 '부모에 효도 = 국가에 대한 충성'이라는 등식은 결단코 본래 유교와는 관계가 없다. 그러니까 유교에 충효는 없다!

4장

삼강과 오류은 다르다

부자·군신·부부·장유·붕우가 지켜야 할 가치를 얘기하는 오륜(五倫)은 그 상하관계 때문에 유교의 보수성을 상징하는 것으로 여겨진다.

— 〈경향신문〉 2010년 4월 4일자 (학술면)

우리에게 유교의 다른 이름은 삼강오륜이다. 삼강오륜(三綱五倫)은 집안에서는 여필종부(女必從夫), 부창부수(夫唱婦隨), 삼종지도(三從之道)와 같은 여성차별의 가족윤리를 이끌고, 밖에서는 군사부일체(君師父一體), 멸사봉공(滅私奉公), 대의멸친(大義滅親), 상명하복(上命下服)과 같은 군주 중심의 정치윤리를 이끄는 원리로 여겨진다. 이런 다양한 속언, 속담, 구절들을 요약하면 '충신불사이군, 열녀불경이부(忠臣不事二君, 烈女不更二夫)'라는 표현으로 압축된다. "충신은 두 임금을 섬기지 않고, 열녀는 두 남편을 받들지 않는다"라는 말 속에 가족 안팎을 규율하던 봉건 윤리로서 삼강오륜의 특징이 잘 요약되어 있는 것이다.

머리말에 인용한 신문기사는 유교 = 삼강오륜의 인식이 오늘날까지 면면히 계승되고 있음을 짧지만 선명하게 보여준다. 그리고 우리는 이

기사에서 지적된 '오륜 = 상하관계 = 유교의 보수성'이라는 등식을 평심하게 당연한 것으로 받아들인다. 아니, 인용문을 꼼꼼히 검토한다면 유교를 너무 후하게 대접한다고 비난할 사람도 있을 것이다. "유교의 보수성이라니? 언제 유교가 진보적인 적이 있기나 했단 말이야?" 하는 심정으로.

가령 '부모가 죽으면 3년 동안 시묘살이를 해야 한다'는 삼년상 의례의 억압성, 아픈 부모에게 제 허벅지 살을 도려내 먹였다는 효행의 야만성, 남편이 죽으면 그 아내에게 따라 죽기를 강요하는 '열녀 만들기'의 비인간성을 기억하는 사람이라면, 저 기사는 보수성이라는 모호한 표현으로 유교가 그동안 저지른 갖은 악행과 야만의 역사를 호도하는 것으로서 비판할 수 있으리라는 것. 도리어 근대 중국의 대문호 루쉰(魯迅, 1881-1936)이 유교를 두고 "예교가 사람을 잡아먹는다"라고 일갈한 것이 더 적절해 보일 것이다.

다시금 연전에 이 땅에서 《공자가 죽어야 나라가 산다》라는 책이 몇 달 동안 베스트셀러가 됐던 것은, 우리들의 유교에 대한 속내, 즉 '유교 = 야만'이라는 인식이 환하게 드러난 사건으로 이해할 만한 것이다. 그렇다면 동아시아는 오랜 옛날부터 오늘에 이르기까지 '유교 = 삼강오륜 = 야만'이라는 등식에 대해 속으로 이를 갈고 침을 뱉었던 셈이다. 그런데 삼강오륜은 유교의 대명사로서 적절한 표현일까? 과연 삼강오륜이란 말은 무슨 뜻일까?

1. 삼강과 오륜

유교 공부를 하다 보면 삼강오륜만큼이나 자주 대하는 말이 사서삼경이다. 이 중에 사서(四書)란 '네 권의 책'이라는 뜻으로 논어·맹자·대학·중용을 가리킨다. 또 삼경(三經)은 '세 권의 경전'이라는 뜻으로 시·서·역(詩書易)을 이른다. 합치면 일곱 권의 책인데 구태여 경과 서로 구별한 까닭은 유교의 아버지인 공자가 그의 학교에서 교과서로 삼았던 시와 서 그리고 주역을 '경'이라 부르고, 공자 사후 유교의 발전에 따라 편찬된 《논어》 등 네 권의 책은 '서'라고 이름 붙인 데서 비롯한 것이다(사서삼경이라는 이름은 12세기에 주자학을 건설한 주희가 붙인 것이다).

이처럼 사서삼경이 서로 다른 일곱 책으로 구성된 것임을 감안하면, 삼강오륜도 여덟 개(3+5)의 각각 다른 덕목을 일컫는 것이어야 할 듯하다. 한데 그렇지가 않다. 삼강을 구성하는 요소인 군신·부자·부부는 오륜 안에 고스란히 포섭된다. 다시 말해 사서삼경의 일곱 책은 전혀 겹치지 않는데 비해 삼강과 오륜은 중첩되어 있으니, 결국 다섯 관계일 따름이다. 좀 이상하지 않은가?

구체적으로 살펴보자. 삼강은 '세 가지 강'이라는 말이다. 삼강의 첫째는 군위신강(君爲臣綱), 둘째는 부위자강(父爲子綱) 그리고 부위부강(夫爲婦綱)이다. 여기 핵심어는 강(綱)이다. 강은 '벼리'를 뜻하는데, 벼리란 어부가 던져서 그물을 펼치기도 하고 또 잡아당겨 그물을 오므리기도 하는 외줄이다. 그러니까 그물은 강(綱)과 목(目), 즉 벼리와 그물눈으로 구성된다.[1]

그러니까 그물코에 제아무리 고기가 많이 잡혔더라도 그물을 당기는 벼릿줄에 어부의 생계가 달렸으므로, 벼리(강)는 그물의 주(主)가 되고 그물눈(목)은 거기 딸린 종속물이 된다. 곧 강과 목 사이에는 주종관계가 형성된다. 이에 강목에는 주종관계, 상하관계, 지배복종관계, 권력관계 등의 사회적 의미가 깃들이게 된다.

---

1) 여기서 '강목'이란 말도 파생한다. 강목은 의학서 가운데 《본초강목(本草綱目)》 그리고 실학자 안정복(安鼎福)이 저술한 《동사강목(東史綱目)》 이름으로 낯이 익은 것이다.

그렇다면 삼강의 첫번째, 군위신강이란 "군주가 신하의 벼리가 된다"는 뜻이므로 임금이 신민의 주인이요 백성은 군주의 종속물이 된다. 둘째 부위자강은 "아비가 자식의 벼리가 된다"는 뜻이므로 아비는 집안의 주인이고 자식은 아비의 종이 된다. 그리고 부위부강은 "지아비가 지어미의 벼리가 된다"는 뜻이니, 가부장제 논리가 형성되는 출발점이 이곳이다. 여기서 여필종부, 삼종지도, 부창부수와 같은 봉건적 가족윤리 담론들이 파생한다.

한편 오륜은 '다섯 가지 인간관계'라는 뜻이다. 첫째는 부자유친(父子有親)이요, 둘째는 군신유의(君臣有義)요, 셋째는 부부유별(夫婦有別)이며, 넷째는 장유유서(長幼有序) 그리고 다섯째가 붕우유신(朋友有信)이다. 부자유친은 부모와 자식 관계를 작동하는 원리가 친밀함(親)이라는 것이고, 군신유의는 군주와 신하 간의 관계를 맺어주는 열쇠가 의(義)라는 뜻이다. 군신유의에는 불의한 군주에 대하여 군신관계를 거부할 수 있는 권리가 신하에게 허용된다는 점을 특기해야겠다. 셋째 부부유별에는 부부가 서로를 '특별히 대접해야 한다(別)'는 뜻이 들었고, 넷째 장유유서는 형과 아우, 윗사람과 아랫사람 간에는 서로를 존중해야 한다는 의미가, 그리고 다섯째 붕우유신에는 친구와 동료 또 거래관계에서는 신뢰가 핵심이라는 뜻이 들어있다.

어쨌건 오륜 가운데 군신·부자·부부 세 요소는 '소재적으로' 삼강과 완전히 겹치는 것을 볼 수 있다. 그렇다면 사서-삼경과는 다르게 삼강/오륜은 선택적인 것이다. 삼강과 오륜은 이것이 아니면 저것일 수밖에 없다. 삼강이 바르다면 오륜이 그르고, 오륜이 옳다면 삼강이 틀린 것이다. 요컨대 삼강과 오륜은 서로 다르다!

2. 삼강

그러면 삼강이란 무엇인가. 춘추전국시대를 종식시킨 진나라 통일 이후 동아시아에는 제국의 시대가 열린다. "진종일 내리는 소나기는 없다"(노자)고 하였던가. 법가적 전제주의로 천하를 통일한 진나라는 또 그로 인해 12년이란 짧은 역사로 무너지고 곧 한나라가 선다. 진나라의 전철을 밟지 않으려는 듯, 한나라 제국은 이른바 외유내법(外儒內法)이라, '겉으로는 유가를 표상하면서 속으로는 법가'를 통치술로 삼는다. 겉말은 유교적 언어를 채용하되, 그 속살은 법가의 이념으로 채운다는 뜻이다. 양두구육이라고 할까? 아니면 시대 변화에 따른 고육책이라고 할까?

유교와 법가를 섞은 제국 통치이념이 일통(一統)과 삼강오상(三綱五常) 논리다.[2] 곧 황제를 중심으로 천하를 수직적으로 결합하려는 논리가 일통이요, 제국의 통치논리를 정당화하려는 정치·사회적 이데올로기가 삼강오상이다. 그 설계자는 동중서였다. 삼강의 논리에 대해 동중서는 이렇게 말한다.

> 군신, 부자, 부부의 도리는 모두 음양의 도에서 취했다. 임금은 양이고 신하는 음이며, 아버지는 양이고 아들은 음이며, 남편은 양이고 아내는 음이다.
>
> 君臣父子夫婦之義, 皆取諸陰陽之道. 君爲陽, 臣爲陰, 父爲陽, 子爲陰. 夫爲陽, 妻爲陰.
>
> ―《춘추번로》, '기의(基義)' 편

삼강의 구조가 음양론에 기초하였음을 밝히는 대목이다(함께 '오상'은

---

2) 오상(五常)이란 인·의·예·지·신(仁義禮智信)을 뜻하는데, 사람이 사람다운 까닭을 이 다섯 가지 덕목에서 찾았던 것. 한편 삼강오상은 주희조차도 "천하질서를 위한 큰 틀로서, 예로부터 계승된 불변의 가치(三綱五常, 禮之大體, 三代相繼, 皆因之而不能變)"(《논어집주》)라고 평한 바 있다. 동중서 사상을 부분적으로 주희가 계승하고 있는 측면을 보여준다.

당시 유행하던 오행사상에서 비롯된 것이니, 삼강오상은 곧 음양·오행설을 바탕으로 하였음을 알 수 있다). 그런데 동중서의 삼강의 구조에 대해 현대 중국 철학자 풍우란(馮友蘭, 1894-1990)은 다음과 같이 비평한다.

> 동중서에 따르면 하나의 사물이 있으면 반드시 또다른 하나의 사물이 그것과 짝을 이룬다. 그 사물이 주(主: 주도적인 것)이고 그것과 짝을 이룬 사물은 종(從: 종속적인 것)이다. 양은 주이고 음은 종이며, 임금은 주이고 신하는 종이며, 아버지는 주이고 아들은 종이며, 남편은 주이고 아내는 종이다. 이 주종관계는 서로 바뀔 수 없는 것이고 영원히 변경할 수 없는 것이다.
> ― 박성규 옮김, 《중국철학사》(하권), 까치, 1999년, 39쪽

곧 삼강은 군신, 부자, 부부를 다루지만 각각의 관계는 상호적인 것이 아니라 상하 차등적인 것이요, 쌍방적이지 않고 일방적인 특징을 갖는다는 것이다. 요컨대 군주·아비·남편이 벼리(주인)가 되고, 그 상대인 신민과 자식과 아내는 그 종이 된다. 그리고 이 주종관계는 불변하는 것이다.

삼강 논리의 정점은 군주에 있다. 동중서는 제국체제에 걸맞게 군주 독점의 유일체제로 천하를 디자인했던 것이다. 군주를 정점으로 한 피라미드 제국체제 건설, 이것이 일통과 삼강오상의 지향이었다. 따라서 삼강 구조의 핵심은 군위신강이라는 정치이념이고, 나머지 부위자강과 부위부강이라는 가족이념은 군위신강에서 파생된 것이다. 요컨대 삼강은 군주독재의 정치논리를 사회의 기본단위인 가족 속으로 침투시키려는 이데올로기였던 것이다. 그것은 오륜의 첫번째가 '부자유친'이었던 데 반해 삼강의 첫머리가 군위신강인 데서도 확연하다. 군신관계와 마찬가지로 가족 내에서 부부 사이와 부자 사이마저도 지배복종, 상하체제로 기획한 것이다.

한편 동중서의 친구이자 역사가로 이름난 사마천(司馬遷)의《사기》속에도 삼강의 윤리는 산견된다. 널리 알려진 사기열전(列傳)의 첫째 편이 '백이숙제열전'인데, 이 속에 이른바 '충효의 논리'가 깔려있다.

백이(伯夷)는 고죽국의 세자였다. 한데 아버지가 늙마에 막내인 숙제(叔齊)를 세자로 바꿔서 왕위를 물려주려고 하였다. 아마 노망 때문이었던 듯하다. 그런데도 형인 백이는 군말 없이 부왕의 명령에 순종한다. 백이가 삼강 논리에 기초한 효의 대명사가 되는 순간이다. 한편 숙제는 형을 거슬러 아우가 권좌를 차지할 수 없다고 여겨 백이를 따라 나라를 떠난다. 숙제가 삼강의 논리에 기초한 제(弟: 형에게 순종하는 도리)의 상징이 되는 순간이다. 더욱 중요한 것은 백이와 숙제가 정치적 시공간에서 보여준 극적인 충성 장면에서다.

때는 은나라 말기였다. 주나라 발(發: 곧 무왕이 된다)이 폭군 주(紂)왕을 치려는 역성혁명의 마당에 백이숙제는 그 말고삐를 잡고 '신하가 군주를 정벌할 수 없음'을 간한다. 끝내 은나라가 망했다는 소식을 들은 백이와 숙제는 수양산 기슭에 숨어들어 옛 임금을 배반한 새 나라의 곡식을 먹지 못한다며 고사리를 캐먹다가 굶주려 죽고 만다. 여기서 "충성스런 신하는 두 임금을 섬기지 않는다"라는 충신불사이군 설화가 탄생할 전조를 느낄 수 있으리라.

이리하여 백이숙제는 사마천의 사기열전을 통해 효와 제 그리고 충을 아우르는 삼강 윤리의 대명사가 됨으로써 제국이 부식하려 했던 충효의 범전이 되고, 나아가 "가정에서 효도하는 자가 나라에 충성한다"는 시나리오를 형성할 토대가 된다. 이와 더불어 사기열전 '전단(田單)열전' 편은 충신과 열녀 설화의 모태이기도 하다.

전국시대 연(燕)나라 장수 악의(樂毅)가 제나라를 정벌할 때 일이다. 화읍(畫邑)에 왕촉(王燭)이라는 현자가 살고 있다는 소문을 들었다. 악의는 화읍 주변의 30리 안으로는 진군하지 말라는 명을 내린다. 그러고는 왕촉에게 사람을 보내어 연나라에 귀순하여 장수가 되면 1만 가구를 봉하겠노라고 제안하였다. 왕촉이 거절하자 연나라 사신은 말을 듣지 않으면 화읍 사람들을 학살하겠다고 협박하였다.

왕촉은 "충신은 두 임금을 섬기지 않고, 정숙한 여인은 지아비를 두번 바꾸지 않는 법이다(忠臣不事二君, 烈女不更二夫). 제나라 군주가 간언을 듣지 않았기에 나는 관직에서 물러나 들에서 농사지으며 살았다. 나라가 이미 망하였는데 내가 살아남을 수 있겠는가. 지금은 또 연나라가 군대로써 위협하여 장수가 되라고 하는데, 이는 폭군 걸왕을 돕는 일이나 마찬가지다. 살아서 의로움이 없을 바에는 차라리 삶겨 죽는 편이 낫다" 하고는 스스로 나무에 목을 매 죽었다.

여기 "충신은 두 임금을 섬기지 않고, 정숙한 여인은 지아비를 두번 바꾸지 않는다"는 충신 열녀 설화는 고려시대 충렬왕 때 문신인 추적(秋適)이 어린이들을 위해 쓴 《명심보감》에 인용되면서, 조선의 정치문화를 삼강으로 다지는 데 중요한 역할을 한다. 이처럼 한나라 초기 동중서와 사마천은, 정치이념과 그 역사적 정당화의 측면에서 삼강의 윤리를 동아시아 정치문화로 구축하는 데 핵심적인 역할을 하였다.

그런데 《사기》와 더불어 삼강의 윤리가 동아시아 전통사회의 기층에 자리 잡게 된 데는 《천자문》의 역할도 빼놓을 수 없다. 《천자문》은 남북조시대 양(梁)나라 문인 주흥사(周興嗣, 470(?) - 521)가 지은 책이다. 이 책은 한나라 이후 당나라가 건설되기 이전에 만들어진 아동용 교과서로서 동아시아 최장기 베스트셀러다. 우리나라에는 이미 삼국시대에 보급되었고 또 백제의 왕인(王仁) 박사가 《논어》와 함께 일본으로 전했다는 기록으로 보아, 이 책이 한·중·일 삼국의 정치문화에 끼친 영향력은 결정적이라고 해도 과언이 아니다.

《천자문》은 '천지현황(天地玄黃)', 곧 "하늘은 검고 땅은 누렇다"를 필두로 넉 자씩 한 구절로 삼아 전체 250구절로 구성한 책이다. 한 글자도 겹치지 않으면서 유려한 문장으로 만들어졌기에 그토록 오래 베스트셀러 지위를 누릴 수 있었던 것이리라.

《천자문》속의 윤리와 관련된 몇 대목을 살펴보면, 삼강의 이념이 동아시아인들의 심중에 얼마나 강렬하게 인각되었을지를 헤아려볼 수 있다(조선 초기 김시습(金時習)이 다섯 살 때 천자문을 암송하였다고 하여 '오세신동(五歲神童)'으로 대접받았다는 고사를 보면, 이 책의 영향력을 짐작할 만하다).

첫째, 자부사군(資父事君)이라는 구절은 "어버이 섬기는 도리를 밑천 삼아 임금을 섬긴다"라는 의미다. 어버이에 대한 복종심(효)을 바탕으로 군주에 대한 충성으로 나아간다는 뜻이다. '자부사군'은 삼강 논리 속 부위자강의 가족윤리를 군위신강이라는 정치적 복종과 연결하는 고리 역할을 한다. 반면《천자문》속에는 군주와 어버이의 책임을 논하는 대목이 없다는 사실도 이 자리에 지적해둘 만하다.

둘째, 효당갈력, 충즉진명(孝當竭力, 忠則盡命)은 "효도는 마땅히 힘을 다해야 하고, 충성은 목숨을 바쳐야 한다"는 뜻이다. 이 역시 효와 충을 연결하여 이른바 충효 논리를 확정 짓는다. 여기 충효 논리란 1970년대 유신정부 시절 학교 담벼락마다 큰 글씨로 쓰였던 '부모에 효도, 나라에 충성'이라는 글귀의 바탕이요, 북한 노동당의 구호였던 '효자동이, 충성동이(집에서 효도하는 아이가 노동당에 충성한다)'의 근거다. 《천자문》속 충효 논리가 남·북한의 효자 = 충신이라는 등식의 발전소라면, 그 변전소는 일본에서 전개된 사무라이 에토스였다(제3장 '충효는 없다' 참고).

다시 말해 위의 '자부사군'과 더불어 '효당갈력, 충즉진명'에서 비롯한 충효 논리가 일본식 충효문화, 즉 에도시대 봉건윤리인 멸사봉공, 대의멸친, 상명하복의 사상적 모태가 되었고, 이 일본식 충효문화는 식민지시대를 거치면서 남·북한 군사정부들에 무비판적으로 습합되어 국민을 정치적으로 동원하는 데 사용된 것이다. 그 영향으로 지금껏 우리는 유교 = 충효라는 등식을 당연시한다.

셋째, 부부 간 윤리로서 부창부수(夫唱婦隨)라는 표현이 등장한다. 부창부수는 오늘날까지도 잘 알려진 구절로서, "남편이 부르면 아내는 따른다"는 뜻에서 보듯 삼강 가운데 부위부강을 전형적으로 반영한 대목이라고 할 수 있다. 이렇게 보면《천자문》은 삼강의 논리를 충실히 반영한 이데올로기 선전물로 평가할 수 있다.

요컨대 삼강은 군주와 아버지, 남편이 주체가 되고 신민과 자식 그리고 아내가 객체가 되는 주종관계의 윤리다. 이것은 상하관계, 권력관계, 지배·복종관계를 특징으로 하는 것이다. 삼강은 한제국 건설을 계기로 군주를 정점으로 하는 중앙집권체제를 건설하려는 권력의 요구에 부응한 사상가 동중서에 의해 기획되었고, 역사가 사마천에 의해 정당성이 축적된 이념으로서, 위진남북조 시기《천자문》과 같은 아동용 도서를 통해 동아시아 전반에 대중화·토착화되었다.

3. 오륜

유교에서 인륜의 중요성은 이미 공자에서부터 강조된 터이지만, 구체적으로 다섯 가지 덕목으로 제시된 것은 전국시대 사상가인 맹자에 의해서다(곧 삼강보다 오륜이 시대적으로 앞선다). 맹자는 인간다움의 구성요소로서 의식주의 물질적 환경과 함께 인륜(人倫)을 필수요건으로 든다. 오륜, 곧 다섯 가지 인간관계를 갖추지 못한 인간은 옳은 인간이 아니라는 뜻이다(유교의 인간은 서구의 개인적 존재가 아니라 '관계론'적이기 때문이다). 맹자는 말한다.

짐승과 달리 사람은 사람다움을 갖춰야 한다. 배불리 먹고 따뜻하게 옷

입고 편히 살더라도 사람다움을 갖추지 못한 인간은 짐승에 진배없다. 성인은 이 점을 근심하여 설(契)로 하여금 교육을 담당케 하여 인륜을 가르치게 하였다.
부자유친, 군신유의, 부부유별, 장유유서 그리고 붕우유신 등 다섯 가지 윤리가 그것이다.

人之有道也. 飽食煖衣, 逸居而無教, 則近於禽獸. 聖人有憂之, 使契爲司徒, 教以人倫. '父子有親, 君臣有義, 夫婦有別, 長幼有序, 朋友有信.'

— 《맹자》, 3a : 4

여기서 유의할 점은 삼강과 오륜 간의 차이다. 특히 삼강과 오륜이 겹치는 부자·군신·부부 관계에 나타난 차이점에 주목하자는 것. 첫째 부자유친이란 "부자 관계는 친(親)이라는 원리에 의해 작동된다"는 뜻으로 읽어야 한다. 두 번째 덕목인 군신유의도 마찬가지다. 군주와 신하 관계를 여는 열쇠가 의(義)에 있다는 뜻이다. 여기 원리 또는 열쇠로 표현한 '친'과 '의'는(나머지도 마찬가지다) 삼강처럼 어느 일방에게만 적용되는 규범이 아니라 부모와 자식, 군주와 신하 쌍방에 공통적으로 적용되는 것이다. 오륜은 상호 간에 동시적으로 적용된다는 점이 특징이다. 이 점을 주희는 도(道)와 기(器)의 체계로 설명한다.

부자유친을 놓고 보자면 '친'은 도(道)요, 부자 관계는 그릇(器)이다. 군신유의를 놓고 보자면 '의'가 '도'이고, 군신 관계는 '그릇'이다. 부부(夫婦)에는 부부 사이의 분별이 있고, 장유(長幼)에는 어른과 어린이의 순서가 있고, 붕우(朋友)에는 붕우 간의 믿음이 있다. (주희)

주희의 논설이 의미하는 것은, 부자 간에는 '친'이 부모와 자식 상호 간에 작용하는 원리라는 것이요, 또 군신 간에도 '의'가 군주와 신하 사이의 관계를 여는 열쇠라는 것이다. 나머지 부부와 장유 그리고 붕우

역시 어느 일방만이 아닌 상호 간을 제어하는 원리가 '별'과 '서' 그리고 '신'이 된다. 요지는 오륜 체계는 쌍방적이고 상호적 관계라는 점이다. 결코 군주가 신하에게 일방적으로 강요하는 것이 의가 아니요, 아비가 자식에게 효를 강요하는 것이 부자유친이 아니라는 것.

그렇다면 서두에 인용한 신문기사 가운데, "오륜은 그 상하관계 때문에 유교의 보수성을 상징하는 것으로 여겨진다"는 대목에서 오륜을 삼강으로 바꿔 써야 옳은 진술이 된다. 오륜은 삼강과 달리 상하관계를 상정하지 않으며 도리어 상호관계, 상보성을 필수요건으로 하고 있기 때문이다. 《논어》에 묘사된 군신 관계를 통해 이를 구체적으로 살펴보자.

> 제자 자로가 임금을 섬기는 방법을 여쭈었다.
> 공자: 속이지 말고, 덤벼들어라!
> 子路問事君. 子曰, "勿欺也, 而犯之."
> ─《논어》, 14 : 23

여기 군주를 "속이지 말라"는 것은 윗사람에게 거짓으로 대하지 말라, 사실만을 전달하고 공식적인 언어만을 구사하라는 권고로 해석할 수 있다. 주목할 부분은 "군주에게 덤벼들어라"는 뒷대목이다. 문면으로는 '군주의 잘못을 목숨을 걸고 간하라'는 권고로 읽힌다. 그런데 '덤비라(犯)'는 공자의 말은 삼강 가운데 군위신강에서 연상되는 복종으로서의 충성과는 질적으로 다르다. 삼강의 충성은 주군을 위해 목숨을 바치는 식의 '의리(일본말로 기리(ぎ―り))', 즉 군주에 대한 신하의 절대복종 행태를 뜻한다면, 여기 '덤빈다' 속에는 군주와 신하가 각각 독립적 존재임이 전제돼 있고, 나아가 군주라고 하여 신하의 몸과 뜻을 사유화하지 못한다는 점도 전제되어 있다(자로에게 이런 권고를 한 까닭은 자로가 무사 출신이기에 상하의 지배-복종 논리에 익숙했던 때문으로 보인다).

공자는 신하가 결코 군주의 수족(도구)으로 동화(同化)되어서는 안되며, 도리어 군신 간은 서로 독립된 존재로서 이성적 거리를 유지하면서 가치의 공유를 추구해야 하는 상보적 관계임을 알려주고 있는 것이다. 상하·지배복종 관계가 아니라 직분이 다를 뿐 상호적인 수평관계가 군신 관계여야 함을 알려준 셈이다. 그렇다면 공자의 유교, 곧 유교 본래의 가치는 삼강이 아닌 오륜에서 제시되는 '군신유의'적 맥락이라고 할 수 있다.

마찬가지로 "임금은 신하를 예(禮)에 합당하게 대접하고, 신하는 진심(忠)으로 임금을 섬겨야 한다"[3]는 공자의 지적도 상호성의 원리를 보여준다. 군주가 신하를 대하는 규범인 예(禮)와 신하가 군주를 대하는 규범인 충(忠)은 동시적이고 교차적으로 그리고 상보적으로 수행된다는 점에서다. 여기 예와 충은 '군신유의'의 구체적인 실천덕목으로 제시된 것이다. 즉 군신유의가 군주에게는 예로, 신하에게는 충으로 구체화하는 것이다.

둘째로 부모와 자식의 관계에 대한 묘사를 살펴보자. 앞에서 공자에게 효도란 자식의 부모에 대한 복종이 아님을 살펴보았듯, 부모와 자식 간의 관계는 부모는 자애(내리사랑)로 사랑을 표출하고, 자식은 효행(치사랑)으로 사랑을 드러내는 쌍방적이고 상호적인 사랑의 교류다. 그렇다면 삼강, 즉 부위자강에 깃든 가부장적 상하질서가 아니라 오륜, 즉 부자유친의 상호성이 유교 본래의 가족윤리에 합당한 것이다.

셋째, 부부 관계에 있어서도 마찬가지다. 공자와 맹자에게 부부는 특별한 가치를 갖는다. 맹자의 오륜 가운데 나머지 사륜(부자, 군신, 장유, 붕우)을 생산하는 것이 부부 관계로부터 비롯하기 때문이다. 따라서 혼인을 두고 인륜지대사(人倫之大事)라, '사람 관계 가운데 가장 큰일'로 여겼던 것은 부부유별의 의의에 합당한 것이다. 이것은 부위부강의 삼강

---

3) 君使臣以禮, 臣事君以忠.(《논어》, 3:19)

윤리에서 보이듯 남편이 아내를 지배하는 체제와는 다른 것이며, 또 부창부수라는 표현에서와 같은 '남편이 부르면 아내는 호응하는' 주종관계와 전혀 다른 것이다. 군신과 부자 그리고 부부 관계가 상하적인 지배복종관계가 아니라 상호성과 상보성을 특징으로 하는 것임은 《순자》 속에서도 찾아볼 수 있다.

> 노나라 임금 애공이 공자에게 물었다. "자식이 부모의 명에 순종하는 것이 효(孝)입니까? 또 신하가 임금의 명령에 복종하는 것이 충(貞)입니까?" 임금이 세 번을 거듭 물었는데도 공자는 대답하지 않았다.
> 자리에서 물러난 공자가 제자 자공에게 말했다. "예로부터 '만승의 나라에는 군주와 다투는(爭) 신하가 넷이 있으면 영토를 보전할 수 있고, 천승의 나라에 군주에게 달려드는 신하가 셋이 있으면 사직을 보전할 수 있으며, 백승의 집안에 덤비는 신하가 둘 있으면 종묘를 보전할 수 있다'고 하였다. 또 아비와 다투는 아들이 있어야 아비가 무례한 짓을 하지 않고, 선비에게 다투는 벗이 있어야 불의한 짓을 하지 않는 법. 그런고로 자식이 아비를 추종하기만 한다면 효도는 어디다 쓸 것이며, 임금에게 복종하기만 하는 신하의 충성은 어디다 쓸 것이냐. 자식이 부모의 말씀을 깊이 살펴 마땅한 것을 헤아려 좇는 것이 효요, 신하가 임금의 명을 살펴서 마땅한 것을 헤아려 집행하는 것이 충이니라."
>
> —《순자》, '자도(子道)' 편

요컨대 부모에 대한 순종이 효가 아니요, 임금에 대한 복종이 충이 아니다! 도리어 일과 말의 이치를 헤아리고 다투는 데 충과 효가 존재한다는 것. 쌍방적이고 또 상호적인 오륜의 특성은 공자와 맹자 그리고 순자에게 두루 관철되는 유교 본래의 것임을 알 수 있겠다.

훗날 주희는 '상반이상성(相反而相成)'이라, 곧 '서로 반대되는 자리에 처하면서도 도리어 상대방을 이뤄주는 관계'라는 역설적 언어로 군신

관계의 상호성을 지적한 바 있는데(《맹자집주》), 이 표현은 오륜 전체에 적용해도 좋은 것이다.

4. 삼강오륜? 삼강 대 오륜!

오늘날 유교의 대명사로 쓰이는 삼강오륜의 속살은 결이 비틀어져 있음을 보았다. 삼강은 오륜이 아니며, 오륜은 삼강과 다른 것이었다. 그러니 삼강이 옳다면 오륜이 틀린 것이고, 삼강을 따른다면 오륜을 버려야 한다. 삼강과 오륜은 여러모로 다르다.

우선 삼강은 군신 관계를 앞세우고, 오륜은 부자 관계를 중시한다. 삼강은 군주 중심의 상하지배체제를 사회의 세포인 가족단위에까지 투사하려는 정치적 기획에서 비롯된 것이다. 따라서 군주 중심의 권력논리가 일차적이다. 반면 오륜은 전쟁으로 가정이 붕괴되는 전국시대를 뚫고 새 시대를 열려는 맹자가 제시한 신문명 프로그램이다. 이에 부자 관계를 보존하기 위한 가족윤리가 앞장서게 된다.

한편 삼강이 상하·지배종속·수직적 권력관계를 구조로 한다면, 오륜은 상호성, 상보성, 쌍방의 횡적 관계를 중심으로 구성된다. 권력적 구조를 특징으로 하는 삼강에서 통치자 중심의 위민(爲民)정치를 추출할 수 있다면, 상호성을 특징으로 하는 오륜에서는 너와 내가 함께·더불어 '우리'를 구성하는 여민(與民)정치를 찾아낼 수 있다. 그렇다면 오륜이 맹자의 여민동락(與民同樂)에서 발화된 것이 우연이 아니며, 삼강이 동중서의 일통(一統) 철학에서 비롯된 것이 또 우연이 아니다.

만일 유교를 공자와 맹자의 사상을 본질로 삼고 《논어》와 《맹자》를 경전으로 삼는 것으로 정의한다면, 오륜이 옳고 삼강은 그르다. 이 입장에서는 오륜이 유교의 정통이요 삼강은 타락된 왜곡된 이념, 곧 이데올로기다(나는 이 입장에 찬동한다).

반면 "오늘날에 살면서 옛날의 도를 따르려는 자에겐 재앙이 미칠 것(生乎今之世, 反古之道, 如此者, 災及其身者也)"이라는 《중용》의 관점을 유교의 핵심으로 보는 처지에서라면, 제국체제에 맞춰 법가와 노장사상을 통섭한 동중서의 삼강이 옳고 오륜은 퇴행적이다. 2,000년의 유교사상사는, 나아가 500년의 조선시대 정치사상사 역시 '삼강 대 오륜'이라는 두 축 사이에 빚어진 갈등과 길항의 역사로 재규정할 수 있을지 모른다.

이렇게 유교사상사의 내부를 '삼강 대 오륜' 그리고 '위민 대 여민'의 대립구도로 읽을 수 있다면, 유교와 도교, 법가와 불교를 구별하지 않고 무차별적으로 섞어 '동양사상'이라고 칭하는 오늘날 피상적인 동아시아 인식을 보다 심화하는 데도 도움이 될 것이다.

5장

가족을 다시 보자

1. 살처분의 시대

 2010년 겨울은 얼마나 추웠던지 남쪽 땅에선 붉디붉게 피어나던 동백꽃마저 얼어서 시들했다. 그 혹한 속에 농촌에서는 근 500만에 이르는 수효의 생명들이 '살처분'[1]을 당했다. 한겨울 내내 도와 시의 경계마다 소독약을 뿌려, 그곳이 통로가 아니라 실은 장벽임을 알려주었다. 질병이 돈 마을의 주민들은 이웃 마을로 출입하지 못했다. 가축의 질병은 사람과 사람 사이의 소통을 끊었다. 한의학에서는 몸의 기혈이 불통하여 마비된 질병을 불인(不仁)이라고 칭한다.
 이듬해 1월 중순, 서울의 한 지하철 역사에서 웅크리고 잠자던 사람이 얼어 죽었다. 텔레비전 뉴스는 역무원과 순찰 돌던 경찰관에게 책임을 물었다. 또 방범용 카메라에 잡힌, 무심하게 스쳐 지나가는 시민의

---

1) 살처분(殺處分)이란 말은 들을 때마다 섬뜩하다. 살처분이란 '몸을 죽여서 살을 처분한다'는 뜻인데, 이 말 속에는 생명의 온기는커녕, 죽음에 대한 한 터럭 애통함조차 없다.

발걸음을 꾸짖듯 한참을 보여주었다. 그러나 그것이 기자 자신의 책임이기도 하다는 점(자기도 그 무심한 시민의 일원임)은 말하지 않았다. 그 1월의 끝무렵 설날을 앞두고 몹시 춥던 밤, 경기도의 쪽방에서 젊은 시나리오 작가가 홀로 죽었다. 보도에 따르면, "어렸을 때 부모님이 이혼한 후 가족과 왕래를 거의 하지 않고 살아온 고인은 1월 29일 경기 안양의 월세집에서 숨진 채 발견됐다. 숨지기 전 이웃집 문에 '창피하지만 며칠째 아무것도 못 먹어서 남는 밥과 김치가 있다면 저희 집 문 좀 두들겨주세요'라는 쪽지를 붙여놓아 안타까움을 더했다."(《서울신문》 2011년 2월 14일자)

맹자는 말한다, 홀로된 사람이 굶고 얼어 죽는 사회는 불의(不義)하다고. 치욕스럽게도 우리는 지금 불인하고 불의한 시대를 살아가고 있다. 제 몸의 살을 찌우기 위해 남의 목숨을 함부로 죽이고, 이웃의 죽음을 방관하는 잔인무도한 짓을 우리 모두는 모르는 척 저지르고 있다.

저녁마다 텔레비전은 전국의 '맛있는 집'을 찾는 짓을 매일매일 비춰 보여준다. 이마엔 비질비질 땀을 흘리고 입은 한껏 벌린 채로 음식을 삼키면서 '맛있어 죽겠다'는 듯 엄지손가락을 치켜세우는 걸신들린 모습들을 보여준다. 다음날 아침 텔레비전의 주제는 언제나 건강이다. 살 빼는 법에 대해 의사들은 갖가지 처방들을 내리고, 주부들은 요요현상에 대한 걱정을 토로한다. 한쪽에서는 뭇 생명들이 죽어나가고, 또 그 곁에서는 구강(입)욕구에 머문 천박한 짓들이 되풀이되는, 이 날 선 대조야말로 우리시대의 병증을 상징한다. 한 언론인은 오늘 우리 삶을 이렇게 진단한다.

일자리 못 찾고 실직하고 벌이가 적고 병들고 월세·학원비 밀린 이들은 다리 위에서 집에서 차 안에서 공원에서 죽는다. 만일 가장이 생계를 유지할 능력이 없다면 그의 가족도 살아남기 어렵다. 국가는 경쟁력 강화하고 선진화하느라 겨를이 없고, 사회는 이미 정글로 변해 아무도 남의 가족을 돌보지 않는다. 그래서 나온 해결책이 가족 살해다. 사회가 낙오자로 찍기만 하면 찍힌 이가 알아서 나머지 쓸모없는 가족을 사회로부터 제거한다. 이건 연쇄살인, 아니 청부살인이다. 그런데도 세상은? 너무 조용하다.

― 이대근, '우리는 조용히 죽어가고 있다', 〈경향신문〉 2011년 2월 17일자

가족이 해체되어 죽음으로 내몰리고, 남은 가족조차 해체시켜버리는 오늘날 우리 현실에 대한 힐난이 들었다. 오늘날 이 땅의 사람들은 '홀로', '소리없이' 죽어가고 있다는 것. 사람이 관계가 끊어져 홀로 내몰린 것이 고독(孤獨)이요, 그 처지를 알릴 곳이 없어 소리 내지도 못하는 적막한 상태를 무고(無告)라고 한다. 그런데 인간의 역사는 돌고 도는 것인가. 사람들의 '고독한 삶'과 '무고한 죽음'이 낭자하던 시대가 앞서 또 있었다. 그때를 우리는 '춘추전국시대'라고 부른다.

2. 춘추전국시대

전국시대라는 이름은 살처분이란 말만큼이나 섬뜩하다. 전국(戰國)이란 곧 '나라들 간의 전쟁'을 뜻한다. 이 말 속에 죽임과 죽음이 자욱하다. 춘추와 전국을 합친 그 세월이 도합 500년에 달한다.

우리는 사람을 오해하고 있다. 사람은 태어나면서 하늘이 부여한 고유한 권리를 가질 만한 '천부인권'의 고매한 인격체가 아니라는 사실을 우리는 자주 잊는다. 사람은 짐승보다 못한 동물이다. 사실이 그러하다. 짐승은 싸운다. 먹을거리를 두고 싸우고, 암컷을 두고 수컷들끼리 싸운다. 그러나 짐승은 결코 전쟁을 치르지는 않는다. 의도적으로, 조직적으로 동족을 살상하지 않는다는 뜻이다. 오로지 인류라는 종자만이 서로

싸울 뿐만 아니라 전쟁을 치른다. 사람은 '전쟁을 치르는 동물(Homo Furens)'이다! 나아가 조직적으로 동족을 잘 죽이는 자를 사람들은 '영웅'이라고 숭배한다. 동서양을 막론하고 왕조나 국가의 건설자들은 사람을 잘 죽이는 자들 중에서도 가장 잘 죽이는 자들이었다. 이 땅의 고구려 건설자 주몽이 그러하고(주몽이란 만주어로 '활을 잘 쏘는 아이'라는 뜻이다 《삼국사기》), 조선의 건국자 이성계의 활솜씨도 주몽에 못지않았다. 그래선지 제후를 뜻하는 한자, 후(侯) 자 속에는 화살을 뜻하는 시(矢)가 또렷하다. 제후란 곧 활 잘 쏘는 사람이라는 뜻이 된다.

중국은 더했다. 고대의 성왕(聖王)으로 추앙받은 주나라 건설자 무왕의 전쟁터에는 "피가 강물처럼 흘러 병정들의 창과 방패가 둥둥 떠내려갈 지경이었다"고 전한다(《서경》). 장기판에 홍색과 청색의 말들로 대비가 선명한 한나라와 초나라 전쟁의 주인공인 유방(劉邦)과 항우(項羽)의 대결에도 수백만의 살해가 있었다. 역시나 임금을 뜻하는 글자 왕(王)이 꼭대기에 가로획의 장식을 덧붙인 도끼의 형상이라는 데서, 폭력과 살상이 곧 군주의 특성임을 짐작케 한다.

그렇다면 죽임과 죽음을 제 이름으로 삼은 '전국(戰國)'의 시대 200년을 지나는 동안 죽어간 사람 숫자는 얼마나 많았을까. 무기의 급속한 발달과 온갖 전술과 전략('손자병법'이니 '오자병법'이라느니, 낯익은 이름들이 이때 생겨났다)이 제출된 때가 바로 이 시대였으니 과연 그때 사람들의 삶은 어떠했을까 싶다. 맹자는 당대를 이렇게 증언한다.

> 땅을 다투는 전쟁이 쉼이 없어 온 들판에는 시체들로 가득 찼고, 성을 다투는 전쟁으로 인해 성안에는 죽은 사람들로 그득하다.
>
> 爭地以戰, 殺人盈野; 爭城以戰, 殺人盈城.
>
> ─《맹자》, 4a : 14

춘추전국의 500년 세월 동안 이토록 잔혹한 전쟁과 동란 속에 살았다면 사람들은 '자살이냐 광기냐'라는, 선택 아닌 선택에까지 내몰렸을 터이고, 지식인들은 '사람이란 과연 짐승과 다른 점이 무엇인가'를 질문하는 데까지 이르렀으리라. 그렇다면 우리가 고등학교 윤리시간에 평심하게 '맹자의 성선설, 순자의 성악설'이라며 암기했던 인간본성론의 뒷면에는 참혹한 인간의 진실이 깔려있는 것이다. 정녕 맹자가 "사람에게 짐승과 다른 점이 드물다"[2]라고 개탄했던 그 내막을 직시할 수 있을 때라야, 우리는 공자와 맹자의 생각 안으로 들어갈 수 있다.

그러니 이른바 백가쟁명(百家爭鳴)으로 알려진 이 시대 사상들은 책상 앞에서 인간과 사회를 관념적으로 논한 철학이 아니라, 피와 살이 튀는 전쟁터에서 빚어진 질서와 평화에의 바람들로 읽지 않으면 안된다. 그 중에서도 특별히 공자의 어록인 《논어》와 맹자의 장광설 뒤에는 인간의 처지에 대한 아픔과, 세태에 대한 공포 그리고 인류의 장래에 대한 두려움이 깔려있다. 공자가 "가혹한 정치는 범보다 무섭노라(苛政猛於虎)"며 당대를 한탄했던 것[3]이나, 맹자가 제 시대를 두고 "짐승을 먹이느라 사람의 먹을거리를 탈취하고 급기야 사람이 사람을 잡아먹으려는 이 시대가 나는 두렵다"[4]라고 진저리쳤던 것이 모두 그러하다. 요약하자면 춘추전국시대는 사람이 짐승보다 못한 시대였다!

공자와 맹자의 문제의식은 '사람의 역사가 왜 이렇게 타락하고 말았을

---

2) "人之所以異於禽獸者, 幾希."(《맹자》, 4b : 19)

3) 공자가 제자들과 깊은 산속을 가던 어느 날, 한 여인이 통곡하는 것을 보았다. 우는 까닭을 묻자, 여인은 '남편과 자식을 호랑이에게 잡아먹혀 잃었다'고 하소연한다. 공자는 '산을 떠나 마을에서 살면 될 것 아니냐'고 권한다. 그러자 여인은 '도시의 정치는 호랑이보다 더 무섭기 때문에 이곳을 떠날 수도 없다'고 답한다. 공자는 제자들을 돌아보고 말했다. "단단히 기억해두어라, 세상의 잘못된 정치는 호랑이보다 더 무섭다는 사실을."(《예기(禮記)》)

4) "率獸食人, 人將相食. 吾爲此懼."(《맹자》, 3b : 9)

까' 그리고 '이 야만의 사태를 극복할 방안은 무엇인가'라는 질문으로 응축된다. 맹자는 당대에 대한 두려움을 갖고서 역사와 시대 연구에 50년 동안 정진한 듯하다. 그는 당대의 학문들, 이를테면 법가(法家), 묵가(墨家), 병가(兵家), 종횡가(縱橫家) 등을 섭렵하면서 인간세의 타락 원인과 새로운 문명의 비전을 골똘히 연구했다. 독학으로 '백가(百家)'에 대해 연구하는 중에, 그는 권력자를 위한 사상이 아닌 인민의 고통에 공감하고 인간의 운명을 두려워한 유일한 사상가로서 공자를 만난다.[5] 끊임없이 반복되는 전쟁과 폭력에 진저리치며 고독한 인간 삶과 무고한 죽음의 사태를 두려운 눈으로 바라보는 공자의 눈길을 만났던 것이다. 아래 인용문에는 맹자가 공자를 만난 내력이 들어있다.

> 춘추시대, 세태가 기울고 옳고·그름의 기준이 흐릿해지자 삿된 학설과 포악한 행동들이 일어났다. 급기야 신하가 그 임금을 시해하고 자식이 그 아비를 죽이는 놈조차 생겨났다. 공자는 이 사태를 두려워하였다(孔子懼). 그래서 역사서 《춘추》를 지었다.
>
> 世衰道微, 邪說暴行有作. 臣弒其君者有之, 子弒其父者有之. 孔子懼. 作春秋.
>
> ─《맹자》, 3b:9

맹자가 공자에게 공감한 것은 인간세상의 타락에 대한 두려움(懼)이었다. 맹자는 자기가 당대에 갖는 두려움(吾爲此懼)이 곧 공자가 느꼈던 춘추시대에 대한 두려움(孔子懼)과 동질적인 것임을 발견하고는, 그만

---

5) 맹자는 공자로부터는 물론이고, 공자 제자들로부터 직접 교육받은 적이 없다. 맹자는 독학으로 공부한 사람이다. 청나라 고증학자 최술(崔述)은 "맹자는 공자 손자인 자사(子思)로부터 수업을 받았다고 알려져 있으나 그런 적이 없다"고 단언한다(《맹자사실록》 참고). 맹자 스스로도 "나는 공자의 문도(門徒)가 되지 못했다. 여러 사람들로부터 사사로이 배움을 얻었다(予未得爲孔子徒也. 予私淑諸人也)"라고 술회하였던(《맹자》, 4b:22) 터다.

문득 공자와 회통해버린 것이었다. 이것이 그가 공자에 대해, '직접 제자가 아니면서도 책을 통해서 스승으로 섬긴다'는 뜻인 "사숙(私淑)하였노라"고 말한 까닭이요, 또 그를 두고 "인류가 생겨난 이래 공자와 같은 스승은 없었노라"고 찬탄한 이유도.[6]

3. 고독한 인간, 관계 속의 인간

그러면 두려움의 원인은 무엇인가. 공자와 맹자는 한마디로 말한다. 인간의 고독에서 빚어진 사태다! 즉 고독의 질병이 창궐하여 사람이 사람을 잡아먹기에 이르렀다는 것. 아마 오늘날 젊은 여성들은 피부에 닿게 느낄 것이다. 한밤중 으슥한 골목길을 걷다가 만나는 낯선 사내가 얼마나 무서운지를. 낯선 곳에서 익명으로 만나는 '개체'로서의 사람은 짐승보다 무섭다! 맹자는 당대 정치의 급선무가 사람에게 사람이 두려움으로 와닿게 만드는 '고독'을 구원하는 데 있다고 호소한다.

> 아내 없이 홀로된 사내를 환(鰥)이라 하고, 남편 없이 홀로된 여성을 과(寡)라 하고, 늙어서 자식이 없는 이를 독(獨)이라 부르고, 부모 없는 아이를 고(孤)라고 부른다. 환·과·독·고는 가장 궁박한 사람들로서 그 처지를 하소연할 데가 없는 무고(無告)한 자들이다. 성왕인 문왕께서 인정(仁政)을 베풀 적에 반드시 이 넷을 먼저 챙겼다.
>
> [老而]無妻曰鰥, 老而無夫曰寡, 老而無子曰獨, 幼而無父曰孤, 此四者, 天下之窮民而無告者. 文王發政施仁, 必先斯四者.
>
> ― 《맹자》, 1b:5

---

6) 전국시대에 공자의 후예로 자처한다고 해서 밥이 나오거나 떡이 생기는 것이 전혀 아니었음을 잊어서는 안된다. 경제사정은 공자를 알면 알수록 도리어 더 팍팍해질 뿐이다.

인용문의 핵심은 고독한 인간을 "궁박한 백성으로서 처지를 알릴 데가 없는 자(窮民而無告者)"라는 경제·사회적 언어로 정의하고, 그것을 정치의 문제로 삼은 데 있다. 앞의 궁민(窮民)이란 경제적으로 빈곤한 처지를 말하고, 뒤의 무고(無告)란 그 처지를 알릴 데 없음, 곧 관계가 절연된 상태를 이른다. 맹자에겐 경제적 빈곤도 문제지만, 관계가 끊겨 처지를 알릴 데 없이 '홀로됨', 사회적 고독이야말로 최악의 인간조건이다. 공자와 맹자는 고독한 사람은 곧 짐승의 처지로 타락하게 된다고 염려한다. 즉 인간의 타락 형태가 고독이다. 사람의 '사람다움'이란 오로지 함께 더불어 살아갈 때라야만 획득될 수 있다. 그러니까 서구 근대에서 말하는 '개인'은 유교에서는 옳은 인간이 아니다. 이 지점에서 유교와 서양 근대사상은 갈린다.

공자가 "극기복례가 사람다움(仁)으로 가는 길"[7]이라고 말했을 때, 그 의사는 더욱 선명해진다. 여기 극기의 기(己)란 고독한 존재로서의 인간이다. 고독을 극복해서 돌아가는 예(禮)란 사람과 사람 사이에 난 길, 곧 '관계 맺기'를 뜻한다. 따라서 극기복례란 이른바 '자아', '몸뚱이', 개인이라는 '개체성'을 극복하고 사람과 사람 사이의 관계를 회복할 적에야, 곧 함께 더불어 살 적에야 '사람다움(仁)'을 획득한다는 의미다. 유교에서 정치란 관계가 절연된 고독의 상태, 즉 불통을 서로 연결 지어 '함께·더불어'라는 소통으로 전환하기, 곧 관계망을 재건하는 작업이다. 이것이 맹자가 왕정의 출발은 환과독고(鰥寡獨孤), 즉 고독에 떨어진 사람들의 경제적 삶과 사회적 관계를 재구성하는 것으로부터라고 강조한 까닭이다.

그런데 사람들을 고독한 존재로 몰아가는 폭력의 구체적인 현상은 '가족해체'였다. 공자와 맹자는 가족해체야말로 한밤중에 만나는 인간

---

7) 克己復禮, 爲仁.(《논어》, 12:1)

이 짐승보다 무섭게 되는 절박한 사회현상의 기원이라고 지목한다. 맹자는 당대의 사회현상을 "아비와 자식이 서로 만나지 못하고, 형제와 처자가 헤어져 흩어져버린 사태"[8]로 묘사한다. 한마디로 하자면 '부자리(父子離)'[9]라, "아비와 자식이 흩어져버렸다"라는 짤막하지만 무서운 말로 요약된다. 요컨대 가정파괴가 당대 사회의 핵심 문제라는 것. 그런데 또 가정파괴는 아비이자 남편이 병정으로 끌려가 농사지을 사람이 사라진 데서 비롯된다. 가장이 병정으로 끌려가버리니, "농사철을 빼앗겨 파종도 김매기도 못하게 되어 부모를 봉양할 수가 없게 된다. 그리하여 아비는 얼어 죽고 어미는 주려 죽고, 형제와 처자식들은 뿔뿔이 흩어졌다. 정치가 그 백성을 구덩이에 빠뜨리는 형국이다."[10]

여기서 유교는 춘추전국시대의 급격한 사회해체를 극복할 가족의 복원을 핵심 과제로 삼는다. 공자와 맹자는 가족의 재건을 새로운 문명 건설의 초석으로서 제시했던 사상가들인 것이다. 이것이 공자가 효(孝)를 중시했던 까닭이요, 맹자가 '차마 보지 못하는 마음'을 함양하는 공간으로서 가족을 설정했던 까닭이요, 나아가 위대한 효자로서 순(舜)을 재해석했던 까닭이다(제9장 '왜 요순인가' 참고).

4. 가족의 재발견

텔레비전에서 방영되는 〈동물의왕국〉을 보면, 밀림에 서식하는 초식동물은 태어나 채 10분도 되지 않아 뜀박질을 한다. 즉 어미의 배에서

---

8) "父子不相見, 兄弟妻子離散."(《맹자》, 1b:1)
9) 《맹자》, 7b:27
10) "奪其民時, 使不得耕耨, 以養其父母. 父母凍餓, 兄弟妻子離散. 彼陷溺其民."(《맹자》, 1a:5)

나오자마자 동물은 사회적 존재로, 아니 세계적 존재(밀림의 생존법칙에 따른다는 점에서)로 변한다. 그러나 인간은 애초에 핵가족이든 대가족이든 가(家)라는 환경 속에서 태어나며, 여기서 근 20~30년 동안 가족구성원으로서 성장한다. 이 인간의 생리학적 한계(또는 단계)를 바탕으로 유교 문명론은 구성된다. 따라서 '나'를 둘러싼 관계는 지배-피지배, 고소인-피고소인, 생산자-소비자로서의 정치·사회적 계약관계보다 아버지의 아들이요, 아내의 남편이며, 자식의 아비로서 드러나는 '가족적 관계'가 우선한다. 그러므로 사람다움, 곧 인(仁)이란 일차적으로 가족적 관계를 얼마나 능숙하고 익숙하게 수행하는가에 따라 획득된다. '인'의 배양처가 가족이요, 그 동력이 효(孝)다.

모든 동물의 사랑은 아래로 흐른다. '고슴도치도 제 새끼는 함함하다고 한다'는 속담처럼, 아무리 못난 자식도 부모 눈에는 세상에 그럴 수 없이 어여쁜 존재들이다. 이것이 하늘이 모든 동물의 유전자 속에 심어둔 사랑의 본능이다. 사람 어미의 사랑은 더욱 깊어, "진자리 마른자리 가려가시며" 길러주는 절대적 사랑을 베푼다. 부모는 자식이 세속적 영예를 다 이루었어도 끝내 자식에 대한 염려를 놓지 못한다. 공자가 말했듯, "부모는 자식이 아플까 내내 걱정한다."[11] 다만 부모의 사랑을 거슬러 올리는 '치사랑'은 오로지 인간만이 행한다. 치사랑(효도)이란, 물처럼 공기처럼 내내 당연시한 부모를 어느 날 문득 '낯설게 바라보기'라는 시적(詩的) 체험을 통해 획득하는 반성적 통찰이다. 효를 두고 '모든 행동의 근본(百行之本)'이라 이른 것은, 강제적이고 억압적 금언으로서가 아니라 가장 친근한 존재인 부모에 대해서조차 '시적 체험'을 하지 못한다면 타인이나 사회, 나아가 국가와 우주에 대한 시적 체험은 불가능하다는 단계론으로 읽혀야 마땅하다. 그 천근하고 비근한 일상에 대한 '낯

---

11) 父母唯其疾之憂.(《논어》, 2:6)

설게 바라보기'와 깨닫기야말로 유교적 인간의 기본자세다. 그러니까 효란 결코 부모에 대한 복종의 윤리를 뜻하는 것이 아니다(제3장 '충효는 없다' 참고).

공자는 가족 속에서 치사랑 = 효도의 중요성을 발견하였고, 이것을 확산시켜 세계를 평화롭게 만들겠다고 작정한 것이었다. 앞에서 지적했듯 동아시아에는 이스라엘식의 조물주 '야훼'가 존재하지 않는다. 곧 세계평화는 오로지 사람의 힘으로 이뤄내야만 하는 것이다. 공자는 땅 위에서 자행되는 짐승보다 못한 살육과 폭행의 지표 밑에 부모와 자식 간의 사랑이라는 맑은 지하수가 흘러내리는 것을 발견하였고, 이를 근거로 삼아 세계평화(平天下)의 꿈을 꾼 것이다.

여기 부모가 자식으로 흘려 내리는 내리사랑과 자식이 부모로 거슬러 올리는 치사랑의 순환과정에서 발생하는 따뜻한 기운이 화목(和)이다. 화목의 운영원리는 화이부동[12]이란 말에서 명징하듯, 나와 상대방이 서로 다름(차이)을 인정한 바탕 위에서, 대화를 통해 공감대를 형성해가는 것이다(화이부동이란 말 속에 이미 화 = 부동이 전제되어 있다). 작가 공지영이 통찰력 있게 지적했듯, '가족은 사랑하는 타인들의 만남'이다. 여기서 가족은 역설적 공동체가 된다. 원초적으로 가족은 피로 맺어진 혈연의 관계다. 피의 본질적 점착력으로 인해 가족은 구속적일 수밖에 없다. 여기서 사랑이라는 이름의 '권력'이 파생한다. 즉 부모는 자식의 성장과정에 사랑이라는 이름의 동화(同化)를 행사한다. 그러나 공자가 제시하는 화이부동 논리는 이질성을 전제하므로(예컨대 자식은 부모와 다르다, 아내는 남편과 다르다) 혈연의 동화에 저항한다. 결과적으로 화이부동은 동화(내리사랑, 권력)와 이화(차이, 타자)가 팽팽하게 긴장하면서 공존하는

---

12) 공자가 말했다. "군자는 화이부동(和而不同)하고, 소인은 동이불화(同而不和)한다." (《논어》, 13:23)

역설적 과정이다. 화목한 가정이란 그저 일요일 아침드라마처럼 하하호호 웃음으로 충만한 집안을 뜻하는 것이 아니라, 사랑이라는 구속성과 서로 다르다는 이질성이 길항하면서, 대화를 통해 공감대를 형성하는 살아 숨 쉬는 공동체다. 가족이란 그런 점에서 '사랑하는 – 타인들의 – 만남'이다.

이발소에 액자로 늘 걸려있던 '가화만사성(家和萬事成)'이라는 말 속에 실은 유교의 꿈이 아로새겨져 있다. 가족 속에서 빚어진 사랑의 동력인 화목을 그 문턱을 넘어 마을로 또 사회로, 나아가 국가와 천지 간에 펼치자는 것이 '가화만사성'이란 말뜻이요, 또 그 전개과정이 수신 – 제가 – 치국 – 평천하의 비전이다. 그러므로 유교의 가족사랑은 가정의 문턱을 넘지 못한 채 제 새끼와 제 부모만을 아끼는 '가족주의'에 머물러서는 안된다.

5. 가족에 대한 증오

그러나 가족은 현대 한국인의 관심에서 벗어나 있다. 가족이 사라진 자리를 개인이 메운 지 꽤 되었다. 실은 몹시 의아했었다. 지난겨울 젊은 시나리오 작가의 죽음에 관한 신문기사들 속에 그 가족에 관한 이야기가 없다는 점이 내내 이상했던 것이다. 개인이 겪은 궁핍한 경제사정(굶어 죽었느니, 병으로 죽었느니)과 영화계의 환경(시나리오 작가들의 열악한 처지와 영화계의 병폐) 또는 사회의 무관심에 대한 개탄과 비난은 있었을지언정, 가족에 관한 이야기는 없었다. 뿐만 아니다. 요즘 뜨거운 정치적 쟁점인 복지 논쟁에서도 개인과 계급, 국가와 시장은 있어도 가족은 부재한다. 고작 자식을 낳고 기르는 정도에서 가족문제가 언급될 정도다. 이 대목에서 유교는 질문한다. 왜 현대 한국사회는 가족을 무시할까? 공동체나 사회의 핵심 성분이어야 할 가족이 왜 문제의 초점에서 사라진 것일까? 나아가 가족이 인간관계의 터전이요, 또 사람이 사람다워지는 참된 '자립'의 온상이라는 생각을 왜 하지 못하는 것일까?

간단히 답하면 이렇다. 지난 100년간 한국인에게 가족은 개인을 억압하고 노예화하는 감옥으로 여겨졌기 때문이다. 100년간 한국인의 북극성이었던 근대화·서구화를 이루기 위해선 가족의 질곡을 해체하고서 개인의 해방을 이뤄야만 했기 때문이다. 이미 춘원 이광수가 "조선의 자녀는 오로지 부조(父祖)를 위하여서만 살았고 또 일하였고, 죽는 부조 중심의 삶"을 강요받았다. 즉 "개인적 행복에 대한 자유의 전부인 교육과 혼인의 자유까지 부모에게 박탈당하는 것"이라고 비판한 데서부터 그 지향이 분명하게 드러난다 (하타노 세츠코, 《"무정"을 읽는다》).

〈날개〉의 작가이자, 〈오감도〉의 시인인 이상(李箱)의 가족관도 다를 바 없다. 혈연에 대한 지긋지긋 원한이 김해경이라는 본명을 성조차 바꿔 이(李)로 표현하게 만든 것이리라. 염상섭의 가족관도 마찬가지다. 영문학자 김우창은 염상섭을 위시한 한국 근대 작가들의 가족관을 이렇게 요약한다.

> 사회부패의 한 이유는 가족제도의 폐쇄성과 부패에서 온다. 가족제도는 그 자체가 삶의 가능성을 억압하는 것이지만, 설사 그것 나름의 윤리관계를 가지고 있다고 하더라도 그것은 가족의 범위를 넘어서지 아니한다. 가족이 폐쇄적인 보수의식(儀式)의 체제이기를 그치고 어떻게 사회 전체에 대해 책임지는 단위가 될 수 있는가 하는 문제다.
>
> — 김우창, 《궁핍한 시대의 시인》, 민음사, 1977년, 113쪽

가족에 대한 증오, 가족으로부터의 탈출 그리고 가족의 파괴는 전면적이고 의도적으로 이뤄졌고, 그것은 문명의 이름으로 숭상되었다. '개

인의 자립'은 근대문명을 건설하기 위한 전제조건이기 때문이다. 1990년대에 들어와서도 가족으로부터 탈출은 개인의 자립에 필수적인 통과의례였다. 연극 연출가 이윤택은 이렇게 말한 적이 있다.

> '내 인생은 내가 산다'는 것이 어릴 때부터 가슴 깊이 품었던 내 인생철학이었다. 그런 까닭에 근래 들어 지나치게 강조되고 있는 가족중심주의를 나는 우려한다. 가정은 세상으로 진출하는 베이스캠프일 뿐이다. 1차 집단인 가족과 가정이 지나치게 중요시되면 그 사회는 결코 진보하지 못한다고 나는 확신한다.
>
> — 이윤택, 〈경향신문〉 1997년 6월 14일자

개인이 가족중심주의로부터 탈출하여 자립하기는 아직까지도 미완성의 꿈으로 존재하는 셈이다. 그러나 오늘날 현실에서는 이 땅 도처에서 홀로 죽어가는 사람들이 줄을 잇고, 그들은 가족의 돌봄조차 받지 못한다. 앞서 이대근 칼럼을 다시 인용하면, "국가는 경쟁력 강화하고 선진화하느라 겨를이 없고, 사회는 이미 정글로 변해 아무도 남의 가족을 돌보지 않는다. 그래서 나온 해결책이 가족 살해다. 사회가 낙오자로 찍기만 하면 찍힌 이가 알아서 나머지 쓸모없는 가족을 사회로부터 제거한다."

6. 가족을 다시 주목하자

반면 서구에서는 개인주의의 그 개인성과 근대성, 자아와 의식에 대해 다시 성찰한 지가 꽤 되었다. 재미 정치철학자 정화열은 이렇게 설명한다.

근대는 그 필연적 결과로서 '인류주의'와 '개인주의'를 낳는다. 즉 한편으로는 자연에 반(反)하는 인간, 다른 한편으로는 인간과 인간의 관계에 반하는 인간을 낳는다. 자연 혹은 땅을 착취하고 지배하는 노동과 산업을 강조하는 공리주의는 — 로크는 인간의 노동에 의해 경작되지 않은 자연 혹은 땅을 '쓰레기'라고 부른다 — 탐욕스러운 개인들 혹은 경제적 인간들의 사회를 만들고 만다.

— 정화열, 〈생태학 시대에 있어서 정치체에 관하여: 포스트모던 패러다임〉, 《정치학의 전통과 한국정치》(김영국박사 화갑기념논문집 간행위원회 엮음), 박영사, 1990년, 74~75쪽

그 결과 서구 개인주의는 "인간의 부재와, 가치와 당위의 부재"를 초래했는데, 이것은 "서구 근대의 존재론과 인식론에 깊이 뿌리내리고 있는 세계관에서 비롯된 것이며, 공동체와 도덕, 종교와 가족을 희생시키면서 절대 개인의 자유를 확보하려는 시도의 논리적 결과"(정화열)였다. 그렇다면 오늘날 줄을 잇는 죽음과 죽임의 사태 앞에서 서구에 대한 서구의 성찰, 이를테면 여성주의, 생태주의, 포스트모더니즘의 사조를 또 수입하여 '고독한 개인'의 문제를 치유하는 방안도 있겠지만, 유교의 가족에 대한 재성찰을 통해 새 길을 모색하는 방법도 있을 법하다.

2,500년간에 걸친 유교는 그 스펙트럼이 넓기 때문에 어디에 칼을 대느냐에 따라서 다른 말이 나올 수 있다. 특히 우리 역사를 놓고 볼 때도 조선 후기의 가족주의는 개인들에게는 질곡인 경우가 많았다. 시골의 골짝굽이들에 지금도 남아있는 열녀문, 효자각, 정려문 따위가 그 기억을 증거하고 있다. 그러나 가족에 대한 유교의 본래 면모를 이해하기 위해선, 나아가 오늘날 개인주의의 질곡을 치유하는 방안을 얻기 위해서는 유교의 본령인 《논어》와 《맹자》에 대한 성실한 독서가 필수적이다. 그런데 의외로 유교 경전들 속에서는 가족주의의 흔적을 발견할 수 없다. 오히려 반(反)가족주의로 이름 붙일 만한 증거는 남아있다.

공자 제자 진항(陳亢)이 공자 아들 백어(伯魚)에게 물었다. "그대는 혹시 아버님께 달리 배운 게 있으신지?"

백어가 말했다. "없습니다. 일찍이 아버지께서 뜰에 홀로 서 계시기에, 종종걸음으로 그 곁을 지나가고 있었지요. 말씀하시길, '시(詩)는 배웠느냐'고 물으시기에, '아닙니다'라고 대답했더니 아버지께선 '시를 배우지 않으면 말을 할 수 없다'고 하시더이다. 저는 물러나서 시를 배웠지요. 어느 날 또 홀로 서 계시기에, 저는 총총히 지나가고 있었지요. 말씀하시길, '예(禮)를 배웠느냐' 하시기에, '아직 배우지 못했습니다'라고 답했지요. 그러자 '예를 배우지 않으면 설 방도가 없다'고 하시더이다. 전 물러나 예를 배웠습니다. 이 두 가지를 들었지요."

진항이 물러나 흐뭇해하며 말하였다. "하나를 물어서 셋을 얻었구나. 시를 들었고, 예를 들었고, 또 군자는 그 자식을 멀리함을 배웠노라."

— 《논어》, 16 : 13

마지막 구절, "군자는 그 자식을 멀리함을 배웠노라"는 진항의 말은 '아버지 공자'의 공평무사를 지적하여 찬탄한 발언이다. 공자의 아들 백어가 아버지로부터 들었다는 '시'와 '예'는 공자학교의 기초과목이었던 것이다. 즉 "공자가 평소에 가르치는 말씀은 시(詩)와 서(書) 그리고 집례(執禮)에 관한 것이었다"[13]라는 전언에서 확인할 수 있다. 이것은 곧 자기 자식이라고 하여 사사로이 아끼지 않는다는 뜻이니, 제 가족조차 공적으로 대한다는, 아니 도리어 제 자식을 남의 자식보다 뒷줄에 세우는 싸늘함을 견지했다는 뜻이다. 그렇다면 오늘날 유교에 대한 끈질긴 오해, 즉 공공의 업무를 혈연의 사사로움으로 망가뜨린다는 이른바 가족중심주의 또는 연고주의를 유교의 탓으로 돌리는 주장들은 잘못이라고 할 수 있다. 적어도 《논어》 속에서 그 근거를 찾을 수 없는 노릇이

---

13) 子所雅言, 詩書執禮. 皆雅言也.(《논어》, 7 : 17)

다(혹은 조선 말기의 유교는 올바른 유교가 아니었다는 평가도 가능하다). 도리어 이 대목이 말해주는 것은 서구에서 사사로운 영역으로 치부하는 가정에서조차 공공성을 관철한다는 점에서, 반(反)가족주의로 이름 붙일 수 있거나, 유교의 가족주의란 오히려 '가족마저도 공공의 영역으로 공개하는 뜻'이라는 정반대의 정의도 가능하다. '유교 = 가족주의 = 공공 영역의 부패'라는 등식은 유교 경전의 근거를 갖지 못한, 경험적이고 인상적인 비평인 셈이다.

실은 가족 속에서 몸에 익힌 부모와 자식에 대한 사랑과 '차마 남의 아픔을 함부로 대하지 못하는' 마음, 또 여기서 발화된 타인과 아픔을 함께 해소하려는 손 내밈을 마을과 국가에 미치고, 나아가 온 세상에까지 넘실대도록 만들기, 이것이 유교의 꿈이다. 그러므로 수신 – 제가 – 치국 – 평천하의 이상은 폭력이나 강제를 통해 전세계를 지배하겠다는 권력적 야망이 아니라, 내 몸을 낳아준 부모에 대한 원초적 사랑을 닦고 가다듬어 문지방을 넘고 학연과 지연의 언덕을 넘어, 또 국가와 민족의 한계조차 넘어서 온 세상에 퍼뜨리려는 사랑의 확산 프로그램이다. 그리고 그 사랑이 추상적인 어느 신(神)으로부터 부여되는 것이 아니라(동아시아에는 조물주가 없으므로), 살과 살이 서로 닿는 가족 내에서 빚어진다는 점을 발견하고 이를 기르고자 한 것, 이것이 유교의 현실주의적 관점이다.

유교에서 가족은 단순히 경제적 곤궁을 돕고 외부의 폭력으로부터 개인을 방어하는 안전망으로서만이 아니라, 사람다움(사랑)을 배양하고 보존하며 끝내 세상을 화목하게 만드는 풀무인 것이다. 이제쯤 우리는 유교의 가족주의, 가정의 본래 가치에 대해 다시 한번 생각할 때가 되었다.

2부

유교, 이해하기

충성(忠誠)이란 무엇인가
여민(與民)이란 무엇인가
맹자의 꿈 — 여민체제
왜 요순(堯舜)인가
유교의 정의(正義)란 무엇인가

6장
충성(忠誠)이란 무엇인가

> 사마천의 '백이숙제열전'은 전혀 믿을 수 없는 제나라 동쪽 시골놈들의
> 허튼소리다.
> — 정약용

오늘날 우리는 충성이라고 하면 군주에 대한 신하의 맹목적 복종으로 이해한다. 즉 특정한 인격(사람)에 대한 복종이 충성이다. 이 복종성은 "군주가 군주답지 않더라도 신하는 신하다워야 한다는 데"까지 이른다(마루야마 마사오, 《충성과 반역》, 나남, 1998년). 상위자의 도덕적 정당성과 관계없이 하위자의 복종심이 충성의 핵심인 것이다. 충성과 비슷하게 떠오르는 '의리' 역시 조직(의 우두머리)에 대한 복종을 뜻한다. 그러니까 충성이나 의리나 똑같은 뜻이다. 이 대목에서 우리는 2008년, 삼성그룹의 내부를 드러내었던 김용철 변호사를 두고 '배신자'로 몰았던 여론을 문득 떠올리게 된다. 그리고 보면 충성, 의리, 배신과 같은 말들은 우리 곁에 매우 가까이 존재하는 사회적 개념들임을 깨닫는다.

그런데 여기 충성이라고 할 때의 충(忠), 의리라고 할 때의 의(義) 그리고 배신이라고 할 때의 신(信)은 모두 유교의 핵심적인 개념들이기도 하

다. 한번 따져보지 않을 수 없다.

1. 성삼문의 충의

우리 역사에서 충과 의, 곧 충의(忠義)의 대명사는 성삼문(成三問)이다. 성삼문은 생전에 충성을 바치기로 약속한 단종을 위하다가 세조에게 죽임을 당했다. 우리는 그의 서슬 푸른 기개에 옷깃을 여민다. 죽음을 앞두고 남긴 그의 절명시를 보자.

食君之食衣君衣　임금이 준 밥 먹고, 임금이 준 옷 입었으니
素志平生莫有違　충성의 뜻 평생토록 어긴 적 없었네.
一死固知忠義在　이 몸 죽어가도 충의(忠義)는 남아
顯陵松柏夢依依　현릉의 솔과 잣나무, 꿈에도 그리워라.

— 성삼문, 〈절필(絶筆)〉

　성삼문이 바친 충성은 단종과 그 부왕인 문종에 대한 것이었다('꿈에도 그립다'는 현릉은 문종의 능이다). 특별히 여기서 그가 죽음으로 보답하려 한 것은 어떤 가치(곧 대의)가 아니라 밥을 먹여주고 옷을 내려준 사사로운 은혜에 대한 것임은 주의할 일이다.
　즉 인격체로서의 단종과 문종이 준 밥을 먹고, 그들이 준 옷을 입었으니 그 은혜에 대한 뜻을 평생토록 간직했다는 것이다. 이것은 성삼문의 충의가 군주 개개인을 향한 것임을 보여준다. 이런 충의의 뿌리는 사마천의 '백이숙제열전'에서 유래한다.

　백이와 숙제는 고죽국(孤竹國) 국왕의 두 아들이었다. 아버지는 아우 숙

제를 다음 왕으로 삼으려고 하였다. 그런데 아버지가 죽은 뒤 숙제는 왕위를 형 백이에게 양보하였다. 그러자 백이는 "아버지의 명령이었다"고 말하면서 떠나버렸고, 숙제도 왕위에 오르려 하지 않고 나라를 떠났다. 이에 나라 사람들은 둘째아들을 왕으로 옹립하였다.

이때 백이와 숙제는 서백(西伯, 주문왕)이 늙은이를 잘 봉양한다는 소문을 듣고 그를 찾아가서 의지하고자 하였다. 가서 보니 서백은 이미 죽고, 그의 아들 무왕(武王)이 시호를 문왕(文王)이라고 추존한 아버지의 나무 위패를 수레에다 받들어 싣고 은나라 주왕(紂王)을 정벌하려 하고 있었다.

이에 백이와 숙제는 무왕의 말고삐를 잡고 간하기를 "부친이 돌아가셨는데 장례는 치르지 않고 바로 전쟁을 일으키다니 이를 효(孝)라고 말할 수 있습니까? 신하된 자로서 군주를 시해하려 하다니 이를 인(仁)이라고 말할 수 있습니까?"라고 하였다. 그러자 무왕 좌우에 있던 시위대가 그들 목을 치려고 하였다. 이때 태공(太公)이 "이들은 의인(義人)이다"라고 하며 그들을 막아서 돌려보내주었다.

무왕이 은나라를 평정한 뒤, 천하는 주나라를 섬겼다. 그러나 백이와 숙제는 주나라의 백성이 되는 것을 치욕으로 여겼다. 그들은 지조를 지켜 주나라의 곡식을 먹으려 하지 않고, 수양산(首陽山)에 은거하며 고사리로 배를 채우다가 곧 굶주려 죽었다.

사마천이 묘사한 백이숙제의 효제충신(孝悌忠信) 그리고 충의의 행동은 동아시아(중국과 조선 그리고 일본) 전역에 걸쳐 사람다운 행위의 '표준적인' 모델로 정착한다. 한나라 이후 사마천의 《사기》는 단순한 사서(史書)가 아니라 경서(經書)에 준하는 존숭을 받기에 이른다. 특히 그 가운데서도 '백이숙제열전'은 충의(忠義) 이데올로기를 부식하는 텍스트로 활용되었다. 백이숙제 설화는 조선에도 깊은 영향을 미치지 않을 수 없었다.

2. 충의의 범전, 백이숙제

사마천의 《사기》에 기술된 백이와 숙제의 절의는 유교적 정치행동의 상징으로 추앙되면서, 그들 뒤에는 사이비 설화들이 덕지덕지 들러붙게 된다.[1] 대표적인 것이 불사이군(不事二君)이라는 말이다. '불사이군'은 전통사회에서 보통사람들의 삶을 억압하는 데 잘못 쓰인 '백이숙제 이데올로기'의 대표적 사례이다. '열전'을 통해 충의의 대명사로 된 백이숙제가 억압적 이데올로기의 상징물로 변질된 것이다.

반면 통치자들의 입장에서 볼 때, 백이숙제는 쓰임새가 많은 상징이었다. 아버지의 뜻을 거스르지 않고, 또 한번 충성하기로 약속한 임금에게는 배반하지 않는다는 논리야말로 순종적인 백성을 기르는 데 요긴한 교화의 재료였기 때문이다. 곳곳에 백이숙제의 사당이 세워지고, 역대의 여러 황제들과 글깨나 한다는 문필가들의 칭송하는 글이 내걸린 까닭이다.

한편 이 땅에서 백이숙제 고사가 각광을 받게 된 결정적 계기는 여말선초 왕조교체기였다. 이 전환기에 '백이숙제 = 불사이군'의 등식은 정치적 행동을 결정하는 데 중요한 기준으로 작동하게 된다. 특히 고려왕조에 대한 충성의 모범을 몸소 보여준 정몽주(鄭夢周)의 사례와 조선왕조에 출사(出仕)를 거부하고 은둔하였다가 죽임을 당한 '두문동 72 현인(賢人)'의 행태는 조선 건국 이후 충의의 상징으로 숭상된다.

다시 백이숙제가 조명을 받게 된 것은 세조의 권력찬탈 사건에서였다. 단종에게 충성을 바친 성삼문을 위시한 사육신과 김시습을 필두로

---

1) 그러나 《논어》와 《맹자》 속에서 그려지는 백이숙제의 행태는 '열전' 속의 내용과는 전혀 같지 않다. 머리말에 게시한 "사마천의 '백이숙제열전'은 모두 믿을 수 없는 제나라 동쪽 시골놈들의 허튼소리다"라는 다산 정약용의 연구결과는 전적으로 옳아 보인다. 《사기》 자체를 한(漢)제국의 군주독재체제를 부식하기 위한 정치적 텍스트로 보아야 할 것이다.

한 생육신의 행동은 백이숙제에 비견되었다. 성삼문은 널리 알려진 〈절의가〉에서 백이숙제를 경쟁적 모델로 삼고 있음을 보이고 있다.

> 수양산 바라보며 백이숙제를 한(恨)하노라.
> 굶주려 죽을진들 채미(採薇 : 고사리 캐기)도 할 일인가.
> 비록 풋것인들 그 누구 땅에 난 것이더냐.

도리어 백이숙제가 수양산에 들어가 고사리를 캐먹다가 죽었다는 데 대한 비판이다. 그냥 굶주려 죽을 일이지, 캐먹은 그 고사리는 또 새 왕조의 소유가 아니냐는 힐난이다. 성삼문의 절절한 충의의 심정을 반어법적으로 드러낸 노래라고 하겠다. 흥미롭게도 이런 성삼문의 절의가에 대해 백이숙제를 옹호하는 시도 발표되었다.

> 주려 죽으려 하고 수양산에 들었거니
> 설마 고사리를 먹으려 캐었으랴
> 물성(物性)이 굽은 줄 미워 펴보려고 캠이라.
> — 주의식(朱義植)

즉 백이숙제가 고사리를 캔 것은 먹기 위해서가 아니라 고사리의 꼬불꼬불한 모양이 미워서 그것을 곧바로 펴주려고 했을 뿐이라는 것! 이처럼 조선 초기 백이숙제의 이미지는 '불의한 정권에 참여하는 것을 거부한다' 또는 '굶어 죽더라도 바른 길을 가야 한다'는 정치윤리적 의미를 한껏 품게 되었다. 동시에 충성의 대상은 어떤 규범이나 가치가 아니라, 구체적인 군주 개개인에 대한 것이었다.

백이숙제에 빗대어 정치적 생각을 묘사하는 글쓰기는 조선 중기에 이르러서도 계승된다. 부당한 정권에의 참여를 거부하고 지리산으로 은거한 남명 조식(曺植)에게도 백이숙제는 출처(出處), 즉 정치적 행동의 중요한 지표가 되었다.

> 服藥求長年　불사약 구해 장수하기로는
> 不如孤竹子　백이숙제만 할 이 있으랴
> 一食西山薇　한번 수양산 고사리 먹고는
> 萬古猶不死　만고토록 죽지 않으니.
> ― 〈무제(無題) 2〉

조식에게서도 백이숙제는 충의를 실천하다가 굶어 죽어도 영생을 누리는 존재로 묘사되는 점에서 조선 전기의 그것과 다를 바 없다. 그러나 충의의 대상(목적)에서는 차이를 보인다. 가령 정몽주와 길재 그리고 성삼문이 이해한 백이숙제가 '불사이군', 즉 왕조나 군주에 대한 충성이라면, 조식에게 백이숙제는 불변하는 가치(이념)에 복종한 사람이기에 위대한 것으로 변하고 있기 때문이다. 즉 "한번 수양산 고사리 캐먹고는 영원토록 죽지 않은" 까닭을 의/불의를 판단하고 그중에 의로운 길을 선택하여 나아간 데서 찾고 있는 것이다. 이것은 《사기》 속에 그려진 '불사이군'의 백이숙제가 아니라, 공자에 의해 평가된바 "인(仁)을 구하여 인(仁)을 획득하였으니, 무엇을 원망하리오"[2]라던 백이숙제의 본래 모습에 부합한다.

이런 변모는 조선 중기 유학자들에게 진퇴 출처의 기준이 사람(군주)에서 이념(대의)으로 바뀌었음과 궤를 같이 한다.

3. 백이숙제 설화는 거짓이다

그런데 조선 후기로 접어들면서 '백이숙제＝충의＝불사이군' 등식은

---

2) "求仁而得仁, 又何怨?"(《논어》, 7:14)

급격히 무너진다. 특히 성호 이익(李瀷)과 연암 박지원(朴趾源)의 묘사 속에 그런 변모상이 잘 드러난다.

우선 '실학파'의 개조(開祖)라고 할 이익은 "백이숙제가 수양산에 들어가 고사리를 캐먹다 죽은 짓은 바보짓에 불과하다"고 비판한다. 굳이 '농사지은 곡식이 있는데도 내버려두고 고사리를 먹다니 그건 이해되지 않는 짓'이라는 식이다. 백보를 양보하여 그들의 충의를 인정한다손 치더라도, 그 편협함은 지적해두지 않을 수 없다고 지적한다(《성호사설》). 이런 의심은 사마천의 백이숙제에 대한 기술이 《논어》와 《맹자》에서 서술된 형상과 다르다는 데서 비롯된 것이다. 그 후 '백이숙제 = 충의' 등식은 박지원, 박제가(朴齊家) 그리고 정약용 등 많은 이들로부터 다양한 의심을 사게 된다.

무엇보다 조선 후기 '백이숙제 = 충의'의 등식에 대한 급격한 전회는 박지원의 서술에서 명징하게 드러난다. 특히 《열하일기》에 그려진 랴오둥(遼東)지역에 위치한 백이숙제 사당에서 벌어진 해프닝은 백이숙제가 더이상 충의의 대명사일 수 없음을 보여준다.

"백이숙제 사당에는 명나라와 청나라 역대 황제들이 직접 쓴 글씨가 수많이 하사되어 있었다"(〈이제묘기(夷齊廟記)〉, 《열하일기》)고 박지원이 보고하듯, 역대 중국왕조의 군주들 가운데 백이숙제의 충의를 기리지 않은 자가 없었다. 그만큼 '백이숙제 = 충의'라는 설화가 신민의 복종을 이끌어낼 수 있는 매력적인 대중조작 장치였음을 반증한다. 이 점은 조선의 지배층에게도 똑같이 중시된 점이었다. 그 가운데서도 '고사리'는 백이숙제의 절의를 상징하는 특별한 소도구였다. 다음 두 가지 연속된 일화를 보자.

(1)

연행(燕行)길에, 백이숙제 사당에 머물렀다. 고사리 넣은 닭찜을 많이 먹고 나니 속이 더부룩하였다. 내(박지원)가 주변 사람에게 물었다. "이

가을철에 때아닌 고사리를 어디서 구해 왔는가."
옆에 앉은 역관이 말했다. "백이숙제 사당에서 점심을 먹는 것은 연행길의 오랜 관례가 되어있습니다. 또 계절을 막론하고 여기서는 반드시 고사리를 먹는 법이기에 주방담당이 조선에서부터 마른 고사리를 미리 준비해 온답니다. 그 고사리로 국을 끓여 일행을 먹이는 것이 이젠 벌써 오랜 관습이 되었습니다. 10여 년 전 주방담당이 고사리를 잊어버리고 왔다가 여기서 큰 경을 치렀답니다. 담당자가 상관에게서 그 책임으로 매를 맞고 물가에 앉아서 울면서 푸념하기를 '백이숙채, 백이숙채야! 나하고 무슨 원수냐. 나하고 무슨 원수냐!'라고 하였답니다. 저의 생각으로 고사리는 고기만 못한데다가 또 듣기에 백이와 숙제는 고사리를 뜯어먹고 굶어 죽었다 하니, 고사리는 정말 사람 죽이는 독물(毒物)인가 합니다"라고 하니, 여러 사람들이 모두 배꼽을 잡았다.

(2)

태휘라는 놈은 노참봉의 말몰이꾼인데, 초행길일뿐더러 사람됨이 경망스러웠다. 대추밭을 지나다가 대추나무가 비바람에 꺾여 담 밖에 넘어진 것을 보고는 그 풋열매를 따먹고 배를 앓았다. 게다가 설사가 멎지 않아서, 속은 허하고 몸은 달고 가슴이 답답하고 목이 타는 듯하였다. (…) 급기야 '고사리 독이 사람 죽인다'는 말을 듣고 큰소리로 몸부림치기를, "아이고, 백이숙채(熟菜: 삶은 나물)가 사람 죽이네. 백이숙채가 사람 죽인다" 하였다. 숙제(叔齊)와 숙채(熟菜)가 음이 서로 비슷한지라, 또한 마루에 가득한 사람들이 깔깔거리고 웃었다.

위의 두 일화는 백이숙제라는 충의의 상징이 조선 민중들에게 완전히 무의미해졌음을 상징적으로 보여준다. 충의의 상징물 고사리가 독물(毒物)로 희화화되고, 백이숙제가 '백이숙채'라는 나물 이름으로 조롱받는 것은 이미 백이숙제가 더이상 조선의 행위모델, 즉 충의의 범전이 아님을 말해준다. '가벼운' 여행기를 가장하고 우스갯소리로 소개되는 일화

속에서 그들의 충의는 여지없이 조롱당하고, 또 비판당하고 만다.

그렇다면 본시 유교에서 충과 의 그리고 신뢰의 원형은 어떠하였던지를 알아보자.

4. 공자 대 자로 — 관중은 배신자인가

공자 제자들 가운데 '백이숙제'식 충의의 모델로는 자로(子路)를 들 수 있다. 공자가 혼란한 중국의 세태에 염증을 내고 멀리 바다로 뗏목이라도 엮어서 급급히 떠나고 싶다고 푸념했을 때조차, 그 위험한 순간을 함께할 제자로서는 자로를 꼽았던 데서 그의 성정을 헤아릴 수 있다.[3] 충성과 의리 그리고 배신을 둘러싼 자로와 공자 사이의 인식을 살펴봄으로써 유교 본래의 가치를 헤아려보자.

춘추시대는 아비와 자식, 형제 간에 권력을 두고 다투는 난신적자(亂臣賊子)의 시대였던 터. 관중(管仲)은 '관포지교'라는 우정의 대명사로 알려진 인물이면서도 주군을 배신하고 주군의 아우이자 숙적이던 제환공에게 몸을 바꿔 충성을 바친 사람이다. 배신의 흔적이 주홍글씨로 찍혀있는 인물이 관중인 것이다.

끝내 관중이 몸을 바꿔서 섬긴 제환공은 그의 지략을 바탕 삼아 춘추시대의 대표적 패자가 되었다. 문제는 주군이던 공자 규(糾)가 죽임을 당할 때, 소홀(召忽)이라는 동료는 주군과 함께 죽음을 맞았지만 관중은 홀로 살아남아 도리어 적대자의 편에 서서 그가 천하의 영광을 누리도록 만들었다는 점이다. 무사 출신인 자로로서는 도무지 이 점이 마뜩잖

---

3) 공자 말씀하시다. "도가 행해지지 않는지라, 뗏목을 엮어 타고 바다로 떠나련다. 이 가운데 나를 따라올 제자는 자로뿐일진저(子曰, 道不行, 乘桴浮于海. 從我者其由與)!"《논어》, 5:6)

왔다.

> 자로가 공자에게 물었다. "제환공이 그의 형 공자 규(糾)를 죽였는데, 소홀은 따라 죽었으나 관중은 따라 죽지 아니하였습니다. 그러니까 관중은 '인(仁)하지 못하다'고 해야겠지요?"
> 공자 말씀하시다. "환공이 제후들을 여러 차례 규합하였어도 군사력을 쓰지 않았던 것은 관중의 힘이었느니라. 그 사람의 인(仁) 같기만 하다면야! 그 사람의 인(仁) 같기만 하다면야!"
>
> 子路曰, "桓公殺公子糾, 召忽死之, 管仲不死. 曰, 未仁乎?" 子曰, "桓公九合諸侯, 不以兵車, 管仲之力也. 如其仁! 如其仁!"
>
> ─《논어》, 14:17

자로에게 충성, 의리란 주군(사람)에 대한 것이다. 즉 자로의 문제의식은 "가신인 관중은 주군인 공자 규를 위해 따라 죽어야만 한다, 그것이 충성이다"라는 것이다. 그러므로 '관중은 그르고, 소홀의 행동은 옳다'고 본 것이다. 그랬기에 자로는 의심 없이 "환공이 공자 규를 죽였는데 소홀은 따라 죽었으나 관중은 죽지 않았으니 '인(仁)하지 못하다'고 해야겠지요?"라고 질문한 것이다.

그러나 공자에게 충성, 의리란 대상에 대한 맹목적 복종을 뜻하는 것이 아니었다. 공자에게 충성은 사람(권력)을 대상으로 한 것이 아니라 '문명적 차원의 이념(大義)' 또는 성리학적 언어로 하자면 어떤 '자연법적 이치(天理)'에 대한 것이다. 이런 점에서 관중의 배신(선택)은, 도리어 공자로부터 정당성을 획득한다. 공자가 보기에, 자로가 생각하는 충성(소홀의 충성)은 맹목적 복종으로서 "사소한 약속에 목숨을 거는 행위"[4]

---

4) "微管仲, 吾其被髮左衽矣. 豈若匹夫匹婦之爲諒也, 自經於溝瀆而莫之知也?"(《논어》, 14:18)

로 치부된다.

　공자의 판단으로는 도리어 관중의 선택이야말로 진정한 의미에서의 충성이다. 천하의 혼란을 규합하려는 평화 건설의 대의를 실현하려는 가치에 충실했기 때문이다. 관중은 그 대의에 충실(忠)하였던 것이고, 더욱이 그 대의를 실현하는 과정조차 군사력이 아닌 문명적 방식(외교)에 의한 것이니, 인(仁)에 합당하다고 한 것이다.

　요컨대 공자에게 인간 간의 약속(信)이 성립되기 위한 전제는 그것이 이치를 담보하는 합당한 것이거나 또는 이치에 합당한 것일 때만이 의미가 있는 것이지, 고작 말로 약속한 것이기 때문에 그에 얽매이는 것이어서는 안된다고 본다(그러면 이 대목에서 김용철 변호사의 삼성에 대한 행동은 배신일까, 충성인 것일까?).

　이 점에 대해 공자 제자 유자(有子)는 "약속이 의(義)에 가까울 때라야 그 말을 실천할 수 있는 법"5)이라고 부연한 바 있다. 즉 약속과 충성이 사람을 주종관계로 억압하는 형태여서는 안된다. 공자는 이 점을 매우 비인간적이고 불건강한 억압구조로 이해하였다. 자로 식의 의리(기리(ぎ—ŋ))란 끝내 인(仁)이라는 중용적 승화에 기여하지 못하고, 기껏 골목깡패들의 꼬붕-오야붕의 세계를 벗어나지 못한다는 것.

　공자가 끝대목에서 "그의 인(仁) 같기만 하다면야! 그의 인(仁) 같기만 하다면야!"라고 관중의 정치적 삶을 찬탄한 것은 자로가 추구해온 권력자에 대한 복종을 충성으로 잘못 생각하는 그 관점을 부수고, 보다 큰 문명적이며 보편적 차원의 이치(대의)에 대한 눈뜸으로 이끌려는 호소로 읽어야 하리라.

　이 틈새에서 공자는 자로에게 정의(義)의 지침을 받지 않는 맹목적 복종은 '진정한 용기'가 아니라는 사실을 가르치고 싶었던 것이었는지 모

---

5) 有子曰, "信近於義, 言可復也."《논어》, 1:13)

른다. 자로는 용기를 군자의 제일 덕목으로 여겼던 사람인데, 이에 대해 공자는 용기가 정의의 지침을 받지 못할 경우 군자는커녕 문명파괴적 결과를 낳고 말 수 있음을 경고하고 있는 점에서 그렇다.

> 자로가 말했다. "군자란 용맹(勇)을 숭상하는 사람이겠지요?"
> 공자 말씀하시다. "아니! 군자는 의(義)를 숭상하지. 군자가 용맹만 있고 의가 없으면 혼란만 일으키는 자가 되고 말 것이다."
> 子路曰, "君子尙勇乎?" 子曰, "君子義以爲上. 君子有勇而無義, 爲亂, 小人有勇而無義, 爲盜."
> — 《논어》, 17 : 23

나아가 공자는 "용맹만 있고 예가 없으면 혼란을 일으킨다"[6]라고도 경고하였는데, 이것들은 다 자로에게 맹목적 충성, 유협적 의리관에 대해 비판적으로 고찰하기를 조언한 것들이다.

훗날 국가의 단위가 커지고, 군주의 권력이 집권화된 한당(漢唐) 시대 이후의 유교는 공자와 맹자 시대의 시적 정취와 그 철학적 정신을 잃고, 점차 관료제를 위한 수단으로 타락한다. 충의(忠·義) 역시 지배-복종이라는 정치권력적 용도로 추락하고 만다. 하나 본시 공자가 지향한 충성과 의리는 결코 가변적인 군주 개인의 권력에 대한 복종을 의미하는 것이 아니었다(그리고 이런 점에서 성리학은 한당 유학의 권력중심적 해석을 넘어서 유교 본래의 의리 정신을 회복하려 했다고 볼 수 있다). 다시금 충성·충의에 대한 공자의 냉정한 인식, 즉 어떤 인격적 존재에게 얽매여 몸을 바치는 것을 충성으로 여기지 않는 데 대해 주목할 필요가 있다.

---

6) 勇而無禮則亂. (《논어》, 8 : 2)

5. 공자의 꿈

그러면 공자가 제시하고자 한 참된 충성이란 무엇인가.

남궁괄이 공자에게 여쭈었다. "옛날 명궁이던 예(羿)는 활을 쏘기만 하면 백발백중이었고, 천하장사였던 오(奡)는 땅 위에서 배를 끌어당길 정도였으나, 둘 다 제명에 죽지 못했다지요. 그러나 성왕이신 우(禹)와 탁월한 재상인 직(稷)은 평범한 농부였으나 끝내 천하를 소유하셨다죠."
공자, 아무런 말씀이 없었다. 남궁괄이 나가자, 찬탄하며 말씀하시다. "군자로구나, 저 사람은! 덕(德)의 의미를 올바로 알고 있구나, 저 사람은!"

南宮适問於孔子曰, "羿善射, 奡盪舟, 俱不得其死然. 禹稷躬稼而有天下." 夫子不答. 南宮适出, 子曰, "君子哉若人! 尙德哉若人!"

— 《논어》, 14:6

여기서 남궁괄은 나름대로 정치사상사 해석을 통해 스승의 정치학의 핵심을 알아챘음을 보인다. 즉 무력으로써 천하를 평정하려던 명궁 예(羿)나 천하장사인 오(奡)의 죽음이 비극적이었던 반면, 평범한 농사꾼으로 입신하여 주변 사람을 보살피고, 또 스스로 몸을 낮출 줄 알았던 우(禹)임금과 재상 직(稷)은 끝내 국가를 건설하고 천하를 평화롭게 만들었다는 역사적 사례를 제시하는 것이다.

요컨대 남궁괄은 공자의 정치학이 힘(폭력·용맹)을 통한 제국의 건설이 아니라, 덕(매력·성찰)을 통한 왕정의 건설에 있다는 점을 알아챈 것이다. 곧 공자의 충성은, 권력자(사람)나 폭력의 정부가 아니라 내면의 덕성에 바탕한 덕치사회의 건설을 지향한 것이다.

결국 우리에게 낯익은 '충성 = 불사이군 = 백이숙제'라는 일련의 등식은 그 어느 것도 유교적 근거를 갖고 있지 않았다. 그것은 한나라 제국시대 이후 정치·역사적 계기에 따라 형성된 이데올로기적 풍속도일 따름이다. 사람에 대한 충성, 조직에 대한 의리와 같은 것은 그저 조폭이나 뒷골목 깡패들의 정취일 따름이다. 본시 공자나 맹자의 유교에는 이런 따위의 충성, 의리, 배신은 없었다.

7장
여민(與民)이란 무엇인가

> 동양은 이제 우리 자신에 의해 표상되지 않는다. 오리엔탈풍이 마치 우리의 정조(情調)와 다른 무엇인 양 연출되듯이 우리에게 있어서 현실의 동양은 이미 대상화된 타자이다.
>
> — 정재서, 《동양적인 것의 슬픔》, 살림, 1996년

앞서 우리는 오늘날 유교에 대한 결정적인 오해 두 가지를 짚어보았다. 하나는 맹자 정치사상을 '위민'으로 오해하는 데 대한 것이었다(제1장 '위민은 없다' 참고). '위민'은 맹자의 꿈과는 도리어 대척되는 지점에 위치하고 있었다. 맹자는 단 한 번도, 군주에게 백성을 위하여 정치하라는 권고를 한 적이 없었다. 애초부터 맹자에게 이 땅의 주인은 인민이고, 군주는 그 인민을 대리하여 공공의 업무를 경영·관리하는 자였다. 운영자는 제 몫의 일을 충실히 하고 보수를 받을 뿐, 감히 주인을 '위할' 수는 없는 법이다.

또 하나는 이미 상식이 되어버린 '민본주의'라는 상투어의 문제였다. '민본'은 '데모크라시'를 번역하는 와중에, 중국과 일본 지식인들의 정

치적 욕망과 동양적 콤플렉스가 착종된 오류였다. 데모크라시의 번역어 지위를 놓고 '민주'와 다툰 결과, '민본'이 결국 패퇴하면서 맹자에게 들러붙는 과정을 제2장 〈민본주의는 번역어다〉에서 살펴보았다. 더욱이 말뜻 그대로의 민본(인민이 근본임)을 표방하지 않는 동양사상이 없다는 사실도 문제였다. 군주독재사상으로 알려진 한비자의 법가조차도 '민본'으로 자처할 수 있었던 것이다. 즉 민본은 유교에만 특정하여 쓸 수가 없는 '하나 마나 한 말'에 지나지 않았다.

그렇다면 위민은 유교와 모순되는 것이요, 민본은 너무 헐거워서 쓰나 마나 한 말이 된다. 둘 다 '개념'으로서는 실격인 처지다. 요컨대 위민이든, 민본이든 둘 다 속이 없는 껍데기 말에 불과하며, 지칭 대상이 부재한 허깨비 말에 지나지 않는다. 문제는 개념으로 쓸 수 없는 말과 실제와 상반되는 말이 외려 유교사상의 특성을 드러내는 말인 양 유포되어, 오늘날 중등학교 윤리 교과서뿐만 아니라 정치학 관련 논문에서도 버젓이 쓰이고 있다는 사실이다.[1]

---

1) 사실 조선의 정치사를 분석하는 데도 '여민 대 위민'의 구도는 쓰임새가 있다. 예를 들어 세종을 민본적인 군주라고들 한다. "어린 백성을 위하여"(《훈민정음》 어제(御製) 서문) 행한 정치를 민본주의로 보는 것이다. 하나 여민 대 위민의 구도로 읽자면, 그 민본정치에는 조선국가가 이씨 왕가 '소유물'이며, 한글 창제는 인민을 '위한' 시혜라는 위민(爲民)적 세계관이 깔려있다. 즉 그의 위업은 위민사상에서 비롯되었지만, 여민을 중시하는 유교의 본래 이념과는 결이 비틀어져 있다. 또 정약용은 "군주가 인민을 '위하여' 존재한다(牧爲民有也)"고 하였다(〈원목(原牧)〉). 이 말을 바탕으로 우리는 다산을 민본적 사상가로 평가해왔다. 그러나 위민 대 여민의 구도로 보면, 그는 여민을 비현실적인 것으로 여기고 '위민'의 엘리트주의를 현실적 대안으로 제시한 것이 된다.
한편 조선 중기 사림파들, 조광조, 이황, 조식, 이율곡 등은 맹자의 여민정치를 지향했다. 군주와 신하의 협의적 정부, 서울과 지방의 순환 그리고 공론정치가 여민을 이념으로 한 정책이었다. 역사학계의 '훈구파 대 사림파' 구도는 정치학적으로 '위민 대 여민'으로 재구성할 수 있을 것이다. 여하튼 '여민 대 위민'은 조선시대 사상가들의 정치적 지향을 다른 각도에서 관찰할 수 있는 렌즈 구실을 한다. 추후 이런 구도로 해석하는 조선 정치사상사 연구도 필요할 것이다.

여기서는 유교, 특히 맹자가 꿈꾸었던 사람 중심의 세상을 그가 제안한 개념을 통해 살펴보려고 한다. 민주주의는 아닌데 민본주의도 아니고, 그렇다고 위민사상은 더더욱 아닌, 유교의 '사람 중심의 체제'가 무엇인지, 그의 생각 속으로 들어가보고자 하는 것이다.

오늘날 우리 눈엔 2,000여 년 전 춘추전국시대에 제시한 맹자의 비전이 이상하고 낯설게 비칠 것이다. 머리말에 게시한 정재서의 지적처럼 이미 "동양은 우리 자신에 의해 표상되지 않기" 때문이다. 맹자의 꿈과 생각도 서양식 개념에 의해서만 표상될 수밖에 없는 터다. 민본이라느니 위민이라는 오도된 말 속에 이미 서양식 렌즈를 통해서만 인식되는 '대상화된 타자'로서의 맹자 처지가 잘 들어있다.

그러나 알아듣기 힘든 옛 언어로 웅얼거리는 목소리일지라도 최대한 귀를 기울여, 그의 말을 복원하려 노력해보아야 한다. 이런 과정조차 거치지 않고서, 알맹이 없는 껍데기 말로 판명된 '위민'이라든지 '민본주의'라는 말로 맹자를 박제화해서는 안된다.

1. 려민? 여민!

먼저 주의할 점은 맹자사상을 위민이라 부르건 민본주의로 명명하든, 이 명명법의 근본적인 약점은 그 말을 맹자가 사용하지 않았다는 사실이다. 공자사상의 핵심을 인(仁)으로, 또 맹자사상을 인의(仁義)라고 개념화할 때, 이것들은 공자와 맹자가 직접 사용했던 말이다. 오늘날 서구화된 처지에 죽은 개념이 되어버린 '인'이나 '인의'를 구태여 해석하고 해설하는 수고를 들이면서까지(예컨대 '인은 곧 사랑이다' 또는 '인이란 사람다움이다' 혹은 '인은 극기복례다' 등) 해묵은 그 말들을 사용하는 까닭은, 인과 인의가 공자와 맹자의 생각을 바로 드러내는 '개념'이기 때문이다.

맹자가 인민을 중심으로 사유한 사상가임에는 분명하다. 그러면 맹자가 인민 중심의 사유를 펼치기 위해 사용한 개념은 무엇인가. 물론 낯익은 왕도(王道)라는 개념도 있지만 여기서는 따로 여민(與民)이라는 말에 주목하고자 한다. 곧 살펴보겠지만, 여민은 맹자뿐만 아니라 당시 전국시대 지식인들이 널리 썼던 학술개념으로 여겨진다. 우선 《맹자》 속 '여민'의 용례를 점검해보도록 하자.

《맹자》를 펼치면 제일 첫 편에서부터 낯익은 여민동락(與民同樂)이며, 또 여민해락(與民偕樂)과 같은 표현을 만난다. 둘 다 "인민과 함께 더불어 즐긴다"라는 뜻이다. 나아가 "인민이 바라는 바를 같이 행한다"는 뜻의 여민동지(與民同之)며, "백성들과 함께 죽기로 나라를 지킨다"라는 여민수지(與民守之) 그리고 "인민들이 바라는 바에 기초하여 함께한다"를 뜻하는 여민유지(與民由之) 등등, 다양한 '여민'의 용례를 만날 수 있다. 이처럼 여민은 《맹자》 전편에 걸쳐 주요 개념으로 빈번히 등장한다.

뿐만 아니라 여민과 유사 개념인 여인(與人)이라는 말도 자주 보인다. 여인이란 "상대방과 더불어 함께하다"라는 뜻이다. 가령 "사람들과 함께 음악을 즐긴다"는 뜻의 여인락악(與人樂樂)이라든지, 순임금의 행동을 묘사하면서 쓴 "주변 사람과 함께 선을 행했다(與人爲善)"라든지, 또는 "요순과 같은 성인도 일반사람과 같다"는 뜻인 요순여인동(堯舜與人同) 등을 예로 들 수 있다. 나는 공자사상의 핵심어가 인(仁)이라면, 맹자의 꿈은 여민의 여(與) 자 속에 아로새겨져 있다고 생각한다.

주목할 점은 '여민'이란 말을 맹자 본인만이 입버릇처럼 썼던 것이 아니라, 당시 지성계에서도 개념으로서 썼던 흔적이 나타난다는 사실이다. 맹자가 살던 전국시대는 백가쟁명의 시대로도 불리었다. 춘추전국시대 500년간에 걸친 대혼란에 종지부를 찍고, 질서와 평화의 시대를 어떻게 열 것인지를 놓고 다양한 사상가들과 학파들 간에 대논쟁이 벌어졌던 때다.

그러니까 그 시대의 사상서인 《맹자》라는 책에도 당대 사상가들과의 논전이 다양하게 기록되어 있다. 아니 《맹자》 자체가 논쟁을 통해 그 사상을 드러낸다고 해도 좋다. 가령 외교술을 통해 천하통일을 주장한 종횡가(縱橫家), 박애를 통한 평화를 주장한 묵가(墨家), 제 한 몸의 철저한 보전을 요구한 양가(楊家) 그리고 엄격한 형벌 집행을 통한 국가 중심의 질서를 추구한 법가(法家)들과 토론한 자취가 《맹자》 속에 수록되어 있다.

그중엔 농가(農家)학파와의 논전도 있다. 이 논전을 주목하는 까닭은 그 속에서 '여민'이라는 말이 개념 형태로 등장하기 때문이다. 《맹자》 속에서 농가학파의 대변자는 허행(許行)이라는 인물이다. 그는 남방의 초나라 출신으로서 약소국이지만 인정(仁政)을 시도하던 등나라로 이주해 와 사상을 전파하고 있었다. 또 맹자는 등나라 임금의 정치고문으로서 유교사상을 현실정치에 적용하고 있던 터였다. 허행의 농가사상은 상당히 매력적이었던 모양으로, 한때 유학자였던 진상(陳相)이라는 자가 전향할 정도였다. 이 전향자 진상이 맹자에게 허행의 농가사상을 '전도'하는 와중에 여민이 출현한다. 다음 인용문은 전국시대 '지식시장'에서 유통되던 '여민'이라는 말의 위상을 잘 보여준다.

진상이 맹자를 찾아왔다. 허행의 말을 이렇게 전했다. "등나라 군주는 훌륭한 임금이긴 하지만, 아직 참된 정치의 도를 알지 못한다. 참된 정치가라면 여민(與民), 즉 '백성과 더불어' 나란히 농사를 지어 함께 식량을 마련하고, 또 아침저녁 밥도 손수 지어 먹으면서 정치를 해야 한다. 그런데 지금 등나라에는 세금창고와 곡식창고, 재물창고와 무기창고가 즐비하다. 이것은 려민(厲民), 즉 '백성을 수탈하여' 그것으로 임금 스스로 배를 채우고 있다는 뜻이다. 그러니 어찌 올바른 정치의 도를 얻었다고 할 수 있으랴!"

陳相見孟子, 道許行之言曰, "滕君則誠賢君也, 雖然, 未聞道也. 賢者與民並耕而食, 饔飧而治. 今也滕有倉廩府庫, 則是厲民而以自養也, 惡得賢?"

— 《맹자》, 3a:4

인용문은 전국시대 학파들 간에 벌어진 정치철학 논쟁의 현장을 보여주고 있다. 허행은 맹자가 등나라 군주의 정치고문이라는 사실을 잘 알고 있다. 곧 등나라 임금의 자질은 칭찬하면서도("등나라 군주는 훌륭한 임금이긴 하지만") 등문공이 "참된 정치의 도를 알지 못한다"라고 하여, 맹자의 정치이념에 문제가 있음을 넌지시 비추는 것이다. 맹자가 '여민'이라는 말로써 등문공을 지도하고 있지만, 막상 본인조차 여민의 본래 뜻을 모르고 있다는 비판이다.

허행이 생각하는 여민의 본래 뜻은, 말 그대로 인민과 함께 더불어 생활하면서 정치를 하는 것이다. 곧 "백성과 더불어 나란히 농사를 지어 함께 식량을 마련하고, 또 아침저녁 밥도 손수 지어 먹으면서 정치를 해야 하는 것"이 본연의 여민정치다. 이런 여민의 본래 뜻에 비춰 볼 때 맹자가 등나라에서 시도하는 여민은, 실은 여민이 아니라 도리어 려민(厲民: 인민을 괴롭히는 것)에 불과하다는 힐난이다.

우선 주목할 점은 '여민'이라는 말이 당시 지성계에서 개념으로서 널리 통용되고 있었다는 사실이다. 유교든 농가든, 참된 정치를 뜻하는 개념으로서 여민을 사용하고 있다. 다시 말해 여민은 단지 맹자만 사용한 말이 아니라, 전국시대 사상가들 사이에서 널리 유통된 지식사회학적 개념이었다. 그렇다면 여민은 맹자의 정치적 사유를 표현하는 개념으로서 적당하다. 위민이나 민본이 담지 못할 맹자의 진정성과 비견이 여민 속에 들어있다고 판단되기 때문이다(앞으로 이 책에서는 '여민'을 변주하여 여민이념, 여민사상, 여민정치 또 여민체제 등으로 부연하여 쓸 참이다).

생각하면 허행은 매우 교묘하게 맹자를 공격하고 있다. 그는 단어 선택에 신중하였음에 분명하다. '여'와 발음이 근사하되 뜻은 전혀 상반되는 '려'를 골라 특별히 '려민'이라는 말로써 맹자의 여민을 조롱하는 점이 그러하다. 여(與)에는 [참여하다, 수여하다, 함께·더불어] 등 좋은 뜻이 담긴 반면, 려(厲)는 [학대하다/증오하다, 힘들게 만들다/수탈하다] 등 나쁜 의미를 담은 말이다. 더욱이 '려' 자는 주나라 양대 폭군인 유려(幽厲), 즉 유왕과 려왕 가운데 후자를 지칭하는 나쁜 시호이기도 하다. 지금 허행은 맹자의 면전에 대고, "흥! 여민 좋아하시네? 려민이겠지!"라며 조롱하고 있는 것이다. 번역하자면 "등나라 임금이 백성들과 함께·더불어 하신다구요? 백성들을 수탈하는 거겠죠!" 한번 더 번역하자면, "여민동락하는 군주라고요? 사실은 유왕이나 려왕에 진배없는 폭군이겠지요!"

허행이 보기에 등문공이 자행한 '려민'의 방증이 호화로운 궁궐과 여러 용도의 창고들이다. 화려한 궁궐과 다양한 창고들이 모두 백성들로부터 세금을 거둬들여 사유화한 것임은 두말하면 잔소리가 아니겠느냐는 조롱이 '여민-려민'의 말장난(pun) 속에 들어있는 칼날이었다. 바흐친(Mikhail Bakhtin, 1895-1975)의 지적을 빌리자면 권력자에 대한 가장 큰 적대가 조롱이라는 것인데, 맹자의 처지가 꼭 전향한 내부자 진상에 의해 치명적인 적대에 노출되어 있는 셈이다.

이 지점에서 작은 매듭을 짓자면, 오늘날 맹자를 특칭하는 '위민'이나 '민본'이라는 말은 맹자나 과거 유학자들이 써본 적이 없는 근대의 조어인 반면, '여민'은 맹자 본인뿐만 아니라 당시 그와 적대적인 사상가들도 승인한 개념이었으며, 또 실제로 당시 지식시장에서 유통된 개념임이 분명하다는 사실에 주목하자. 여기서 우리는 여민이라는 말에만 맹자가 자신의 정치적 비젼을 표현하는 언어로서 동의하리라는 결론을 맺을 수 있다. 그러면 여민이라는 개념의 내용물은 어떤 것인지, 허행과 맹자의 논전을 따라 추적하면서 재구성하도록 해보자.

2. 분업과 전문화

허행의 '여민=려민'이라는 조롱 앞에 맹자는 크게 분노하였다. 맹자는 과연 유교사상이 인민을 괴롭히는 '려민'인지, 아니면 농가학파의 주장이 '려민'인지 따져보자고 제안한다. 맹자가 보기에 농가학파의 '여민'은 문자 그대로 주민들이 '함께' 일하고 '같이' 밥을 지어 먹던 소박한 원시공산사회, 즉 인간이 자연 속에 살았던 시절에 통했던 것이다.

문제는 이제 인간은 '자연의 아들'이 아니라 '도시의 아들'로, 즉 문명으로 진화했다는 역사적 사실에 있다. 자칫 인간 역사의 현재성을 감안하지 않고서, 문자 그대로 '여민'이라는 말에만 집착하다가는 도리어 시대착오적 오류에 빠지고 급기야 사람을 해치는, 즉 '려민'을 결과할 수 있다는 것.

허행의 조롱, '맹자의 여민은 실은 려민이 아니냐'가 내포한 질문은 결국 농업, 공업, 상업 등 직업 분화와 이에 따른 전문화를 인간문명의 진보로 볼 것인가 아니면 사람다움이 타락된 양상으로 볼 것인가라는 문제로 압축된다. 맹자는 단연코 직업의 분화와 전문화 과정은 문명의 필연적 추세라고 본다. 분업과 전문화 그리고 생산물의 교환 마당으로서 시장과 차등 가격은 인간문명의 핵심이다. 또 직업의 분화로 인한 사회의 분열 가능성을 방지하고, 다양한 직업군들 간의 소통과 접합을 다룰 전문적인 정치가의 출현 역시 문명화 과정의 필연이다. 맹자에게 직업의 분화와 전문화, 시장의 발생 그리고 정치의 출현은 인간문명의 당연한 귀결이다.

이런 추세는 선택의 문제가 아니다. 도리어 농가학파가 꿈꾸는, 미분화된 마을에서 함께 살고 함께 나눠 먹고 함께 생산하는 원시공산사회는 시대착오적인 허위의식(僞)에 불과하다고 선을 긋는다. 여민이라는 말은 이런 인간문명의 진보와 변화된 사회적 환경을 감안하여 재규정되어야 한다. 요컨대 농가사상가들의 여민은 시대착오적 허위개념이라는 것이요, 도리어 유교의 여민이 문명 진보의 실제에 부합하는 올바른 정치이념이라는 것.

맹자가 보기에 농가학파의 여민이 비현실적임은 자명하다. 원시적인 여민의 공동체 생활을 주장하면서도, 실제로는 시장과 교환에 의지하며 살고 있는 현재의 생활이 그 사실을 증명하고 있다. 맹자는 이 사실을 폭로함으로써 농가학파의 여민론은 그들 스스로도 실천하기 어려운, 시대착오적인 것임을 증거하고자 한다. 맹자와 진상 간의 논쟁을 이어서 살펴보자.

맹자 : 허행은 반드시 제 손으로 농사를 지어 밥을 먹는가?
진상 : 그렇습니다.
맹자 : 허행은 반드시 제 손으로 옷감을 짜서 그걸로 옷을 지어 입던가?
진상 : 아닙니다. 그는 짐승 털을 옷으로 만들어 입습니다.
맹자 : 허행은 모자를 쓰는가?
진상 : 그렇습니다.
맹자 : 어떤 모자인고?
진상 : 베로 짠 모자입니다.
맹자 : 제 손으로 짜서 만들어 쓰던가?
진상 : 아닙니다. 곡식으로 바꾸지요.
맹자 : 허행은 어찌하여 스스로 만들어서 쓰지 않는고?
진상 : 농사일에 번거로우니까요.
맹자 : 허행은 쇠솥과 옹기솥으로 밥을 짓고, 쇠스랑으로 밭을 가는가?
진상 : 그렇습니다.
맹자 : 손수 만들어 쓰던가?
진상 : 아닙니다. 곡식으로 바꾸지요.
맹자 : 곡식으로 기구들을 교환하는 것이 옹기장이나 대장장이를 괴롭히는(厲) 것이 아니듯, 옹기장이와 대장장이 역시 기구를 만들어 곡식과

바꾸는 것이 어찌 농부를 괴롭히는(厲) 것이랴!
— 《맹자》, 3a : 4

농가학파는 분업과 전문화로 인해 인간 본연의 가치인 '함께 더불어 삶', 즉 여(與)가 파괴되었다고 본다. 한 마을공동체에서 미분화된 상태로, 즉 함께 농사짓고 밥도 같이 먹고 옷도 같이 만들면서 더불어 살아가는 삶이 인간의 본연이다. 그야말로 원시공산사회의 화목한 시절을 그리워한다. 이 속에는 분업과 전문화 그리고 교환과 시장이 인간 타락의 주범이라는 생각이 깔려있다. 전국시대의 타락상이 여민의 여(與)가 가진 본연성을 잃은 데서 비롯한다고 생각한 듯하다. 따라서 '여민이라는 본디 말뜻을 회복해야 한다.' 요컨대 실제로 피부를 접촉하면서, 손과 손을 맞잡고 함께 일하며 더불어 사는 것이 인간다운 세상, 여민의 본령이라는 것.

맹자는 이 대목에서 현재 당신들의 실제 생활은 교환과 시장에 기대고 있지 않으냐고 되받아친다. 입으로는 옷과 음식을 자급하는 원시공동사회를 주장하지만, 정작 그 도구인 쇠솥과 쇠스랑은 시장을 통해 구입하고 있지 않느냐는 질문이다. 분업과 전문화 그리고 교환과 시장은 이미 인간을 구성하는 속살이 되어버린 것이다.

"허행은 쇠솥과 옹기솥으로 밥을 짓고, 쇠스랑으로 밭을 가는가?"라는 맹자의 질문에 대해 "그렇습니다"라는 진상의 답변이 그러하고, 이에 대해 "제 손수 만들어 쓰던가?"라는 질문에 "아닙니다, 곡식으로 바꾸지요"라는 대화에서 그 시말이 드러난다. 그렇다면 이론과 실제가 괴리되어 있다. 즉 농가학파의 여민은 그들 자신도 실행할 수 없는 허구요, 따라서 시대착오적이다!

나아가 맹자는 더 본질적인 문제를 제기한다. 분업과 전문화가 귀결하는 교환과 시장시스템이 과연 사람을 괴롭히는 '려민'체제인가라는 질문이다. 맹자는 "곡식으로 농기구를 교환하는 것이 옹기장이나 대장장이를 괴롭히는(厲) 것이 아니듯, 옹기장이와 대장장이 역시 기구를 만들어 곡식과 바꾸는 것이 어찌 농부를 괴롭히는(厲) 것이랴!"라고 힐난한다. 요컨대 농가학파가 주장하는 여민은, 인간 역사의 진보적 성취를 무시한 시대착오적 헛소리며, 또 그들의 실제 삶조차 말과 괴리를 보인다(이율배반).

3. 중차대한 정치의 역할

또 한 가지 쟁점은 정치의 위상에 대한 것이다. 논쟁의 발단이 허행의 발언, "등나라 임금은 훌륭한 임금이긴 하지만, 아직 참된 정치를 알지 못한다"는 문제제기에서 시작되었던 터다. 농가학파는 군주가 한 마을에서 인민의 삶과 함께할 때라야 여민정치의 본래 의미를 실현할 수 있다고 본다. 그들은 정치가(군주)의 생활공간이 인민의 일상과 유리되어 궁궐 속으로 격리될 때, 정치가 권력화하고 또 사유화되는 경향을 염려한다. 곧 등나라 군주가 거주하는 특수 공간인 궁궐과 각종 세금창고가 권력의 사유화를 방증한다.

반면 맹자는 정치 역시 문명 발달에 따라 인간생활 자체가 분화되고 전문화되는 과정 속에 존재함을 상기시킨다. 즉 정치의 전문화는 인간 문명의 진보에 대응한 결과이지, 군주의 사사로운 권력욕 때문이 아니라는 입장이다. 직업의 분화 과정에서 필연적으로 확대된 공공영역을 전문적으로 처리할 필요성이 정치의 전문화를 초래했다는 것. 농민이 상행위와 장인의 일을 겸하여 수행할 수 없도록 전문화가 진척되었듯, 정치의 업무도 겸무할 수 없도록 전문화되었다는 말이다.

맹자: 허행은 어찌하여 제 집에서 스스로 질그릇이며 쇠솥, 쇠스랑을

만들어 쓰지 않는가? 왜 그는 번거로움을 마다않고 농산물을 도공과 대장장이의 생산품과 교환하시는고?
진상: 여러 장인의 일은 정작 농사를 지으면서 또 함께 하기가 어렵기 때문이지요.
맹자: 그렇다면 정치, 곧 천하를 다스리는 일은 농사를 짓는 와중에 짬을 내서 할 수 있다는 말씀인가?
—《맹자》, 3a : 4

분업은 전문화를 이끌고, 전문적 생산품은 시장을 통해 교환된다. 그런데 직업의 분화는 국가의 분열을 초래할 수도 있다. 직업의 분화와 전문화를 통한 문명의 전개를 유지하면서 동시에 국가의 분열과 직업 간의 갈등을 방지하고 소통시키는 고도의 기술이 정치다. 이 일이 쉬울 턱이 없다. 위 인용문 끝자락 "정치, 곧 천하를 다스리는 일은 농사를 짓는 와중에 짬을 내서 할 수 있다는 말씀인가?"라고 되묻는 대목은, 정치를 전문적 기예로 보는 맹자의 생각이 잘 깃들어 있는 대목이다.

맹자에게 정치란, 분화와 전문화에 따른 사회적 분열과 갈등을 조화시킬 수 있는 기술이자, 생산물이 정당한 가격으로 매매되고 또 순조롭게 유통되도록 질서를 잡는 전문적 업무다. 딴 데서 맹자는 옥돌을 깎는 옥장이에 비유하여 정치 역시 특수한 전문 분야임을 지적한 바 있다.

여기 다듬지 않은 옥돌(璞玉)이 있소이다. 옥돌이 비록 수십만 냥 나가는 크기라 하더라도 반드시 옥장이를 불러 그것을 다듬도록 할 것입니다. 한데 국가를 다스리는 데 이르러선 임금이 말씀하시길, '그대가 배운 바는 잠시 접어두고 나를 따르라'고 하신다면, 이건 옥장이에게 옥돌 다듬는 법을 가르치겠다는 것과 무엇이 다르겠소이까?

"今有璞玉於此. 雖萬鎰, 必使玉人彫琢之. 至於治國家, 則曰, 姑舍女所學, 而從我, 則何以異於教玉人彫琢玉哉?"
—《맹자》, 1b : 9

몹시 귀중한 옥돌일지라도 그것을 다듬는 일은 임금이 스스로 하지 않고, 옥장이(옥 전문가)에게 맡긴다. 그럼에도 정치만은 전문가에게 맡기지 않고 '아마추어'인 임금이 직접 하겠다는 데 대한 맹자의 비판이다. 곧 정치는 정치학(덕치, 왕정)을 제대로 배우고 익힌 전문가만이 제대로 할 수 있는 특수 분야다! 요컨대 정치란, 농업과 공업 그리고 상업이 서로 원활하게 관계 맺고 또 소통하게 만드는 기술이다. 따라서 정치는 농사를 짓다가 짬을 내 행할 수 있는 아마추어적인 행위일 수가 없다.

4. 여민의 구조

여기서 맹자는 정치가와 인민의 관계를 상호보완적 구조로 파악한다. 농부가 자신이 생산한 농산물을 장인이 제작한 쇠스랑과 바꾸는 것이 결코 장인을 려(厲)하는, 즉 괴롭히는 일이 아니듯, 마찬가지로 정치가의 업무 역시 인민을 괴롭히는 일이 아니다(물론 맹자 당대 현실은 정치가 인민을 괴롭혔지만, 정치가의 본령은 그렇지 않다는 것)! 다만 정치가의 일과 인민들의 일이 서로 다를 뿐이다. 동시에 그들은 서로를 필요로 한다. 이런 상호적 필요성이 정치가와 인민이 함께 국가를 구성하고 유지케 만드는 힘이다. 여기가 여민의 여(與)가 정치사회적 의미를 획득하는 지점이다. 다양한 인민들의 사적 업무와, 정치가의 공공 관리가 한데 어울려 국가를 구성하는 여민체제 구조의 속살이 드러나는 곳이다.

> 정치가가 해야 할 일이 따로 있고, 백성들이 해야 할 일이 있다. 그래서 어떤 이는 노심(勞心)이라 마음을 수고롭게 하고, 또 어떤 이는 노력(勞力)이라, 몸을 부려 일한다. 노심자는 사람들이 자기 일을 할 수 있도록

공적 서비스를 제공하고, 노력자는 그 혜택을 입는다. 노심자는 그 수고의 대가로서 노력자로부터 밥을 얻어먹고, 노력자는 밥을 먹인다. 이것은 언제 어디서나 통용되는 자연법칙이다.

有大人之事, 有小人之事. (…) 故曰, 或勞心, 或勞力. 勞心者, 治人, 勞力者, 治於人. 治於人者, 食人, 治人者, 食於人. 天下之通義也.

— 《맹자》, 3a : 4

여기 노심자(勞心者)란 정치가를 뜻하고, 노력자(勞力者)는 다양한 직업을 가진 인민들을 뜻한다. 농민, 장인, 상인 등이 노력자다. 많은 학자들이 노심자를 인민을 수탈하는 권력자, 지배계층 또는 유한계급을 뜻하는 것으로 해설해왔다. 그러나 《맹자》 전편의 맥락에서 볼 때 '노심자'란 '마음과 지혜를 소모하는 정신노동자'에 가깝다. 노심자는 유한계급이나 착취자를 의미하지 않는다. 도리어 노심자는 노력자로 하여금 그들이 제각각 사적인 일들을 수행할 수 있도록 사회적 자원(질서, 신뢰, 통신과 도로 등)을 제공하는 또다른 노동자다. 맹자의 말을 빌리자면, "농부의 고민은 고작 제 가족을 부양할 100무의 땅에 지나지 않지만, 정치가의 고민은 천하의 유지와 보전에 있다."[2] 노동강도는 노심자 쪽이 외려 더 높다는 뜻이다.

이런 전문적인 정치가의 업무 수행에는 그만한 보상이 따라야 한다. 그러므로 "정치를 잘 수행하기 위해서라면, 경호원과 비서들이 정치가를 수행하는 사치는 누려도 좋은 것"[3]이요, 또 인민들의 세금으로써 좋은 밥을 먹고 넉넉한 집에 살아도 좋은 것이다. 그러니 등문공의 궁궐과 세금창고를 두고 여민이 아니라 도리어 '려민'이라고 공박할 수는 없는

---

2) 《맹자》 3a : 4

3) 君子平其政, 行辟人可也.(《맹자》, 4b : 2)

일이다. 실제 그의 정치의 내막을 자세하게 살펴보지 않고, 겉모양만으로 '려민', 곧 인민을 수탈한다고 비판해서는 안된다는 것.

그렇다면 정치가와 대응되는 위치에 있는 인민의 정치적 위상은 어떤가. 맹자에게 인민은 정치가(군주)와 더불어 국가를 구성하는 한 주체다. 아니 궁극적으로 군주에게 통치권을 위탁한 권력의 원천이다. 곧 인민은 군주의 시혜에 의존하는 '위민정치'의 대상물이 아니다. 그러므로 "인민이 가장 귀하고, 사직이 그 다음이며, 군주는 가장 가볍다"[4]는 지적은 고작 군주에 대한 도덕적 견책으로서가 아니라, 권력의 기원을 평심하게 드러낸 진술이다.

본질적으로 인민은 군주와 다름없는 평등한 인간이다. "한 그릇의 밥을 먹으면 살고 못 먹으면 죽는 절박한 순간에도, 발로 차서 주는 밥은 먹지 않고 차라리 굶주려 죽는 것"이 인간[5]이라고 맹자는 판단한다. 즉 사람으로서의 자존심과 존엄성은 모든 인간이 공유한다. 인민도 본시 왕후장상과 다를 바 없는 인간으로서 먹을 것에 몸·마음을 뺏기는 동물과는 다르다.

둘째, 인민은 군주와 마찬가지로 지혜로운 인간이다. 인민은 군주가 던지는 미끼에 순진하게 걸려드는 먹잇감이 아니다. 양혜왕이 "하내 땅에 재난이 들면 백성들을 하동 땅으로 이주시키고, 하동에 기근이 들면 또 구제해주는 데도, 악독한 이웃 나라보다 백성의 수가 불지 않는 까닭"을 의아해했을 때, 맹자는 군주의 시혜가 결국 자신들의 목숨을 요구하는 미끼가 될 것임을 백성들이 알기 때문이라고 지적한 터다.[6] 이렇게 인민은 지혜롭다.

---

4) 民爲貴, 社稷次之, 君爲輕.(《맹자》 7b : 14)

5) 一簞食一豆羹, 得之則生弗得則死, (…) 蹴爾而與之, 乞人不屑也.(《맹자》, 6a : 10)

6) 《맹자》, 1a : 3

셋째, 인민은 정의롭다. 그 한 예가 추나라와 노나라의 싸움이다. 이 전투에서 추나라 장교 30여 명이 죽었다. 그런데도 백성들은 멀뚱멀뚱 쳐다보기만 할 뿐 도와주려 하지 않았다. 추나라 임금은 인민들의 무관심에 대해 분노하였다. 그러나 맹자는 민심을 이렇게 진단한다.

> 흉년으로 기근이 들면 백성 가운데 노약자들은 굶주리다 못해 논도랑, 밭도랑에 굴러떨어져 죽고, 젊은이들은 천지사방으로 흩어져 떠난다. 그러나 임금의 세금창고는 그득하게 쌓여있다. 관리들 중에 누구도 이런 불평등을 개선하려 노력한 자가 없었다. 이것은 상관을 능멸하고 또 백성을 학대한 것이다. 증자가 말한 바 있다. "경계하고 경계하라! 너로부터 나온 것이 너에게로 돌아가리라"고. 대저 이번 참의 백성들의 무관심은 먼저 받았던 걸 되돌려줄 기회를 잡은 것일 따름이다.
>
> 凶年饑歲, 君之民, 老弱轉乎溝壑, 壯者散而之四方者, 幾千人矣. 而君之倉廩實, 府庫充. 有司莫以告. 是上慢而殘下也. 曾子曰, "戒之戒之! 出乎爾者反乎爾者也." 夫民今而後, 得反之也.
>
> ─《맹자》, 1b:12

인민은 원수에 대해서는 철저히 미워하고 또 상대방의 잘못을 응징할 줄 아는 '리액션'이 있는 인간이다. 맹자가 규정한 바, "부끄러워하고 증오하는 마음은 정의의 실마리"[7]라고 했던, 그 정의감(義)을 품고 있는 인간인 것이다. 그리고 이 정의감이 인민들을 여민정치의 당당한 주체로 서게 만드는 초석이다. 다시 말해 인민은 군주의 시혜(위민)에 목매지 않고, 또 생산물을 빼앗기고도 제 목숨을 부지한 걸 다행으로 여기는 멍청이가 아니다.

결정적으로 인민은 국가(군주)가 위기에 처했을 때 그 본질적 특성을

---

7) 羞惡之心, 義之端.(《맹자》, 2a:6)

드러낸다. 제나라 군대가 연나라를 침공했을 때, 조국을 정벌하는 침입자를 환영했던 것도 연나라 인민들이었다. 제나라 군대가 또 부형을 포로로 끌어가고 나라의 보물을 수탈하자 이에 저항한 것도 연나라 인민들이다.[8] 즉 나라를 멸망케 하는 것도 인민이요, 나라를 수복하는 힘도 인민에게서 나온다.

또 훌륭한 군주가 오랑캐의 힘에 못 이겨 나라를 떠날 때, 그와 함께 나라를 떠날 것인지 아니면 오랑캐에게 복속할 것인지 "회의를 소집하여 결정"한 것도 인민들이었던 것으로 묘사된다. 회의 결과, "그를 어진 군주로 판정"하고 "마치 시장에 몰려드는 장꾼들"처럼 행렬을 이뤄 군주를 쫓는 대이동을 선택한 것도 인민들이었다.[9] 균열에서 속살의 본질이 드러나듯, 전쟁과 위기에 인민의 충성심, 그 선택권이 본연의 빛을 발하는 법이다. 끝으로 다음 예를 보자. 군주의 목숨이 인민에게 달려있음이 더욱 강조된다.

> 등문공이 물었다. "등나라는 약소국입니다. 게다가 강대국인 제나라와 초나라 사이에 끼어 협공을 당할 형편입니다. 제나라를 섬겨야 할까요, 초나라를 모셔야 할까요?"
> 맹자가 말했다. "이 질문은 제 처지에선 답할 수 없는 것입니다. 하나 다만 한 가지는 말씀드릴 수 있습니다. 도성에 해자를 깊이 파고, 또 성을 보수하여 여민(與民), 곧 백성과 같이 지키기를 각오하는 것입니다. 만일 임금께서 목숨을 거는데 또 백성들도 도망가지 않는다면, 한번 해 볼 만합니다."
>
> 滕文公問曰, "滕小國也. 間於齊楚. 事齊乎? 事楚乎?" 孟子對曰, "是謀非吾所能及也. 無已則有一焉. 鑿斯池也, 築斯城也, 與民守之, 效死而

---

8) 《맹자》, 1b : 10
9) 《맹자》, 1b : 15

民弗去則是可爲也."

— 《맹자》, 1b:13

국가가 풍전등화의 위기에 처했을 때 군주와 함께 나라를 지킬 것인지, 아니면 제 생존을 도모하여 나라를 떠날 것인지 최종 결정권이 인민에게 있다는 것이다. 그러니까 군주가 제 지위를 보전하고 싶다면, 인민들과 함께·더불어 하는 정치, 즉 여민의 정치를 평소에 시행하지 않으면 안된다. 결국 여민정치는 '인민을 위한 정치' 돌려말해 '위민정치'이기는커녕, 도리어 '군주 제 자신을 위한 정치'가 되는 셈이다.

요컨대 인민은 결코 인성이 저열하거나, 고작 시혜의 대상이거나, 군주의 종속물이 아니다. 인민은 지혜롭고, 자존심이 강하며 또 의롭고 그리고 인(仁)하다. 곧 인·의·예·지를 두루 갖춘 어엿한 인간으로서, 군주나 통치자들과 동등한 존재다. 다만 제 처자식을 기르고 부모를 봉양하기 위해 공공의 업무에 여가를 쓸 수 없는 '평범한 사람'들일 따름이다. 인민들의 업무(농·공·상)와 군주의 업무(정치)는 그 일의 성격이 다를 뿐이다.

결국 '인민의 주체성'과 '정치의 자율성'은 맹자의 여민체제를 버티는 두 기둥이다. 인민과 정치가는 국가를 구성하는 두 핵심 요소로서, 마치 태극의 음양이 놓인 모양처럼 서로가 유기적인 관계를 맺는다. 둘이 팽팽하게 대치하는 형국이 아니라, 음태극의 꼬리가 양태극의 밑을 파고들듯 그리고 양태극이 음태극을 떠받치는 모양이다. 즉 정치가는 인민을 섬기고 인민은 정치가에게 적극적으로 협조하는 형상이다. 결국 맹자의 여민체제란 서로 다른 요소(이질성)가 함께 관계를 맺음(관계성)으로써 보다 큰 하나(우리)로 통합되는 것이다. 공자가 제시했던 화이부동(和而不同) 원리, 즉 "서로 다름을 인정하고 화합하되 하나로 만들지 말라"는 원리가 여민 속에 관철된다.

5. 지금·여기, 역사적 현장을 방기하지 말라

농가학파 허행과 맹자의 논전 한가운데에는 '당대의 참된 여민이란 무엇인가?'라는 질문이 놓여있다. 등문공의 정치를 두고, '여민이 아니라 려민이 아닌가?'라고 공격한 허행의 질문과, 실은 농가학파의 여민이야말로 시대착오적인 것으로서, 결국 인민의 삶을 거짓과 허위로 몰고 갈 것이라는 맹자의 경고가 대결한다.

농가학파의 정치경제학이 거꾸로 '려민'을 초래할 것인 까닭은, 첫째, 분업과 전문화된 역사적 현실을 바로 보지 못하는 데서 비롯한다. 동시에 그들 실제 생활이 교환과 시장에 의지하고 있다는 점에서 이율배반적이기도 하다. 둘째 농가학파는 정치가 무엇인지를 바로 알지 못한다. 정치는 분화된 사회의 기능들을 조절하고 갈등을 방지하고 또 조화롭게 만드는 전문 분야다. 퇴행적인 미분화사회에의 추억으로는 이미 분화되고 전문화된 문명사회의 문제를 제대로 해결할 수 없다. 이미 정치의 세계는 프로페셔널이 되었다!

따라서 여민을 문자 그대로 읽는 우직한 단순화는 시대착오이고, 결과적으로는 인간을 해치는 무기로 전락하고 만다. 논쟁을 마치면서 맹자가 "허행 식의 '여민'을 따르게 되면 서로를 '거짓된 세계(僞)'로 몰아갈 터인데, 어찌 그런 여민으로 또 국가를 다스릴 수 있을쏘냐!"[10]라고 개탄한 말 속에 그런 뜻이 들어있다. 맹자는 이 자리에서 《중용》의 경고를 진상에게 발할 터였다.

> "오늘날 세상에 살면서 옛날 방식으로 돌아가려 하는구나. 이런 생각을 실천하려는 자에겐 재앙이 그 몸에 미치고 말 것이다."

---

10) "從許子之道, 相率而爲僞者也, 惡能治國家."(《맹자》, 3a:4)

> 生乎今之世, 反古之道. 如此者, 灾及其身者也.
>
> —《중용》, 제28장

그러나 농가학파가 염려하고 제기한 문명의 부작용, 특별히 정치의 전문화로 인한 권력독점의 문제, 그리고 궁궐 속에 유폐된 군주의 공감능력 감소 등의 문제는 진실을 담고 있다. 마을과 동떨어져 궁궐에 유폐되어 전문적인 정치를 행할 때, 과연 인민들의 고충을 '함께'할 수 있을 것인가? 또 공공의 용처에 쓰여야 할 세금이 실제로는 군주들에 의해 사유화되는 데 대한 견제장치는 존재하는가? 이런 문제들은 '현실적 대안'을 모색하는 맹자 여민사상이 해결해야 할 과제라고 할 수 있다.

맹자는 이런 문제점들에 대해 깊이 인식했던 것 같다. 그는 공간적 격리와 고립으로 공감의 단절, 그리고 세금이 갖는 수탈적 특성 그리고 정치권력의 사유화 경향을 깊이 고민하였다. 그는 대안을 찾아 고전과 역사서들을 널리 섭렵한 것으로 보인다. 그 결과 문명의 부작용을 교정할 대책으로서 다양한 제도적 장치들을 제시한다. 실은 맹자 여민사상의 고유한 특징과 정치경제학자로서의 면모가 이런 제도 구상 속에 잘 드러난다. 다음 장에서는 맹자가 제안한 여민체제를 현실화시킬 제도들을 중심으로 살펴보자.

8장

맹자의 꿈 — 여민체제

> 한낱 '선한 마음'만으로 정치를 행하기는 부족하며, 한낱 제도(法) 스스로 행하는 수도 없다.
>
> 徒善不足以爲政, 徒法不能以自行.
>
> — 《맹자》, 4a : 1

앞에서 인민의 주체성이 정치의 자율성과 '함께·더불어' 국가를 구성해나간다는 맹자 여민사상의 특징을 살펴보았다. 하나 정치이념을 '여민'으로 개념화하는 것과 그 이념이 실제로 작동할 수 있는가 하는 것은 별개 문제다. 맹자의 정치적 비젼을 여민이란 개념으로 추출할 수 있다는 것과, 여민이 역사적 현장 속에서 실제로 작동할 수 있는지 여부는 다른 것이다. 다시 말해, 맹자는 '과연 여민이 현실화될 수 있는 제도들을 제공하였던가?'라는 질문에 대한 답변이 따로 있어야 한다. 만일 이런 질문에 적절한 대답이 제시되지 않는다면, 맹자를 윤리사상가로 볼 수 있을지는 몰라도 정치사상가로 평할 수는 없을 것이다. 이 지점에서 머리맡에 인용한 맹자의 주장, 곧 '정치가의 뜻은 제도를 통해 표출되어야 한다'라는 구절은 주의할 만하다.

물론 《중용》에서 지적하듯, "그 사람이 있어야 그 정사가 있음"[1]은 유교의 기본 틀이다. 유교정치론의 강조점은 제도가 아니라 사람에 있는 것이다. 법치가 아닌 인치(人治)다. 다만 여기 '그 사람'이란 사람됨과 더불어 제도를 수립하고 운용할 수 있는 능력을 겸비한 정치가를 의미하는 것이지, 고작 인품의 정직함을 두고 한 말이 아니다. 가령 춘추시대 정치가로 인망이 높았던(공자조차도 칭송했던) 정자산(鄭子産, B.C. 585(?) - B.C. 523(?))을 두고 도리어 '정치를 모르는 사람'이라고 혹평하는 맹자의 진술 속에서, 제도의 비중을 헤아릴 수 있다.

> 춘추시대 정치가 자산이 정나라의 재상일 적에 진수와 유수를 건너는 백성들을 자기 수레에 실어서 건네주었다.
> 맹자 말씀하시다. "은혜롭긴 하나 위정(爲政)은 모르는구먼. 11월에 인도교를 만들고, 12월에 수레용 다리를 만들면 백성들이 물을 건너는 데 어려움이 없을 것이다. 정치가가 정치를 잘하기 위해서라면, 경호원이며 비서들을 달고 다녀도 좋은 것이다. 어찌 백성들을 낱낱이 다 물을 건너게 해줄 수 있으랴. 백성들 하나하나를 손수 다 보살피려다가는 하루해가 부족할 것이다."
>
> 子産聽鄭國之政, 以其乘輿, 濟人於溱洧. 孟子曰, "惠而不知爲政. 歲十一月, 徒杠成, 十二月, 輿梁成, 民未病涉也. 君子平其政, 行辟人可也, 焉得人人而濟之. 故爲政者, 每人而悅之, 日亦不足矣."
>
> ─ 《맹자》, 4b : 2

지금 정치는 "한낱 선한 마음만으로 행하기는 부족하며, 그렇다고 제도(法) 스스로 행해질 수도 없음"을 정자산의 사례를 통해 예시하고 있다. 다시 말해 유교는 제도를 무시하지 않는다! 다리 만들기, 곧 정치제

---

[1] 其人存則其政擧.(《중용》, 제20장)

8장 _ 맹자의 꿈 ─ 여민체제 145

도를 통해 사랑의 마음이 표현되는 것이 정치다. 유교가 현실을 도외시하지 않고 현실 속에서 변화를 모색한 정치사상인 한 당연히 제도적 측면을 무시할 수는 없다. 현실정치는 제도 외에는 표현될 길이 없기 때문이다. 맹자가 정자산을 '정치를 모른다'라고 비평한 것은, 자기이익을 위해 권력을 남용했다는 뜻이 아니라 제도적 측면을 도외시한 죄, 즉 제도가 정치의 언어(표현)임을 몰랐던 데 대한 것이다.

마찬가지로 여민이라는 '선한 마음'을 실제 역사 속에서 작동시키기 위해서는 그것을 표현할 제도가 필수요건이 된다. '여민의 제도들'을 갖추고 제도들이 제대로 그 이념을 구체화할 수 있을 때, 그제야 맹자의 여민사상은 한낱 꿈(몽상)이 아니라 하나의 '정치적 체제'로서 규모를 갖춘, 미래의 청사진(이상)이 된다. 그의 체제가 실제 역사 속에서 단 한 번도 실현되지 못한 것이라고 할지라도 그렇다.

1. 여민체제의 제도들

제도적 측면을 무시하였다고 정자산을 두고 '정치를 모르는 사람'이라 공박한 맹자이니까, 여민의 이념을 제도화하는 데 주목하였을 터. 그러면 여민을 현실화하기 위해 맹자가 제안한 제도들을 살펴보기로 하자. 만약 이 제도적 구상이 오늘날도 설득력을 갖는다면, 맹자는 고작 추상적이고 주관적인 이념을 훈계한 윤리도덕가가 아니라 어엿한 신문명 디자이너(정치경제학자)로서 자격을 갖출 수 있게 될 것이다.

여기서는《맹자》전편을 통해 추출한, 여민을 위한 제도들을 살펴볼 참이다. 그 첫째가 여민체제의 골간으로서 정전(井田)제도다. 둘째는 정전제를 바탕으로 한 조세제도인 조법(助法)이요, 셋째는 사회복지제도로 안전망 구축이다. 넷째로는 인륜을 가르치고 보존하는 제도인 학교, 다

셋째, 천자가 제후들을 감찰하고 또 백성들의 삶을 보살피는 순수(巡狩) 제도이다. 끝으로 군주와 인민 간의 소통 미디어로서 기능하는 시사(詩史)의 제도에 대해 알아볼 것이다.

1-1. 정전제도 – 여민체제의 뼈대

정전(井田)은 맹자 여민체제의 핵심 제도다. 여민이라는 정치이념을 제도화시키는 방아쇠에 해당한다. 주희는 "정전제도는 맹자가 고대의 자료들 속에서 발견한 듯하다"라고 추측하지만(《맹자집주》), 실은 맹자의 창견으로 봐야 할 듯하다.

정전이란 국가에서 인민들에게 토지를 나눠 줄 때, '우물 정(井)'자 모양으로 구획한 데에서 나온 이름이다. 정(井) 자 모양의 땅에는 아홉 조각의 토지가 나온다. 아홉 조각 중에, 주변의 여덟 조각을 각각 8인의 장정들이 한 조각씩 차지한다. 이것이 사전(私田)이다. 사전에서 나온 소출은 세금도 없이 모두 다 제 몫으로 차지한다. 그걸로 부모도 봉양하고 또 처자식을 먹여 살리는 것이다. 다만 9조각 한가운데에 남은 '입 구(口)' 자 모양의 땅이 공전(公田)이 된다. 8인의 장정들이 제 몫의 사전에 농사짓는 와중에 힘을 합쳐 이 공전을 경작해 그 소출을 조세로서 내는 것이다. 그러니까 정전제는 토지 분배방식을 뜻한다. 정전제의 토지 구조 속에서 인민들의 경제적 살림과 사회생활이 영위되는 것이다.

정전제도 속에서는 인민들이 서로 협력하여 공전을 경작할 수밖에 없고, 또 사전을 이웃으로 갖고 있기 때문에 서로 협력하며 품앗이를 하게 마련이고 이에 따라 친목하게 된다. 맹자는 정전제도의 민간사회를 이렇게 묘사한다.

한 마을에 살면서 정전을 함께 경작하게 되니 농장을 들고나면서 서로 가까워진다. 마을을 방위하기 위해 서로 돕고, 병이 나면 또 서로 의지하게 된다. 따라서 백성들이 자연히 친목(親睦)하게 되는 것이다.

鄕田同井, 出入相友, 守望相助, 疾病相扶持, 則百姓親睦.

— 《맹자》, 3a : 3

　8가의 장정들은 농토가 인접한 관계로 서로 품앗이를 하게 되고, 공전을 가꿔 조세로 내야 하니 힘을 합칠 수밖에 없다. 또 마을의 방위를 위해서도 손을 맞잡아야 할 것이고, 다치거나 병이 들었을 때는 서로 의지할 수밖에 없는 처지가 된다. 인용문 속에 묘사된 그 '서로 사귐(相友)'과 '서로 도움(相助)' 그리고 '서로 의지함(相扶) 속의 '서로'라는 말은 여민체제의 특징을 구체적으로 서술한 것이다. 즉 여민의 이념인 '함께·더불어 살기'를 일상생활 속에서 체현할 수 있도록 디자인된 사회·경제 제도가 정전제다. 다시 말해 정전제도는 마을과 농토에서 먹고살아가는 인민의 일상적 삶 속에 '함께·더불어 살기', 즉 여민의 가치를 구조화하는 핵심적 제도가 된다.

1-2. 조법 — 여민의 세제

　한편 정전제도의 한가운데 땅, 즉 공전을 공동 경작하며 내는 세금을 조(助)라고 부른다. 개인 소득을 헐어서 세금을 바치는 것을 공(貢)이라고 부르는 데 비해, 조법은 여덟 장정들이 서로 도와서(助) 경작한 후 그 땅에서 나온 소출을 세금으로 내는 수취 제도이다. 8가의 장정들은 협력을 통해 공전을 경작하고, 그 소출을 공동의 세금으로 내는 과정에서 상부상조하고 또 친목하게 된다.

　조법세제는 민간의 경제 실정과 국가의 재정을 직접적으로 연동시키는 기제라는 점에서 여민이념의 제도적 구현성을 내포하고 있다. 만일 해가 가물거나 홍수로 인해 흉년이 들 경우, 한 들판에서 거두는 사전과 공전의 소출이 비슷하게 마련이다. 또 풍년이 든 해에도 사전과 공전의 생산량은 거의 같다. 즉 조법세제에서 나오는 세금 액수는 민간의 경제사정과 연동된다. 곧 국가경영(정치)은 민간 경제사정(경제)에 직접적으로 영향을 받는 것이다.

당연히 조법세제에서는 해마다 민간 농사의 풍흉에 따라 실제 세액이 들쭉날쭉하게 된다. 따라서 국가재정도 들쭉날쭉하게 된다. 이것은 국가를 운영해야 할 정치가의 입장에서는 큰 단점이다. 재정의 항상성은 공공영역에서 매우 중요한 요소이기 때문이다. 반면 인민들의 세금부담 비율은 해마다 비교해도 거의 다르지 않다. 풍년에는 많이 내고, 흉년에는 적게 내는 것이기 때문이다.

하나라 때는 각 집마다 50무의 땅을 주고 세금은 공(貢)법을 적용했고, 은나라는 70무의 땅을 주고 조(助)법을 적용했다. 주나라는 100무의 땅을 주고, 세금으로는 철(徹)세를 적용했다. 은나라 방식의 세제인 조(助)는 주변 백성들의 힘을 빌린다(籍)는 뜻이다.

경제학자 용자가 말했지. "세법으로는 '조'법보다 좋은 것이 없고, '공'법보다 나쁜 것이 없다"라고. 공법세제는 여러 해의 소출을 합산하여 그 평균 액수를 해마다 세금으로 받아들이는 정액제다. 공법세제의 문제는 풍년이 든 해에는 온 들판에 알곡이 흘러넘쳐, 많이 거둬가도 괜찮은데도 도리어 적게 거두는 데 있다. 반면 흉년 든 해에는 민간에 퇴비로 쓸 볏짚조차 부족한 처지이지만, 꼭 채워서 받아가고야 만다. 결국 백성들은 한 해가 다 가도록 들판에서 이삭을 주워도 부모조차 봉양하지 못할 형편이 된다. 게다가 세금을 내기 위해 빌린 대출금에는 또 이자까지 덧붙게 되니, 노약자들은 굶주려 구렁과 골짜기에 나뒹굴게 된다.

夏后氏五十而貢, 殷人七十而助, 周人百畝而徹, 其實皆什一也. 徹者, 徹也, 助者, 藉也. 龍子曰, "治地莫善於助, 莫不善於貢." 貢者, 挍數歲之中以爲常. 樂歲, 粒米狼戾, 多取之而不爲虐, 則寡取之, 凶年, 糞其田而不足, 則必取盈焉.

— 《맹자》, 3a : 3

인용문 속에 거론된 당대 경제학자인 용자(龍子)가 "공(貢)법이 가장 나쁘다"라고 평한 까닭은, 이 세제는 국가재정 수입의 항상성에 치중하여, 즉 국가의 편의에 치우쳐 인민의 경제살림을 도외시한 때문이다. 반면 "조(助)법이 가장 좋다"고 평가한 까닭은 인민들의 경제사정에 따라 국가재정이 조절되는, 즉 백성들의 경제사정에 국가재정이 직접적으로 연동된다는 여민적 특성 때문이다. 조법세제에서만이 민간이 흉년이면 국가도 흉년인 것이다!

정전제도가 맹자의 여민이념을 구현한 핵심 사회제도인 까닭은, 인민들의 사회를 더불어 일하고 또 서로 도우며 살도록 디자인한 점, 즉 사회적 상호성을 담보한다는 점에 있다. 그리고 정전제도에 기초한 세제인 조법이 여민이념을 구현한 제도인 까닭은, 국가와 인민 간의 관계를 직접 연결함으로써 군주는 인민의 아픔(흉년)을 자동적으로 같이 아파하고, 또 인민의 기쁨(풍년)은 더불어 함께 누리게 만드는 정교한 '여민적 메커니즘'이기 때문이다. 요컨대 조법이 가진 '여민'적 특성은 바로 백성들의 소출, 즉 민간의 경제사정과 국가재정이 연동되는 데 있다. 결국 맹자는 여민의 이념을 정전과 조법이라는 제도적 형태로 멋지게 디자인해낸 것이다.

한편 정전과 조법은 허행이 제기한 중요한 질문, 군주가 궁궐에 유폐되어 정무(정치의 전문성)를 보는 바람에 인민의 실제 생활과 유리되는 정치, 즉 '려민(厲民)'의 결과를 보완하는 제도이기도 하다.

1-3. 안전망의 구축 — 고독의 구제

가족이란 인간이 함께·더불어 사는 존재임을 체험하게 만드는 기초적 사회구성체다. 가족 속에서 사람들은 부모와 자식, 형제와 자매라는 원초적 관계를 맺고, 또 소통하는 법을 체득한다. 자식들은 쏟아지는 부모의 사랑을 가득 입고, 그 사랑을 기억했다가 부모에게 되돌린다(孝).

또 그 사랑을 가족의 문턱 바깥으로 펼쳐가기도 한다(수신 – 제가 – 치국 – 평천하).

춘추전국은 전쟁의 시대였다. 전쟁을 위해 젊은 가장들이 군대로 끌려가던 시절이었다. 가장이 떠난 자리에서 "노약자들은 굶주려 죽고, 장정들은 뿔뿔이 흩어졌다." 곳곳마다 가족이 붕괴되고 가정은 부서지고 있었다. 가족이 붕괴되면서 홀로된 사람들이 출현하고, 그 홀로된 사람들은 제 생존을 위해 짐승보다 못한 해악을 함부로 저질렀다.

홀로된 인간은 짐승보다 무섭다! 이들은 사랑이 무엇인지를 모르고, 함께 더불어 사는 것이 무엇인지를 알지 못한다. '고기도 먹어본 사람이 맛을 안다'는 속담처럼, 가족이 깨져 고독한 처지에 빠진 사람은 공감능력이 부재한 존재다. 관계를 잃고 하소연할 곳조차 없는 사람은 제 한 몸뚱이의 생존을 위해 무슨 일이든 저지를 수 있다. 여기서 공동체는 무너지게 된다. 맹자, 나아가 유교에서 고독을 최악의 인간조건으로 여기는 까닭이다. 그러므로 맹자에게 여민정치의 급선무는, 당대 인간이 처한 최악의 타락 형태인 고독을 구제할 안전망 구축이 되어야 했다.

아내 없이 홀로된 홀아비를 환(鰥)이라 하고, 남편 없이 홀로된 여성을 과(寡)라 한다. 늙어서 자식이 없는 독거노인을 독(獨)이라 부르고, 부모 없이 홀로된 아이는 고(孤)라고 부른다. 이 넷은 하늘 아래 가장 궁박한 백성이지만 그 처지를 하소연할 데가 없는 자들이다.
문왕이 인정(仁政)을 베풀 적에 반드시 이 네 사람들을 먼저 보살폈다. 《시경》에 "괜찮다, 부자들은. 안타까운 건 외롭고 쓸쓸한 사람들!"이라고 한 것이 이들을 두고 이른 말이다.

[老而]無妻曰鰥, [老而]無夫曰寡. 老而無子曰獨, 幼而無父曰孤. 此四者, 天下之窮民而無告者. 文王發政施仁, 必先斯四者. 詩云, 哿矣富人, 哀此煢獨.

— 《맹자》, 1b : 5

문왕의 말을 빌려 맹자가 강조하고자 한 것은, 인간사회에서 가장 두려운 일이 "경제적으로 궁박한 백성이면서, 그 처지를 하소연할 데가 없는 사람", 즉 궁민이무고자(窮民而無告者)의 발생이라는 점이다. 경제적으로 궁박하고, 사회적으로 관계가 절연된 사람들은 제 허기를 채우기 위해 무슨 짓이든 행한다. 옛사람들이 "한밤중에 산길을 가다가 짐승을 만나는 것보다 사람 만나기가 두렵다"고 했던 그 '한밤중에 만나는 사람'이 여기 고독한 인간들이다. 맹자는 그 최악의 조건에 떨어진 사람들을 환과독고(鰥寡獨孤)라, 홀아비와 과부, 독거노인과 고아들로 지목한 것이다.

그러므로 여민정치의 출발은, 관계가 절연된 고독 상태에 국가가 개입하여 서로를 연결 지우는 안전망을 건설하는, 즉 여(與)로 전환시키는 작업에서부터다. 이에 맹자가 왕정의 출발은 무연자(無緣者)들의 경제적 복지와 사회적 관계의 개선으로부터라고 강조한 것이다. 조선시대 지방 목민관들의 감찰사정표 가운데, 관내의 노총각과 노처녀의 결혼 성사 여부를 따진 항목은, 무연자들을 맺어주는 사회안전망의 확충을 여민정치의 요소로 여겼던 한 예다.

1-4. 학교제도 — 인간다움의 교육과 보존

사람의 인간다움은 함께 더불어 살아갈 때라야만 획득된다는 여민의 이념은 교육을 통해 북돋아주어야 한다. 이에 학교라는 제도는 여민체제의 핵심 제도로서 부각된다. 교회 없는 기독교가 없듯, 학교가 없는 유교도 없다. 유교의 교회당은 학교인 것이다.

특별히 유교의 학교는 '소학'(초등학교)과 '대학'으로 구성된다. 대학을 예로 들면, 우리에게 낯익은 유교 대학은 성균관이다. 유교 대학의 특징은 본관 건물의 이름에서 잘 드러난다. 성균관의 본관은 '명륜당'이다. 이 가운데 명(明)은 '밝히다'라는 뜻이요, 륜(倫)은 '인간관계'를 뜻하고, 당(堂)은 교실이므로, 명·륜·당이란 '인간관계를 밝히는 교실'이라는 말이다(세상에, 대학의 이념이 인간관계를 밝히는 데 있다니!).

인간관계를 밝히는 대학이란, 곧 사람이 '함께·더불어' 살아가는 존재임을 배우고, 그 더불어 사는 의미를 몸소 익혀서 실제에 베풀 수 있는 사람을 기르는 것이 교육의 본령이라는 뜻이다. 맹자가 인간관계, 즉 인륜(人倫)으로 표상되는 학교 건설을 주창한 까닭도 여민체제를 제도화시키는 핵심적 관건이 학교에 있었기 때문이다.

> 상(庠)과 서(序), 학(學)과 교(校)를 설치하여 사람들을 가르쳐야 한다. '상'이란 기른다는 뜻으로 주나라 때 학교제도였다. '교'란 가르친다는 의미로서 하나라 시대 학교였다. '서'란 알아맞힌다는 뜻으로 은나라 시절 학교였다. '학'은 대학으로서 삼대가 모두 갖추고 있었다. 이들은 모두 인륜(人倫)을 밝히기 위한 교육시설이다. 인륜이 위에서 밝으면 아래의 백성들은 친하게 마련이다.
>
> 設爲庠序學校以敎之. 庠者養也, 校者敎也, 序者射也. 夏曰校, 殷曰序, 周曰庠, 學則三代共之. 皆所以明人倫也, 人倫明於上, 小民親於下.
>
> ― 《맹자》, 3a : 3

고독한 인간에게 최소한의 경제적 안전망을 제공하고 관계를 맺어주는 복지제도의 완비가 여민체제의 소극적 차원이라면, 학교는 여민체제가 내놓을 수 있는 최선의 제도라고 할 수 있다. '여민'이라는 말뜻대로, 홀로된 인간과 고독한 처지에 대한 구제책은 맹자가 꿈꾸는 신문명을 실현할 수 있는 최소한의 그리고 최선의 제도일 수밖에 없으리라. 오늘날 상식이 된 학교 = 유교라는 등식의 기원도 맹자의 여민체제 구상에서 비롯된 것으로 봐도 무방하다. 그렇다면 오늘날 동아시아 국가들의 급속한 자본주의경제 성취의 성공요소로서 지목되는 교육열의 기원도 여기 맹자가 제안한 학교제도에서 비롯했다고 볼 수 있을 터다.

1-5. 순수제도 — 감찰과 보조

순수(巡狩)는 군주(천자)가 관내를 두루 순시하면서 국가경영자(제후)들이 제 책무를 잘 수행하고 있는지 감찰하는 제도다. 우리에게는 신라시대 진흥왕이 국경을 돌아보고 네 곳의 경계에 비를 세웠다는 '진흥왕 순수비'라는 말로 귀에 익다. 천자의 순수는, 해마다 제후들이 제 직무 성과를 조정에 보고한 내용인 술직(述職)을 토대로 하여, 5년에 한 번씩 그 실제를 확인하기 위한 행차다(정약용, 《맹자요의》 참고).

순수제도의 '여민'적 특징은 군주와 인민 간의 소통성과, 나라들 간에 차이가 나는 경제적 불균등(예컨대 풍흉에 따른 차이와, 평야와 산간지대의 차등)을 고르게 분배하는 데 있다. 맹자에 앞서 공자가 지적한 바, "국가를 다스리는 자는 생산이 적은 것을 근심하지 않고, 균등하게 배분되지 않는 것을 근심하노라"[2]는 말이 순수제도의 '여민적 성격'을 잘 보여준다.

> 천자가 제후를 찾아가서 정사를 살펴보는 것을 순수(巡狩)라고 이르고, 제후가 천자를 찾아 뵙고 업무를 보고하는 것을 술직(述職)이라 이른다. 천자가 순수할 때가 봄이면 농사일을 살펴 부족한 것을 채워주고, 가을이면 추수한 것을 살펴 부족한 것을 도와준다.
> 어느 나라 강역으로 들어갔는데 토지가 반듯반듯하고 밭과 들이 잘 가꿔져 있으며, 노인들이 봉양을 받고 현인들이 존중받으며, 뛰어난 인물들이 조정을 채우고 있으면 상을 준다. 보상은 토지를 더 수여하는 것으로 한다. 반면 어느 나라 강역에 들어갔는데 토지가 황폐하고 잡초가 우거져있으며, 노인들은 보살핌을 받지 못하고 현인들은 버림받고, 수탈

---

[2] 有國有家者, 不患寡而患不均.(《논어》, 16:1)

자들이 조정을 채우고 있으면 벌을 준다.

> 天子適諸侯曰巡狩, 諸侯朝於天子曰述職. 春省耕而補不足, 秋省斂而助不給. 入其疆, 土地辟, 田野治, 養老尊賢, 俊傑在位, 則有慶. 慶以地. 入其疆, 土地荒蕪, 遺老失賢, 掊克在位, 則有讓.
>
> — 《맹자》, 6b:7

순수제도의 여민 이념과의 특별한 관련성은 인용문 속의 '보조'에서 드러난다. 즉 "백성들의 부족한 것을 보충해주고", 또 "불급한 것을 보조해주는" 일 속에 여민, 곧 인민과 함께 더불어 살기를 도모하는 여민체제 정치의 노력이 들어있다. 헐어진 자리를 덧대주는 것이 보(補)요, 패인 곳을 채워주는 것이 조(助)인 터다.

천자는 넉넉한 나라로부터 거둬들인 세금으로 순수를 통해 확인한 가난한 나라 빈민들을 보조(補助)하는 것이다. 수취한 세금을 순수제도를 통해 재분배함으로써 여유로운 나라와 빈곤한 나라의 경제적 사정이 균등해지도록 만드는 저울추의 역할을 한다. 그래서 하나라 때는 "우리 임금님이 다니러 오지 않으시면 우리가 어찌 쉬어볼까. 우리 임금님 노닐러 오지 않으시면 우리가 어디서 도움을 얻을까"라는 노래가 있을 정도였다고 맹자는 소개한다.

마치 가정을 다스리는 제가(齊家)의 작동원리인 제(齊)가 자식들의 삶 속에 부모가 개입하여 넘치고 모자란 자식들이 없도록 가지런하게 만드는 것처럼, 평천하(平天下)의 원리 역시 순수제도를 통해 부유하고 가난한 것을 균평하도록 만들어, 여민체제를 유지하는 것이다. 정치적인 재분배를 통해 여민의 이념을 실현하는 메커니즘이 순수제도였던 셈이다.

1-6. 시사(詩史) — '여민'의 미디어

유교에서 시(詩)는 정치적 목적을 갖고 있었다. 공자가 "시경 300편을 암송한다한들, 맡겨진 정사를 제대로 처리하지 못하고 또 외교관으로 나가 군주의 명을 제대로 처리하지 못한다면, 비록 많이 외운들 어디다 쓰랴?"3) 라고 지적한 것은, 시와 문학의 의의가 정치적 기능에 있음을 드러낸 것이다. 맹자 역시 시사(詩史), 즉 문학의 정치적 용도에 주목한다.

> 맹자 말씀하시다. "성왕의 시대에 민간의 노래를 채집하던 적(迹)의 전통이 사라짐에 따라 시(詩)가 사라졌다. 시가 사라진 다음에 《춘추》가 지어졌다."
>
> 孟子曰, "王者之迹熄而詩亡. 詩亡然後, 春秋作."
>
> ―《맹자》, 4b : 21

시는 본시 인민들의 희로애락을 표현한 노래였다(아직도 일본에서는 시(詩)와 노래(歌)를 구분하지 않고 둘 다 똑같이 '우타(うた)'라고 발음하고 표기한다). 즉 민요 속에는 민심이 오롯이 들어있다. 노동요 속에는 농사일의 힘겨움과 즐거움이, 또 연가 속에는 사랑의 절절함이, 이별의 노래 속에는 별리의 슬픔이 그리고 저항가요 속에는 군주나 권력에 대한 증오가 뚝뚝 흐르도록 담겨있는 것이다. 마음에서 나온 노래는 본시 절실한 것이다. 공자가 시의 특성으로서 사무사(思無邪)라, "생각에 삿됨이 없다"4) 라고 지적한 것이 그 뜻이다.

맹자는 시 속에 오롯이 담긴 인민의 욕구와 바람을 정치적으로 해결하는 것이 정치가의 역할이라고 본다. 즉 시를 군주와 인민의 사이를 연결하여 의사소통을 할 수 있도록 하는 '여민체제의 미디어'로 보고 있는 것이다. 흥미로운 점은 맹자가, 왕궁에는 민간의 시를 채집하여 군주에

---

3) 誦詩三百, 授之以政不達, 使於四方, 不能專對, 雖多亦奚以爲.(《논어》, 13 : 5)
4) 《논어》, 2 : 2

게 보고하는, 즉 리포터가 존재했다고 본 것이다. 인용문 속에서 "민간의 노래를 채집하던 적(迹)"이 그런 역할을 했다. 요즘식으로 하자면 기자나 정보원에 해당된다. 현대 중국의 경학자 양백준(楊伯峻)의 해설을 들어보자.

> 한나라 사전인 《설문해자》에 "적(迹)은 옛날 주인(遒人)이 목탁을 두드리며 민간에 나도는 시(詩)와 말(言)을 채보해 기록하는 직책이다"라고 하였다. 정수덕의 《설문계고편》에는 "《춘추좌씨전》에 〈하서(夏書)〉를 인용한 부분을 살펴보니, '주인(遒人)은 목탁을 치며 길에서 돌아다닌다'라고 하였다. 또 《예기》'왕제(王制)' 편에는 '태사(太師)에게 명하여 시(詩)를 진술하게 하여 백성들의 풍속을 살핀다'라고 하였다. 그리고 《춘추공양전》의 주석에는 '곡식이 창고에 다 거둬들여지면 백성들은 들판의 농막에서 마을의 집으로 돌아온다. 10월부터 다음해 정월이 다 할 때까지 남녀가 서로 어울려 다니며 노래 부른다. 주린 자는 음식을 노래하고 농민들은 자기 일을 노래한다. 남자 나이 예순, 여자 나이 쉰에도 자식이 없는 자에게는 관아에서 옷과 음식을 내주고, 그들로 하여금 민간에서 노래를 구하게 한다. 채집된 노래는 시골(鄕)에서 읍(邑)으로, 읍에서는 나라(國)로, 나라에서는 천자에게 들려준다. 그러므로 천자는 궁궐을 나가지 않아도 천하의 일을 다 알게 된다'라고 하였다."
>
> — 양백준, 《맹자역주(孟子譯註)》(상권), 中華書局, 193쪽

민간에서 채보한 시 속에는 인민들의 생활과 욕망이 담겨있는데, 그것을 국가에서 파견한 리포터 주인(遒人)이 채보하여 군주에게 보고함으로써, '소통의 정치적 기능'을 수행한다는 것이다. 인용문의 끝 구절, "천자는 궁궐을 나가지 않아도 천하의 일을 알게 된다"는 대목은 시가 수행한 여민정치의 소통 기능을 잘 보여주고 있다.

한편 왕조의 시대 말년에 혼란의 시기가 오자 시를 채보하는 전통이

끊기게 되었다. 이에 시를 대체한 것이 궁궐 내부의 역사 기록, 즉 사(史)의 기능이라고 맹자는 본다. 그리고 그 역사의 대표적인 텍스트가 공자가 편찬했다는 《춘추》다. 공자가 《춘추》 속에 담고자 한 뜻은 이미 끊겨버린 시의 '소통 미디어' 기능을 계승하려는 데 있었다. 《춘추》에는 군주-인민 사이를 잇는 미디어로서의 기능을 한정적으로나마 계승하려는 공자의 뜻이 담겼다는 것.

위에서 살펴본 것처럼, 여민체제는 고작 맹자가 제 바람을 선언적으로, 또는 윤리나 도덕의 차원에서 군주에게 권고하기 위한 것이 아니었다. 맹자는 여민의 이념을 정치경제적 제도의 형태로 설계하고, 또 그 근거를 찾아 치밀한 역사적 분석을 시도하였다. 그 결과 정전제도와 조법세제, 빈민을 위한 안전망 구축과 학교제도, 순수제도와 시사(詩史)의 제도들이 구축되었다. 이들은 정부와 인민의 사이, 부자와 빈민의 사이 그리고 이웃과 마을의 사이를 밀접하게 연결 지어, 여민의 이념을 현실화할, 구체적이면서도 서로 연동되는 기제였다.

2. 권력의 전환과 주권의 소재

앞에서 지적했던 것처럼, 맹자 여민체제를 떠받치는 기초는 인민주권론에 있다. 즉 인민이 국가의 주권자다(제7장 '여민이란 무엇인가' 참고). 춘추전국시대의 상식으로는 모든 권력은 군주와 그의 가문에 속하는 것이었다. 반면 맹자에게서 통치권은 군주에게 속하지만(정치의 자율성), 주권은 인민에게 귀속되는 것이다(인민의 주체성).

동아시아에서 맹자사상이 갖는 폭발성은 바로 인민주권론에 기인한다. 사실 이 문제야말로 일본에서 맹자사상이 용납될 수가 없었던 가장 큰 이유다. 일본에는 지금도 '《맹자》를 싣고 가는 배는 침몰한다'는 속설이 남아있다고 한다(모로하시 데쓰지). 이른바 '천황'의 주권을 의심하는 '망령된' 사상이 담긴, 그리고 역성혁명을 당연시하는 《맹자》를 일본에서는 용납할 수 없었던 것이다. 이런 점을 보면, 다시금 '일본은 유교국가인 적이 없었다.'

맹자는 당시 권력 분쟁에 휩싸인 연나라를 정벌해도 되는 이유를 인민주권론에 기초하여 설명한다.

> 심동(沈同)이 맹자에게 물었다. "연나라는 정벌해도 될까요?"
> 맹자가 말했다. "가능하오. 지금 연나라는 권력자들끼리 사사로이 정권을 주고받고 있지요. 하나 통치자 자쾌(子噲)에게도 나라를 남에게 양도할 권리는 없고, 그로부터 권력을 받은 자지(子之)에게도 그럴 권리는 없소. 가령 한 선비가 있는데 당신이 그를 좋게 여겨 왕에게 보고하지 않고 당신 벼슬을 '사사로이 양도한다'면, 또 그 선비 역시 왕명(王命)이 없이 사사로이 벼슬을 받는다면 이런 거래가 옳은 것이겠소? — 지금 연나라의 경우가 이런 사례와 무엇이 다르겠소!"
>
> 沈同以其私問曰, "燕可伐與?" 孟子曰, "可. 子噲不得與人燕, 子之不得受燕於子噲. 有仕於此而子悅之, 不告於王而私與之, 吾子之祿爵, 夫士也亦無王命而私受之於子, 則可乎? 何以異於是!"
>
> — 《맹자》, 2b : 8

연나라가 정벌을 당해도 좋은 까닭은 공공성, 즉 공유물인 국가를 인민들의 동의 없이 사유물처럼 주고받았기 때문이다. 정벌이란 "부정한 것을 바로잡는 경찰행위"[5]에 속하므로, 맹자는 '연나라는 외부로부터 정벌당해도 싸다'라고 판정한 것이다. 이런 연나라 사례는 국가는 사유물이 아니라 공유물로서, 통치자는 국가의 경영권(통치권)을 가질 뿐이

---

5) 征者, 上伐下也.(《맹자》, 7b : 2)

라는 맹자의 생각을 잘 보여준다.

그렇다면 국가의 주권자는 누구인가? 사물의 본질은 균열을 통해 드러나는 법이다. 권력의 본질도 그러하다. 국가 주권의 소재는 균열, 즉 권력 변동기에 드러난다. 그 틈새에서 진짜 주인이 나타나는 것이다.

동아시아 전통에서 권력 변동 방식은 세 가지다. 첫째는 우리에게 낯익은 왕조 내부의 혈연승계, 즉 부왕(아버지)의 권력을 큰아들(장자)이 물려받는 왕위 계승이 있다. 둘째는 역성혁명이다. 셋째, 고대의 권력 승계 방식인 선양(禪讓)이 있다. 선양이란 전임 군주가 현능한 후계자를 지명·추천하면 인민들이 추인함으로써 권력이 계승되는 매우 민주적인 방식이다.

2-1. 선양, 혁명, 혈연계승

우선 선양제도부터 살펴보자. 여기서 권력 승계는 두 단계를 거친다. 첫 단계는 전임자가 후임자를 골라서 인민들에게 추천하는 것이다. 예를 들어 요임금이 재야의 유덕자인 순(舜)을 뽑아서 통치권을 위임하고 섭정을 시키는 단계이다. 이 과정이 전임자가 추천권을 행사한 것이다. 두 번째는 전임자(요임금)가 죽은 후, 인민들이 요의 아들과 순 가운데 선택권을 행사하는 과정이다. 맹자가 제시하는 여민의 키워드인 여(與), 즉 '더불어' 정신이 여기 선양제도 속에 잘 담겨있다. 전임 군주의 추천권과 '더불어' 인민들의 선택권이 한데 아우러짐으로써 권력 승계가 완성되는 구조이기 때문이다.

둘째, 왕조체제에서 시행된 혈연승계는 전임자의 지명과 인민들의 '묵인'으로 이뤄진다. 실제로는 장자상속이라는 관습 속에 전임자의 지명권과 인민들의 선택권은 묻혀져 있다고 해야 할 것이다. 그럼에도 '법적으로는' 장자상속의 외양 밑에, 전임자의 추천(지명권)과 인민들의 선택권이 '함께' 작동하고 있다. 이런 관습적인 왕위 계승, 즉 적장자에게 권력이 승계되는 전통 속에 감춰져 드러나지 않는 인민의 선택권이 균열을 통해 그 본질을 드러내는 순간이 있는데, 그것이 혁명이다.

권력 승계의 세 번째 경우인 혁명에서 주권의 소재는 분명한 그 속살을 드러낸다. 유교 권력이론의 가장 독특한 점이면서, 또 여민체제의 본질적 면모가 혁명론에서 부각되는 것이다.

> 제선왕: 탕임금이 폭군 걸(桀)을 추방하고, 무왕이 폭군 주(紂)를 쳤다는 게 사실입니까?
> 맹자: 전(傳)에 그런 말이 있습니다.
> 제선왕: 신하가 그 임금을 시역(弑)할 수 있습니까?
> 맹자: 인(仁)을 해친 자를 적(賊)이라 부르고 의(義)를 해친 자를 잔(殘)이라 하는데, 잔혹하고 백성을 수탈한 자를 '홑사내(一夫)'라고 부릅니다. 듣건대 '홑사내' 주(紂)를 '처단했다'는 말은 들었어도 임금을 '시역했다'는 말은 들은 바 없습니다.
>
> 齊宣王問曰, "湯放桀, 武王伐紂, 有諸?" 孟子對曰, "於傳有之." 曰, "臣弑其君可乎?" 曰, "賊仁者謂之賊, 賊義者謂之殘, 殘賊之人謂之一夫. 聞誅一夫紂矣, 未聞弑君也."
>
> ─《맹자》, 1b:8

혈연승계만을 유일한 권력 계승 방식으로 보는 제선왕에게 옛 왕조, 하나라와 은나라의 폭정을 뒤엎고 새 왕조를 개창한 탕·무의 역성혁명은 부당한 쿠데타(弑)에 불과하다. 탕·무가 옛 왕조에서는 신하에 불과했으니, 그들이 내건 혁명의 본질이란 실은 신하가 임금을 죽이고 권력을 찬탈한 쿠데타에 지나지 않느냐는 것.

그러나 주권이 왕조나 군주가 아닌 인민에게 존재한다고 보는 맹자로서는 혁명은 상식적인 주권의 행사일 따름이다. 다만 왕조의 혈연승계 관습 아래서 인민의 주권은 묵인하고 있었을 뿐이다. 한데 혈연계승의 군주가 걸·주처럼 폭정을 행하여 인민의 삶을 극단적으로 박탈하고 또 국가를 사유(私有)한다면, 이런 권력을 전복하고 새로운 권력을 세우거나 새로운 권력자를 택하는 것은 인민의 고유한 자연권이다. 또 혁명을 통해 내쳐진 폭군은 이미 권력자가 아닌 한낱 사사로운 인간 곧 '홀사내(一夫)'에 지나지 않는다.

이처럼 혈연승계, 즉 장자상속을 '묵인'해왔던 인민들은 혁명을 통해 그 주권을 현시한다. 다시 말해 혁명을 통해 인민들은 왕조(정권)를 전복시키고 정당한 권력을 선택하는 최종·최고의 주권을 발휘하는 것이다. 이런 생각을 맹자는 "인(仁)을 해친 자를 적(賊)이라 부르고 의(義)를 해친 자를 잔(殘)이라 하는데, 잔혹하고 백성을 수탈한 자를 '홀사내'라고 부릅니다. 듣건대 '홀사내' 주(紂)를 '처단했다'는 말은 들었어도 임금을 '시역했다'는 말은 들은 바 없습니다"라고 담담하게 진술하고 있는 것이다. 맹자가 구태여 《서경》에서 "하느님은 우리 백성이 보는 것을 보시고, 우리 백성들이 듣는 것을 들으신다(天視自我民視, 天聽自我民聽)"라는 구절을 인용한 까닭도 이를 강조하기 위함이다.[6]

2-2. 인민이 주권자다

이와 같이 국가운영 권력(통치권)의 변동은 세 가지 방식으로 전환되지만 주권, 즉 국가(천하)의 소유권은 인민에 귀속하고, 그 소재는 변동하지 않는다. 선양과 계승 그리고 혁명이라는 통치권의 변동에 대응하여 통치자를 선택하고, 정권을 승인하며 또 왕조를 개체하는 최종·최고의 결정권(주권)은 인민에게 존재하고 또 비롯할 따름이다. 이러한 인민주권론이 맹자 여민체제의 기초다.

---

6) 공교롭게도 프랑스 근대사상가 루소 역시 로마 속담인 '인민의 소리가 곧 하느님의 소리다'를 인용하면서 인민주권을 강조하였다(J. MacAdam, "Rousseau and Hobbes", *Comparing political thinkers*, pp. 148~149).(《민본주의를 넘어서》, 청계, 2000년, 56쪽 재인용)

여기서 우리는 맹자의 '여민'이 고작 주관적인 바람이거나 윤리적인 권고가 아니라 권력 변동에 대한 치밀한 사례분석을 바탕으로 한 '학술개념'임을 확인할 수 있다. 권력을 피붙이가 아닌 현자에게 양도하는 선양이든, 혈연으로 승계하는 왕조체제든, 아니면 이를 전복하는 혁명이든 그 모든 정당성의 소재는 인민에 귀속한다.

천자든, 군주든, 제후든 통치자는 누구나 인민으로부터 부여받은 국가경영권, 즉 통치권을 행사할 따름이다. 그들은 이 권한에 충실하여야 할 윤리적 의무가 있다. 즉 충(忠)은 본시 군주에 대한 인민의 복종의무가 아니라, 공직자(군신)가 각각 자기 직분에 충실해야 하는 직무윤리를 뜻한다. 이를 벗어나 통치자가 부여된 경영권을 남발하여 인민을 '위해서'도 안되며('위하여' 속에는 지배와 복종의 권력의 싹이 피어날 위험이 상존한다), 또 거꾸로 인민의 주권을 강탈해서는 더더욱 안된다. 과유불급이라, 통치자는 오로지 제 몫의 국가경영에 충실할 따름이다. 이런 맹자의 인민주권론은 다음과 같이 표현할 수도 있을 것이다.

> 유교는 국가의 폭력성을 밑으로부터 민의 힘에 의지해 통어하려 했다. 그들의 정치가 고대 그리스의 민주정체와 같은 직접민주주의 방식은 아니었으나, 늘 민의 복리, 민심을 내세워 군주의 자의적 권력행사를 통제하려 했다는 점에서 민주주의의 원리와 친화성을 가지고 있었다.
>
> — 김상준, 《맹자의 땀, 성왕의 피》, 아카넷, 2011년, 580쪽

곧 맹자에게 정치란, 군주의 현실적 권력인 통치권과 이를 승인하고 또 결정하기도 하며 전복시키기도 하는 인민의 주권이 한데 어울려 국가를 구성해나가는 '여민의 과정'인 것이다. 인민의 주권과 군주의 통치권은 꼭 태극의 형상처럼 서로가 맞물리면서 서로를 구성해나간다. 때때로 통치권이 인민주권을 넘보거나 해칠 때도 있지만(전국시대의 양상이

그러했다) 그러나 다시금 인민은 혁명을 통해 균형을 확보한다. 이럴 때 여민체제의 '여'가 이뤄지는 것이다. 깨어있는 인민만이 제대로 된 여민체제를 구축할 수 있는 셈이다(오늘날 민주주의 역시 마찬가지다. 허울만의 민주주의가 아닌 실제 민주주의의 구현은, '깨어있는 인민들'의 의식과 또 구체적인 제도의 실현을 통해 확보된다).

문제는 전국시대 군주들과 관료들 그리고 일반 인민들조차 통치자를 주권자로 오해하고 있었다는 점이었다. 맹자는 이런 시대적 오해에 저항하여 인민이야말로 국가와 천하의 주권자임을, 그리고 군주는 국가의 경영권 즉 통치권을 양도받은 존재일 뿐임을 강력하게 천명하고, 또 주장한 것이다.

3. 맹자의 꿈

끝으로 맹자가 꿈꾼 이상(理想) 국가의 모습을 그려보기로 하자. 여민체제가 형성할 국가는 중앙집권적인 단일 국가가 아니라 독립적인 다양한 영역들이 모여 구성하는 '연방제 국가'로 여겨진다. 독립적이고 자율적인 직업(영역)들이 선의를 바탕으로 협력하고, 또 서로 보완하는 느슨한 체계가 '여민 국가'다. 여민국가의 성격에 주목해야 할 이유는, 진한(秦漢)시대 천하통일 이후 근세에 이르기까지 군주독재체제로 유지되어 온(혹은 알려져온) 동아시아 정치사와 전혀 다른 국가 형태를 맹자가 제시하기 때문이다. 지금 우리가 '여민'에 주목하는 까닭도 이 속에 묻혀 있는 미래적 가치 때문이다. 맹자는 그의 꿈을 이렇게 논한다.

> 천하에 달존(達尊)이 셋 있다. '권력자(爵)'가 하나요, '연장자(齒)'가 또 하나요, '덕을 갖춘 현인(德)'이 나머지 하나다. 정부에는 권력자가 최고요, 사회에서는 연장자가 제일이고, 나라를 경영하고 백성을 기르는 데

는 현인(德)만한 것이 없다. 그러나 셋 중에 하나를 가졌다고 나머지 둘을 업신여길 수는 없다.

天下有達尊三, 爵一, 齒一, 德一. 朝廷莫如爵, 鄕黨莫如齒, 輔世長民莫如德. 惡得有其一以慢其二哉.

— 《맹자》, 2b : 2

맹자가 꿈꾸는 국가는 정부와 사회 그리고 학교, 세 분야가 함께 구성되어 있다. 이 세 분야(영역)는 그 내부에 체계를 갖추고 있다. 정부의 체계는 계급(爵)이요, 사회는 나이(齒), 학교는 덕(德)을 기준으로 삼는다. 또 분야마다 최고 권위가 존재한다. 정부는 군주가 최고요, 사회에서는 연장자가 제일이고, 학교는 유덕자다. 이것을 맹자는 삼달존(三達尊)이라고 표현하고 있다.

이처럼 각 분야의 독립성과 다양성 그리고 유기성을 특징으로 하는 맹자의 '여민 국가'는 차후 한당대 국가, 즉 군주가 권력을 독점하고서 전 사회의 분야를 억압적으로 지배하는, 상명하복의 전일적 체계와는 전혀 다른 국가다. 인용문의 끝대목, "셋 중에 하나를 가졌다고 나머지 둘을 업신여길 수는 없다"라는 경고 속에, 맹자가 각 영역을 독립된 유기체, 즉 외부에 대해서는 독립적이면서 영역 내에서는 자율적으로 순환하는 유기적 공동체로서 구상하였음이 드러나 있다.

여민체제의 문제는, 독립된 공동체가 자율성을 유지하면서도 정부와 사회의 사이 또 정부와 학교의 사이 그리고 학교와 사회 사이의 '솔기'를 어떻게 접합할 것인가 하는 데 있다. 맹자는 유덕자와 군주와의 사이의 '관계 맺기 방식'을 예로 들어 설명한다.

큰일을 도모하려는 군주에게는 감히 '불러들일 수 없는 신하(不召之臣)', 곧 유덕자가 곁에 있어야 한다. 만일 군주가 큰일을 실현하고자 한다면 유덕자에게 예를 갖춰 찾아가야 한다. 군주가 이 정도로 덕(德)을 높이고 도를 즐기지 못할진댄 족히 더불어 큰일을 도모하지 못하리라. 그러므로 탕임금은 이윤(伊尹)을 찾아가 덕을 배우고 익힌 후, 그를 재상으로 삼았기에 힘들이지 않고 왕도를 실현할 수 있었다.

> 將大有爲之君, 必有所不召之臣, 欲有謀焉, 則就之. 其尊德樂道, 不如是, 不足與有爲也. 故湯之於伊尹, 學焉而後臣之, 故不勞而王.

— 《맹자》, 2b:2

군주라고 해서 함부로 유덕자에게 오라 가라 명령할 수가 없다. 군주는 유덕자의 지혜가 필요하다면 예를 갖춰 스스로 찾아가 스승과 제자의 관계를 맺어야만 한다. 이것이 이른바 불소지신(不召之臣), 즉 '명령을 내려 부르지 못하는 신하'라는 말의 함의다. 만일 스승과 제자의 관계, 즉 사제 간의 예를 맺으면 군주는 제자로서 낮은 자리에 처하고, 유덕자는 평민일지라도 높은 자리에 위치한다. 권력의 세계에서라면 군주가 높고 평민이 낮지만, 덕의 영역에서는 유덕자(스승)가 상위자가 되고 군주는 하위자가 된다는 뜻이다.

그렇다면 여민체제는 유일한 상하관계, 또 단일한 지배-복종의 권력관계가 관철되는 세계가 아니다. '함께·더불어'라는 말 그대로 횡적이고 평등한 관계를 전제하며 또 서로가 자발적으로 참여하여 자율적으로 관계를 맺는 예(禮)의 세계다. 맹자는 이것을 친구 관계에 비유하기도 한다. 맹자의 비전을 어렴풋이 알아차린 제자 만장(萬章)이 '사귐의 도리(友)'를 물었을 때, 맹자는 마치 기다리기라도 한 듯, 장광설로 자신의 꿈을 풀어놓는 데서 그의 속뜻이 드러난다.

만장이 물었다. "사귐(友)의 도리란 어떤 것인지를 여쭙습니다."
맹자 말씀하시다. "나이가 많고 적음을 의식하지 않고, 벼슬의 높낮이를 의식하지 않으며, 형·아우조차 무시하고 오로지 사람 그 자체를 사귀는 것이다. 사귐이란 그 사람의 덕(德)을 사귀는 것이지, 따로 의식하는 것이 있어서는 안된다."

萬章問曰, "敢問 '友'?" 孟子曰, "不挾長, 不挾貴, 不挾兄弟而友. 友也者, 友其德也, 不可以有挾也."

— 《맹자》, 5b:3

주의해 볼 점은 앞서 맹자의 여민국가를 구성하던 독립된 세 영역, 즉 정부와 사회 그리고 학교 분야를 막론하고 서로 사귀는 핵심 계기를 덕(德)으로 표상하고 있다는 사실이다. 정치권력의 특징이던 벼슬의 높낮이, 마을의 위계이던 '나이의 많고 적음' 나아가 형과 아우의 서열조차 무시하고, 덕을 상호 교섭과 소통의 핵심 기제로 삼고 있다. 요컨대 독립적인 각 분야를 한데 아울러 여민의 국가로 만드는 접착력은 '덕'에 있을 따름이다!

정치권력의 압제가 없는 세상, 나이로써 억압하지 않는 세상, 형·아우의 혈연에서조차 자유로운 세상, 오로지 덕을 통해 서로 관계 맺는 나라, 이것이 맹자의 꿈이었다. 각 영역이 독립성과 자율성을 갖고 그리고 예를 갖춰 소통함으로써 다양성을 보장하는 세계가 맹자의 꿈이었다. '비극적으로', 맹자의 꿈은 아직도 유효한 것 같다.

우리는 지금 하나의 가치가 유일한 가치로서 다른 가치를 능가하고 지배하려는 시대에 살고 있다. 세익스피어나 괴테가 지적한 것처럼 화폐가치가 사랑과 지혜를 통제하고, 권력이 우리들 삶의 모든 영역에 편재하는 시대, 다시 말하면 우리는 화폐가 사랑을 독점하고 권력이 지혜를 종복으로 부리는 등 '압제'의 시대에 살고 있다.

그러나 우리들이 희구하는 세계는 힘이 권력을, 아름다움이 사랑을, 신뢰가 지식을 관장하지만, 이들 서로는 그 어느 것도 자기의 영역을 넘어서서 다른 분야나 영역의 지배권을 주장하지 않는 '조화의 세계'이다.

이들은 자기 분야의 중요성만큼 다른 영역의 중요성을 인정하고, 그것을 이해하기 위해 그 자신의 능력을 키워가는 '상호 존경의 세계'이다.

— 정문길, 〈삶의 정치 — '정치' 개념의 새로운 규정을 위한 일 시론〉, 《삶의 정치: 통치에서 자치로》, 대화출판사, 1998년, 141~142쪽

정문길이 꿈꾸는 "서로는 그 어느 것도 자기의 영역을 넘어서서 다른 분야나 영역의 지배권을 주장하지 않는 조화의 세계"와 그리고 "자기 분야의 중요성만큼 다른 영역의 중요성을 인정하고, 그것을 이해하기 위해 그 자신의 능력을 키워가는 상호 존경의 세계"는 맹자의 꿈을 그대로 펼친 것과 같다.

맹자가 꿈꾼 세계는 '여민'이라, 상대방과 '함께·더불어' 삶을 누리는 곳이다. 여(與)에 방점이 찍히는 곳이다. 함께 더불어 사는 삶이란, 상대방을 나와는 다르지만 그러나 동등하게, 독립된 삶의 주인공으로서 상대방을 영접하는 것이다. 공자가 꿈꾼 '화이부동'의 화(和)와, 정문길이 꿈꾼 '상호 존경'은 맹자의 여(與)와 똑같은 부류다. 다시금 맹자가 꿈꾼 여민의 세계는 상대방을 소외시키거나 사물화하지 않는 곳, 즉 '위하여' 살지 않는 곳이다. 서로가 서로를 존중하는 '우정의 원리', 이것이 맹자가 꿈꾼 여민체계의 운영원리였다.

내가 유교사상, 특히 맹자사상을 '위민'으로 개념화하는 데 대해 결연히 반대하는 까닭도 유교가 꿈꾼 세상과 정반대의 생각이 위민, 곧 '위하여 논리' 속에 들어있기 때문이다. '인민을 위하노라'는 위민사상은, 금방 '군주를 위하여' 그리고 '민족을 위하여'라는 식으로 몸을 바꿔, 인민들에게 목숨과 삶을 바치기를 강요하는 독재 이데올로기로 전환하기가 일쑤였던 터다.

9장
왜 요순(堯舜)인가

> 맹자는 성선, 곧 '사람의 본성은 선하다'는 것을 논할 적마다 반드시 요와 순을 거명했다.
>
> 孟子道性善, 言必稱堯舜.
>
> — 《맹자》, 3a : 1

사람은 짐승과 다르다. 그러면 짐승과 다른 사람다움의 근거는 어디에서 비롯하는가. 동서를 막론하고 사람의 사람다움과 행동의 정당성을 결정하는 근원은 두 군데인 듯하다. 하나는 저 위에 있는 하느님(창조주)이요, 또 하나는 저 먼 데 있는 역사(전통)이다.

성경에서 인간과 자연을 창조하고 그 속성을 부여하는 절대적 존재는 하느님이다. "태초에 말씀이 있었다"(《요한복음》)라는 선언은 사람다움과 행위의 선악을 정한 기준이 신의 말씀(logos)에서 비롯된다는 뜻이다. 이 신의 형상을 소유한 만물의 영장이 사람이다. 신은 사람에게 "바다의 고기와 공중의 새와 육축과 온 땅과 땅에 기는 모든 것을 다스리게 하"셨던 것이다(《창세기》).

그러나 동아시아에는 절대자로서의 하느님이 없다. 자연과 인간을 창조하고, 의/불의를 규정하는 유일신으로서 야훼(조물주)가 없다는 뜻이다. 실은 천도교의 교리로 알려진 인내천(人乃天) 속에 동아시아의 신관(神觀)이 잘 들어있다. 인내천, 곧 "사람이 곧 하늘이다"라는 말을 풀면 "모든 사람의 마음속에 하느님이 깃들었다"는 뜻이다. 세상의 중심이 인간이라는 뜻이니까 듣기에는 좋은데, 갈등과 분쟁을 해결하기에는 도리어 나쁘다. 무엇이, 또 누가 옳고 그른지 판정할 권위를 사람 속에서 찾아야 할 형편인데, 막상 누구든 제 주장이 옳다고 나설 것이기 때문이다.

사람다움의 근거와 행위 정당성을 판정할 권위가 하늘로부터 내려올 수 없다면, 시간 속에서, 즉 '역사'로부터 찾는 길밖에 없다. 동아시아에서 나이 많은 것, 오래된 것, 신화나 설화처럼 해묵은 이야기들이 힘을 갖는 까닭도 이것이다. 공자가 자신의 학문방법론을 "옛것을 서술할 뿐 창작하지 않으며, 옛것을 믿고 또 좋아하노라"[1]라고 설명한 것도, 역사 속에서 말과 글의 권위를 확보하려는 노력의 일환이다.

1. 요와 순

동양 고전에 요(堯)와 순(舜)이라는 이름이 자주 출현하는 이유도 여기에 있다. 요순, 곧 요임금과 순임금은 실존한 인물이 아니라 인간사회의 문제들을 해결하고 분쟁을 극복하기 위해 만들어진 신화적 장치다. 요와 순은 서양에서 신이 했던 역할을 대신하기 위해 요청된 존재다. 이런 점에서 "공자가 쓴 방법은 '역사'를 이용하는 교묘한 방법이었다. 다른 문명에서 신의 계시가 맡았던 역할을, 중국에서는 역사가 행했다"(F.W. 모오트, 권미숙 옮김, 《중국문명의 철학적 기초》, 인간사랑, 1991년, 76~77쪽)라는 지적은 정곡을 찔렀다.

---

1) 述而不作, 信而好古.(《논어》, 7:1)

서양에서 신의 계시(logos)가 시비(是非)의 기준이라면, 중국에선 역사(history)가 권위의 기초였다. 그 역사적 권위의 상징이 요와 순으로 표상되었던 것. 그러므로 공자나 맹자가 제 주장의 궁극적 근거로서 요와 순을 드는 것은, 마치 서양에서 신을 권위의 근거로 삼는 것과 다를 바 없다. 가령 맹자의 비젼이 '여민' 또는 여민체제로 제시되었다 할지라도, 그것의 정당성은 요순을 통해 언술되어야만 했다. 맹자 주장은 요순이라는 성인의 말씀과 기록을 인용함으로써 당대인들을 설득할 수 있었다. 당시 공자나 맹자의 처지는 힘없는 지식인에 지나지 않았던 것이다. 그러므로 한낱 유세객에 불과한 지식인 공자와 맹자의 주장은 오로지 요순의 입을 빌릴 때만 힘을 얻을 수 있었다. 공자에게 '요'는 최초로 '인간사회의 원형'을 만든 존재이다.

> 공자 말씀하시다. "위대하도다, 요(堯)의 임금노릇 하심이여! 높고 높도다. 오로지 하느님만이 위대하신데 오직 '요'가 하느님을 모범으로 삼았으니! 넓고 넓도다, 백성들이 요의 공적에 뭐라 이름조차 짓지 못하는구나!"
>
> 子曰, "大哉, 堯之爲君也! 巍巍乎. 唯天爲大, 唯堯則之! 蕩蕩乎. 民無能名焉!"
> — 《논어》, 8:19

한편 '순'은 인간사회에 '좋은 정치'의 모델을 창조한 인물로 그려진다.

> "임금 됨됨이의 표준이시로다, 순(舜)이시여! 아득히 높고 높도다. 천하를 소유하고도 정치에는 관여하지 않으셨으니!"
> — 《논어》, 8:18; 15:4

공자에게 요임금은 자연을 본받아 인간사회에 사람다움의 기준을 처음 세운 문명창조의 어버이다. 하여 요의 위대함은 '이름조차 지을 수 없는 것'으로 묘사된다. 요의 공적은 '크고' '우뚝하며' '까마득하고' '눈부신' 것이니, 그 공적의 크기는 도무지 말(言)로는 표현이 불가능하고, 고작 감탄하는 소리(聲)나 낼 따름이다. 마치 '아!'나 '억!'처럼.

한편 '순'은 인간사회에 '좋은 정치란 무엇인가'의 모델을 제시한 성왕이다. 순임금의 위대함은 소유와 운영을 분리함으로써 국가를 사유(私有)하지 않고, 또 정치를 공적(公的) 행위로 만들었다는 점에 있다. 즉 "천하를 소유하고도 정치에는 관여하지 않음", 이것이 순의 이력이 "아득히 높고 또 높다"는 칭송을 받은 이유다.

한편 백가쟁명의 시대로 불리는 전국시대로 접어들면서, 지식인들에겐 자기 주장의 정당성을 확보하는 일이 대단히 중요하게 되었다. 말과 글의 권위를 하늘로부터 부여받지 못한다면 역사 속에서 그 정당성을 확보할 수밖에 없는 노릇이다. 온갖 학설이 난무하는 전국시대를 산 지식인 맹자에게 요순의 필요성은 공자보다 더욱 절실했다. 사실 전국시대에 맹자는 한낱 '뜨내기 지식인'에 지나지 않았다. 그러니 제아무리 심오한 철학을 논한다 한들, 그의 말글에 대중을 압도할 만한 권위가 있을 턱이 없었다. 그랬기에 맹자는 (당시 모든 지식인들과 마찬가지로) 제 말글의 정당성을 요와 순이라는 역사적 권위에 기댈 수밖에 없었던 것이다.

이에 "맹자는 성선(性善), 곧 '사람의 본성은 선하다'는 것을 논할 적마다 반드시 요와 순을 거명했던 것"[2]이다. 다 알다시피 성선설은 맹자 철학의 핵심이다. 한데 제 학문의 고갱이인 성선설을, 맹자는 요순에 의해 선포된 진리라고 하며 그 역사적 권위에 기대고 있는 것이다. 제 주장의 근거를 요와 순에게서 찾는 일은 맹자 학술작업의 사활이 걸린 문

---

2) 《맹자》, 3a : 1

제였다. 이것이 《맹자》 언술 구조의 기본 틀이다. 맹자는 미래적 구상의 근거를 대부분 요순과 그 후계자인 성인들의 이름에 기대어 제시한다. 즉 《맹자》라는 텍스트는, 요와 순이라는 고대설화 주인공들의 말씀을 맹자가 대신 서술하는 방식으로 쓰인 책이다.

2. 요순의 속살은 다 다르다

주의해야 할 점은 동양 고전들 속에 그려진 요와 순의 언행은 '역사적 사실'이 아니라 춘추전국시대 지식인들의 의식이 투영된 '해석'이라는 점이다. 따라서 동양 고전들에서 지겨울 정도로 반복되는 '요와 순', '요순시대', '요임금, 순임금' 등은 이름은 같을지언정 그 말 속에 든 뜻은 다 다르다. 우리들(독자)로서는 요순이라는 이름을 유일한 역사적 사실로 읽어서는 안된다. 도리어 그 이름 밑에 깔린 각기 다른 서술자의 다양한 욕망의 투사물로 읽어낼 줄 알아야 한다. 동양 고전의 텍스트마다 요순이라는 이름이 품고 있는 의미가 다르다는 뜻이다.

가령 〈격양가(擊壤歌)〉라는 고사 속에 그려진 요순이라는 이름은 노장풍의 자연주의를 내포하고 있다. 추수를 마친 노인이 다리를 쭉 뻗고 누운 채로 한 손으로는 술과 밥으로 부른 배를 두드리고, 또 한 손으로는 땅바닥을 치면서 노래 부른다고 하여 '격양가'다. 그 노랫말인즉 "해가 뜨면 일하고 해가 지면 쉬노라. 우물 파서 물 마시고 밭을 갈아 밥 먹으니, 임금의 힘이 내게 무슨 소용이 있으랴!" 한데 당시 민정(民情)을 시찰하던 요임금이 이 노래를 엿듣고는 흐뭇해하며 돌아갔다는 스토리다(《제왕세기》). 〈격양가〉 속에는 임금이 누구인지 백성들이 알지 못하는 정치, 즉 무위이치(無爲而治)야말로 이상적인 정치라는 해석이 깃들어 있다. 일종의 자유방임상태에 대한 바람이 요순이라는 이름 속에 투사되어 있는 것이다.

그러나 조선 후기 정약용이 그리는 요순의 이미지는 이와 정반대다. 그는 큰 목소리로 이렇게 강조한다.

> 공자가 말씀하기를 "요순시대는 희희호호하였다"고 했다. 요즘 사람들은 이걸 순박하고 태평스럽다는 뜻으로 보고 있는데, 절대로 그렇지 않다. 희희(熙熙)는 '밝다'는 뜻이고 호호(皞皞)는 '희다'는 뜻이니 희희호호하다는 말은 모든 일이 두루 잘 다스려져서 밝고 환하여 티끌 하나, 터럭 하나라도 악이나 더러움을 숨길 수 없다는 뜻이다. 요사이 속담에서 말하는 '밤이 낮과 같은 세상'이라는 게 참으로 요순의 세상을 말하는 것이다.
> ─ 박석무 편역,《유배지에서 보낸 편지》, 창비, 1991년

정약용이 묘사한 요순시대를 한밤중에도 감시카메라가 눈을 부릅뜨고 있어 감히 범죄를 저지르지 못하는 오늘날의 사회풍경에 비할 수 있을까? 정약용이 요순시대를 '밤이 낮과 같이 투명한 세상'으로 읽고, 또 요순을 엄혹한 통치자로 읽었던 까닭은, 조선 후기의 이완되고 부패한 사회분위기를 일신할 필요성을 절박하게 느꼈기 때문이다.

그렇다면 〈격양가〉에 찍혀있는 자유방임적 자연상태에 대한 그리움과, 정약용의 요순 해석 속에 들어있는 법치사회에 대한 바람 간의 거리는 요순이라는 같은 이름으로 한데 아우를 수 없을 만큼 멀고도 깊다. 동아시아 지성사에서 반복되는 '요순'이라는 똑같은 이름 속에 사뭇 다른 꿈들이 아로새겨져 있음에 주의해야 하리라.

3. 요순 ─ 맹자의 '오래된 미래'

맹자에게 요순은 피비린내와 썩는 살냄새가 진동하던 전국시대를 넘

어 제시하려고 했던 새 문명의 모델이다. 이를테면 맹자에게 요순은 '오래된 미래'다. 그가 실현하고자 하는 미래적 비전을 과거 인물인 요순에게 투영하고 있기 때문이다. 맹자가 제시하는 신문명의 구조는 오륜(五倫)으로 압축되는데, 그 오륜의 표준 모델이 요순이다. 잠시 살펴보자.

오륜의 첫번째는 부자유친(父子有親)이다. '어버이와 자식 사이의 관계는 친밀함이 핵심'이라는 뜻이다. 《맹자》에서 순은 부자유친 윤리의 최상 모델로서 등장한다. 순은 포악한 부모의 학대에도 불구하고 끝내 효심을 버리지 않았다. 이에 맹자는 그를 대효(大孝)라, '위대한 효자'라고 일컫는다.[3]

순의 가족 사정은 매우 특이했다. 그의 아버지는 장님인데다 무지했고, 어미는 계모인데다 포악했으며, 아우는 이복동생인데 형을 죽이려 들었다. 결국 이 셋은 공모하여 여러 차례 순을 살해하려고 시도하였으나 순은 그때마다 위기를 모면하고, 끝내 이들을 감화시켜 화목한 가정을 이루어낸다.[4] 순의 '대효 설화'는 동아시아 민간설화의 총결편이라고 할 수 있다. 이 설화의 스토리 구성은 〈심청전〉(아버지가 장님인데 자식의 효성으로 인해 눈을 뜬다)에다, 〈장화홍련전〉(계모가 본처 자식을 학대한다), 그리고 〈흥부전〉(형제 간의 갈등과 화해)을 한데 섞어놓은 것 같다. 달리 보면, 맹자는 전래되던 다양한 순임금 설화를 재편집하는 중에 자신의 비전을 심어두는 교묘한 '정치적 조작'을 행했다고 볼 수도 있다.[5]

둘째, 군신유의(君臣有義)라, '군신 관계는 정의의 가치가 기준'이라는

---

3) "大孝! 終身慕父母, 五十而慕者, 予於大舜見之矣."(《맹자》, 5a:1)
4) "舜盡事親之道而瞽瞍厎豫. 瞽瞍厎豫而天下化. 瞽瞍厎豫而天下之爲父子者定, 此之謂大孝."(《맹자》, 4a:28)
5) 전래된 민간설화들 간에는 서로 모순되는 면이 생길 수밖에 없다. 맹자의 수제자 만장(萬章)은 스승의 요순 설화 해석이 자의적이라는 점을 느꼈던 것 같다. 즉 그는 스승이 민간설화 해석과 편집 과정에 자신의 정치적 비전을 심어둔 '작위성'을 감지한 듯하다. 만장의 비판적 인식과 스승 맹자의 응대로 이뤄진 논전이 《맹자》'만장' 편을 구성하고 있다.

점을 당시 사람들에게 설득하기 위해, 맹자는 임금인 요와 신하인 순의 관계를 모델로 설정한다. 즉 "임금다운 임금이 되기를 바란다면 요임금의 이력을 본받으면 되고, 훌륭한 신하가 되려면 순과 같기를 기약하면 된다."[6]

셋째는 부부유별(夫婦有別)이다. 부부는 생명을 잉태하고 생산하는 관계이므로 여느 관계들보다 특별난 것이다. 부모형제로부터 혹독한 대접을 받은 순이지만, 사회적으로는 그의 인품과 덕성은 널리 인정을 받았다. 이에 당시 임금인 요가 그를 사위로 삼고 또 왕위도 넘겨주고자 하였다.[7] 즉 순은 임금님의 딸을 아내로 맞았던 것이다. 문제는 포악한 순의 부모가 그 결혼을 반대한다는 점이다. 모순은 이 지점에서 발생한다. 효의 대명사인 순이 만일 요임금의 딸과 결혼한다면 불효자가 되고 마는 것이다. 그런데도 순은 요의 딸과 결혼하고 말았다. 이에 대한 맹자의 해명은 구차해 보인다.

> 맹자가 말했다. "불효에는 세 가지가 있는데, 그중에서도 후손을 만들지 못한 것이 가장 큰 불효다. 순이 부모에게 알리지 않고 요임금의 딸과 혼인한 것은 후손이 끊길까 봐 염려했기 때문이다. 공자도 이 경우는 부모에게 허락받은 것이나 진배없다고 하셨다."
>
> 孟子曰, "不孝有三, 無後爲大. 舜不告而娶, 爲無後也. 君子以爲猶告也."
>
> —《맹자》, 4a : 26

---

6) "欲爲君, 盡君道. 欲爲臣, 盡臣道. 二者皆法堯舜而已矣."(《맹자》, 4a : 2)

7) 권력을 아들이 아닌 현인에게 넘겨주는 것을 선양(禪讓)이라고 한다. 유교에서 선양은 요순 설화의 핵심을 구성한다. 요임금이 피가 섞이지 않은 순에게 왕위를 넘겨준 것을 위대한 요임금의 치적으로 기리는 것이다. 이 '선양 패턴'은 순임금의 노후에 또 우(禹)와의 관계에서 반복된다. 국가는 사유물이 아니며, 정치는 권력이 아니라 도덕의 장(場)이라는 유교적 이상이 이 '선양의 설화' 속에 들어있다. 그러나 순자, 한비자 등은 '선양의 신화'를 부정한다. 이 틈새에서 요순이라는 동일한 이름 속에 존재하는 다양한 해석과 차이들을 발견할 수 있다.

《맹자》 전편을 두고 가장 당혹스럽고 설득력이 떨어지는 설명이지만, 여하튼 '부부의 맺음이 특별난 것(夫婦有別)'임을 보여주는 맹자의 생각만은 여기 잘 드러나 있다. 나아가 유교에서 효도라는 것이 고작 부모의 말(명령)을 거스르지 않는 '마마보이'식 행동을 뜻하는 것이 아님을 보여주는 사례로서도 적당하다.

오륜의 넷째는 장유유서(長幼有序)요, 다섯째는 붕우유신(朋友有信)이다. 이들은 두루 사회적 관계들이다. 사회적 관계 맺기 방식 역시 요순의 이력이 모델이다. "순은 자연사물들의 사정에 밝았고, 인간관계의 특성들을 꿰뚫었다. 그 스스로 인의(仁義)를 실천해낸 것이지, 인의의 규범을 따른 것은 아니다."[8] 즉 사회관계의 모델들과 인의(仁義)라는 덕목을 창조한 사람이 순이다. 그러므로 후세사람들은 공자 제자 안연처럼 고민해야만 한다.

"안연이 말했지, '순은 어떤 사람이고, 나는 또 어떤 사람인가'라고. 뜻을 세워 행하려는 자라면 오로지 안연처럼 할 뿐인 것을!"[9] 이것은 안연의 행위모델이 순이었으며, 공부란 순의 언행을 모방하는 데 지나지 않는다는 맹자의 인식을 보여준다. 안연이 고민했다는 '순의 모델 따라 배우기'는 《맹자》 전편에 걸쳐 제시된다. 이를테면 "순도 사람이고, 나 또한 사람이다. '순'이라는 이름은 올바른 행동의 범전이 되어 후세에까지 전하는데, 나는 고작 시골사람을 면하지 못하고 있구나. 이것이야말로 선비로서 가히 근심해야 할만한 것이다"라는 문장[10]에도 그런 뜻이 들어있다. 이처럼 맹자에게 요와 순, 특히 순은 그가 꿈꾸는 정치, 가족, 사회 등 제반 인간관계를 구성할 모델로서 구실한다.

---

8) "舜明於庶物, 察於人倫. 由仁義行, 非行仁義也."(《맹자》, 4b:19)
9) "顏淵曰, '舜何人也, 予何人也.' 有爲者亦若是."(《맹자》, 3a:1)
10) "舜人也, 我亦人也. 舜爲法於天下, 可傳於後世, 我由未免爲鄕人也. 是則可憂也."(《맹자》, 4b:28)

4. 요순 — '여민'정치의 모델

그러나 맹자에게 요순의 의미는 오륜이라는 사회적 관계의 모델에 머물지 않는다. 특히 군주로서 순임금의 이력은 맹자가 꿈꾸고 제시하려는 새로운 정치, 곧 여민(與民)체제의 모델로서 더욱 중요하게 부각된다. 다음 인용문은 맹자의 정치 구상의 특징들을 잘 드러내고 있다.

맹자가 말했다.
① 공자 제자 자로(子路)는 남들이 자기 허물을 지적해주면 곧 기뻐하였다. 또 우(禹)임금은 좋은 말(善言)을 들으면 곧 절을 하였다.
② '위대한 순(大舜)'은 이들보다 더욱 위대하다. 그는 상대방과 소통하기를 잘했다(善與人同). 나를 버리고 상대방을 좇았는데, 곧 남의 견해를 기꺼이 취하기를 선으로 여겼던 것이다.
③ 순은 농사꾼으로부터 옹기장이, 어부를 거쳐 황제에 이르기까지 남에게서 취하지 않는 것이라곤 없었다.
④ 남에게서 취하기를 잘했다는 것은 곧 '남과 더불어하기(與人)'를 좋아했다는 뜻이다. 그러므로 군자에게 여인(與人)을 잘하는 것보다 큰일이란 없다.

孟子曰, "子路, 人告之以有過則喜. 禹聞善言則拜. 大舜有大焉. 善與人同, 舍己從人, 樂取於人, 以爲善. 自耕稼陶漁, 以至爲帝, 無非取於人者. 取諸人以爲善, 是與人爲善者也. 故君子莫大乎與人爲善."

— 《맹자》, 2a : 8

인용문 속에 거듭 등장하는 '상대방과 함께하기'를 뜻하는 여인(與人)은 여민동락이라고 할 때의 여민(與民)과 같은 말이다. 여기 '상대방과 함께·더불어'를 뜻하는 여(與) 자야말로, 맹자가 요순 설화 속에서 찾아낸 핵심적인 정치학 개념이다. 맹자가 전국시대를 뚫고 새로운 문명을 제시하기 위해 옛날 책에서 요순을 연구하면서 획득한 요체가 '여민'인 것이다. 맹자가 제시하는 새로운 정치의 비견이 이 장 속에 들어있다. 한 구절씩 떼어 맛을 보자.

① 공자 제자 자로(子路)는 남들이 자기 허물을 지적해주면 곧 기뻐하였다. 또 우(禹)임금은 좋은 말(善言)을 들으면 곧 절을 하였다.

이 대목은 듣기와 경청이 정치에서 차지하는 중요성을 말하고 있다. 물론 정치는 '말하기'로부터 시작된다. '말하기'는 오늘날도 권력 그 자체다. 원시시대에 무당(巫)이 권력자였던 까닭도, 그가 말하는 존재였기 때문이다. 정치인류학자 피에르 클라스트르(Pierre Clastres, 1934-1977)는 인디언사회에서 '말하기 = 권력자'의 등식을 이렇게 보고한 바 있다.

> 인디언들은 추장의 말에 높은 가치를 부여한다. 말솜씨는 정치권력의 조건이자 수단이다. 많은 부족들에서 추장은 매일, 새벽이든 석양이 질 때든 교훈적인 말로 자신이 속한 집단의 사람들을 즐겁게 해야만 한다. (…) 이들 사회에서는 말하기가 추장의 특권이자 그 이상으로 의무이다. 언어에 대한 지배권을 갖는 것은 추장이다. 그렇기 때문에 북아메리카의 어떤 부족에 대해 "추장은 말하는 사람이라기보다는 말하는 자가 곧 추장이라고 할 수 있다"고까지 기록되어 있다.
> — 클라스트르, 홍성흡 옮김, 《국가에 대항하는 사회》, 이학사, 2005년, 42~54쪽

한자로 임금을 뜻하는 군(君) 자의 본래 뜻도 이와 다를 바 없다. 이 글자는 우두머리를 뜻하는 윤(尹) 자와 입을 가리키는 구(口)가 합쳐진 글자다. 곧 군주란 '말하는 우두머리'라는 뜻이 되는데, 이것은 인디언사회의 추장에 대한 인류학적 분석과 동질적이다.

그런데 지금 맹자는 남들이 제 허물을 지적해주는 것을 '듣고서' 기뻐하는 자로와 좋은 정책을 조언해주는 사람에게 절을 하는 우임금을 예

시하면서 이들의 행동을 상찬하고 있다. 즉 자로나 우임금은 말하는 존재가 아니라 도리어 듣는 존재라는 점에 주목해야 한다. 원시시대로부터 연면히 전해오던 말하는 존재로서의 정치가가 아니라, 듣는 존재로서의 정치가로의 전환이 일어나고 있는 것이다.

이 점은 법가(法家)와 비교해볼 때 선명해진다. 한비자에게 군주는 눈(目)으로 표상된다. 한비자에게 통치자는 관찰자요, 응시자이며, 감시자이다. 군주는 신하들의 발언(말)을 언제나 그 실적과 교차하여 점검하고 평가해야 한다. 군주는 군신 관계의 위에서 아래를 내려다보는 존재여야 하는 것이다. 그래야 '시선의 권력'을 확보할 수 있기 때문이다(푸코의 '파놉티콘'을 연상케 하는 것이 한비자의 국가이다). 따라서 한비자는 지도자에게 남의 말을 들어서는 안된다고 강조한다("신하들이 입을 함부로 놀리지 않도록 해야 한다."(《한비자》)).

한비자의 군주를 '눈의 리더십'이라고 이름 붙인다면, 맹자의 것은 분명 '귀의 리더십'이다. 말하기가 권력을 잣는다면, 듣기는 덕치(德治)의 조건을 구성한다. 요컨대 말하기(입)로부터 듣기(귀)로의 전환에 맹자 정치사상의 특징이 있다. '듣기', '경청'이야말로 맹자의 '여민' 정치체제를 건설할 자질이 된다.

② '위대한 순(大舜)'은 이들보다 더욱 위대하다. 그는 상대방과 소통하기를 잘했다(善與人同).[11] 나를 버리고 상대방을 좇았는데, 곧 남의 견해를 기꺼이 취하기를 선으로 여겼다.

자로나 우임금이 수동적인 듣기, 즉 남의 조언을 기다리는 소극적 경

---

11) 저명한 중국의 맹자 학자 양백준(楊伯峻)은 여기 '善與人同'의 同을 '通'으로, 즉 '소통하다'라고 해석하였다(《맹자역주(孟子譯註)》(상권), 83쪽). '善與人同'은 "남과 더불어 잘 소통하였다"고 해석된다. 여기서는 이 해석을 따른다.

청이라면, 순의 경청 자세는 적극적인 것이다. 스스로 전문가에게 찾아가서 배우려는 노력이 순의 특징이다. 맹자는 이 적극적인 경청 자세에 대해, 자로와 우임금에게 바치지 않은 '대(大: the Great)'라는 영예를 부여하여, 대순(大舜)이라 칭한다(순임금의 이력에 대한 맹자의 기대가 얼마나 컸는지를 반증하는 사례이기도 하다).

순의 소통 방법은 "나를 버리고 남의 좋은 견해를 따름, 즐겨 남에게서 좋은 것을 취하기 잘함에 있다"라고 맹자는 요약한다. 즉 순의 위대함은 취저인(取諸人)이라, '상대방의 견해를 나아가서 취함'일 뿐이다! 이 능력이 순을 윤리적으로나 정치력으로나 위대한 성왕으로 만든 원동력이었다는 것.

③ 순은 농사꾼으로부터 옹기장이, 어부를 거쳐 황제에 이르기까지 남에게서 취하지 않는 것이라곤 없었다.

여기 묘사된 순의 출세기에 주목하자. 본시 평민 출신이었던 '순'이 각종 직업을 전전하다가, 즉 농사꾼, 옹기장이, 어부를 거쳐 끝내 천자의 지위에까지 오르게 만든 출세의 동력이, "남의 말을 청취하기를 잘하는 자세(取諸人以爲善)"에 있을 따름이라는 것이다. 요즘식으로 말하자면 순임금의 출세의 내력은 '벤치마킹의 힘'이다. 순의 순다움은 남에게 나아가 적극적으로 남의 말을 청취하여 이를 실천에 옮김에 있을 따름이었다는 것.

순의 별명이 도군(都君)이라는 점은 이 대목에서 시사하는 바가 크다. 순이 머무는 곳마다 큰 마을이 이뤄졌기에 그를 두고 '都君(Mr. City)'이라는 별명이 붙었다는 것이다.[12] 남의 말을 적극적으로 잘 듣고(경청),

---

12) "순이 머문 곳마다 1년 만에 마을(聚)이 이뤄지고, 2년 만에 고을(邑)이 형성되고, 3년 만에 도시(都)가 만들어졌다." 《맹자집주》 참고.

좋은 견해를 취하며(채용), 문제를 해결해주는 노력(배려)이 사람들이 그에게 몰려든 까닭이요, 또 순이 천자에 취임하기에 이른 이유이며 그리고 '대순'이라는 칭호를 얻게 된 비결이다. 맹자는 지금 전국시대를 종식시키고 새로운 문명을 건설할 리더십으로서, 인민들과 '함께·더불어' 살아가는 중에 경청하고 배려함으로써 사람들이 몰려오게 만드는 평민 출신의 순과 같은 인물을 대망하고 있는 것이리라.

④ 남에게서 취하기를 잘했다는 것은 곧 '남과 더불어하기(與人)'를 좋아했다는 뜻이다. 그러므로 군자에게 여인(與人)을 잘하는 것보다 큰일이란 없다.

여기서 맹자사상의 핵심어가 여(與) 자임이 분명하게 드러난다. 백성을 지배하고 군림하려는 '통치'가 아니라 주변의 이웃들과 의사를 소통하는 과정 속에서 '정치'가 형성된다는 것이다. 농사꾼으로부터 천자에 이른 순임금의 영웅적 입신 과정을 '도덕적 매력'과 '소통의 의지' 그리고 그 실천과정으로 나눈 맹자의 분석은 여민정치론의 속살이다.

5. 독백에서 대화로

결론적으로 맹자가 요순에 대한 연구를 통해 획득한 여민정치론의 시대적 의미를 살펴보자. 맹자는 전국시대라는 참혹한 전쟁의 역사가 종식되지 않는 근본원인을 이렇게 진단한다.

오늘날 나라마다 영토의 크기나 능력이 모두 고만고만하여 특출한 나라가 없는 까닭은 딴것이 아니다. 군주들이 제가 가르칠 만한 자들을 신하로 부리기를 좋아하면서, 가르침을 베푸는 사람을 신하 삼기는 즐겨하지 않기 때문이다.

"今天下, 地醜德齊, 莫能相尙, 無他! 好臣其所敎."

— 《맹자》, 2b : 2

　전국시대라는 참혹한 세월이 끝나지 않는 궁극적 원인은 군주들의 '스승노릇 하기 좋아함'에 있다는 것! 여기 당시 군주들의 '스승노릇하기 좋아함(好爲人師)'이라는 말 속에 500년간에 걸친 전쟁과 살육의 시대의 장기 지속성에 대한 맹자의 통찰이 압축되어 있다.
　스승이란 말하는 사람이다. 지식을 매개로 위에서 아래를 향해 말하는 사람이 스승이다. 사제 관계는 지식을 매개로 한 권력적 관계인 것이다. 특히 동아시아의 사제 관계가 그러하다.
　군주 역시 말하는 사람이다. 앞서 인디언 추장에 대한 인류학 보고서와 군(君) 자의 상형에서 잘 나타나듯, 권력을 매개로 위에서 아래로 말하는 존재가 군주다. 스승은 지식권력자요, 군주는 정치권력자인 것이다. 둘 다 홀로 아래를 향해 말하는 사람이라는 공통점을 갖는다.
　더욱이 맹자의 지적처럼 군주가 스승을 자처하게 되면 완벽한 독백(獨白)의 공간이 만들어진다. 맹자는 당시 군주들이 정치적 독재와 독선의 권력에다, 가르치려고 드는 지식권력까지 덧붙임으로써 군신 간의 대화는커녕 완벽한 군주 독백의 구조가 고착되었고, 이것이 끝없는 전쟁상태의 지속으로 현상화되었다고 분석한 것이다.
　이것을 거꾸로 읽으면, 군신 간의 대화와 군민 간의 소통이 새로운 정치체제가 되어야 한다는 맹자의 확신이 드러난다. 맹자는 순임금의 출세기를 연구하는 가운데, 순이 평민에서 입신하여 천자에 이른 동력이 '홀로 말하기(독백)'와 대척되는 '듣기'와 '대화' 그리고 '소통'에 있었음을 발견한 것이다. 이것은 맹자가 당시 급속히 진행되던 국가의 사유화와 권력의 일인(一人) 집중화 추세에 저항하고, 소통의 나라를 건설하려

했음을 의미한다.

 맹자가 순을 여민정치 또는 '왕도정치(王政)'의 모델로 삼은 까닭이 여기 있다. 맹자가 순을 새 문명의 모델로 삼은 까닭은 그가 말하기(독백/권력)의 유혹을 벗어나 듣기와 대화를 통해 함께·더불어 사는 공동체를 만들었던 이력 때문이다. 맹자에게 정치란 군주와 인민들의 '사이'에서 그리고 그 '속'에서 대화를 통해 형성되는 것이지, 위나 바깥에서 강요하는 것일 수가 없는 것이다.

 글을 맺자. 맹자의 구상인 여민정치체제는 군주와 인민들 간의 대화와 소통이 핵심이다. 여태 유교에 덮씌워진 억압적인 지배와 복종의 이미지, 이를테면 '군주에 대한 충성', '부모에 대한 효도' 등과는 전혀 다른 모습이다. 그리고 맹자가 꿈꾼 문명은 상호 소통, 쌍방향의 커뮤니케이션을 통해 획득되는 말의 정치이자 '말이 곧 사람'이 되는 신뢰사회이다. 그러나 최근 접한 글을 통해 맹자의 꿈이 아직도 현재진행형임을 확인하는 것은 몹시 안타까운 일이다.

> 시민의 동의 없는 국가권력의 행사는 결과적으로 엄청난 후유증을 낳을 수밖에 없습니다. 해서 요즘 '선진' 민주주의사회에서 새롭게 화두가 된 말이 바로 '(그럼에도 불구하고) 국민과 함께(with the people)' 입니다. 국민과 시민사회가 반대해도 이를 설득하고 함께하는 리더십이야말로 궁극적으로 옳더라는 것입니다. 링컨이 말한 민주주의 3대 원리(of the people, by the people, for the people)에 이어 'with the people'이 네 번째 원리로 등장했다고 하기도 합니다.
>
> — 남문희, '편집국장의 편지', 《시사IN》 145호(2010년 6월 26일자)

 여기 선진 민주주의사회의 새로운 화두라는 'with the people'을 '인민과 함께'라고 번역할 수 있다면, 이것은 맹자가 제시했던 새로운 정치체제로서의 여민(與民), 곧 '인민과 함께-더불어'와 다르지 않아 보인다.

10장
유교의 정의(正義)란 무엇인가

 언어는 결핍과 바람의 투사물이다. 특별히 기념일 속에 언어의 이런 속성이 잘 드러난다. 예전에 5월 8일은 '어머니날'이었다. 일년 내내 힘겨운 어머니의 노고를 하루만이라도 기리려는 눈물겨운 날이었다. 언젠가부터 그 이름이 '어버이날'로 바뀌었다. 여기 '어버이'란 어머니와 더불어 아버지를 함께 부르는 이름이다.
 5월 8일이 어머니날이던 시절엔 아버지들에게 힘이 있었다. 아기가 위험한 물건을 잡으려 들면 '에비—'라며 어르면서 아버지(애비)의 힘을 빌릴 만큼은 되었던 것이다. 힘이 있는 아버지에겐 '아버지날' 같은 기념일은 필요하지 않았다. 어머니날이 어버이날로 바뀌었다는 것은 아버지의 처지가 궁박해졌다는 사실을 반증한다. 이날 아버지께도 카네이션을 달아드린다고 해서 아버지들이 기꺼워할 것 같지는 않다.
 15년 전에 제정된 '바다의 날'에도 결핍과 욕망이 들어있다. 예나 지금이나 바다는 그 자리에 있건만 유조선들이 깨지면서 기름을 퍼뜨리고 오폐수가 바다를 오염시키면서 문득 오늘의 바다가 그 이전의 바다가 아님을, 다시 말해서 바다의 결핍을 느끼면서 '바다의 날'이라는 이름이 생겨난 것이다.

　어머니날이 어버이날이 되었다고 하여 아버지들이 기뻐하지 않듯 또 바다의날이 도리어 바다의 생채기를 드러내는 말이듯, 언어는 결핍과 욕망의 콤플렉스 덩어리다. 그래서일 것이다. 노자가 책머리에 "말과 이름은 그 자체로 진리와 어긋났다는 표지다"[1]라고 양해를 구하고 난 다음, 진리를 논하기 시작한 까닭도.

　2010년도 최고·최장기 베스트셀러는 마이클 샌델(Michael J. Sandel)의 《정의란 무엇인가》였다. 출판 역사상 인문철학서가 종합 베스트셀러가 되기는 그 책이 처음이라고도 전한다. 이것은 아무래도 근래 이 땅에서 자행되는 '부정의(不正義)'한 현실의 반영이다. '바다의 날'이라는 이름 속에 바다가 바다답지 못한 현실인식이 들어차 있는 것과 마찬가지로, '정의란 무엇인가'라는 추상적이고 철학적이며 교과서적인 질문이 한해 내내 화제가 된 까닭은, 최근 이 땅에서 자행되는 '부정의'가 너무나 구체적이고 일상적이며 실제적으로 사람들의 피부에 와닿았기 때문임에 분명하다. 요컨대 정의의 결핍과 정의로운 사회에의 바람이 '정의란 무엇인가'라는 이름의 번역서가 베스트셀러가 된 현상의 배면이라는 것.

　그렇다고 샌델의 《정의란 무엇인가》가 우리사회의 부정의를 해소할 구체적 방책까지 제시할 수는 없으리라. 이 책은 미국 학자가 미국사회 속에서 던진 '정의'의 질문과 답변의 모색일 따름이다. 이참에 유교문화의 전통 속에 살아온 우리의 '정의란 무엇인가'를 한번 살펴보는 것도 무의미한 일은 아닐 테다.

1. 정의의 어원

---

1) 名可名, 非常名.(《도덕경》, 제1장)

우선 우리가 '민주·정의'니, '정의사회'니 하며 무심결에 쓰는 '정의'라는 말이 서양어인 저스티스(justice)의 번역어임에 유의하자. 문화가 'culture'의 번역어요 경제가 'economics'의 번역이듯, '정의'도 일본의 근대 지식인들이 서양 법학서적을 일본어로 번역하는 와중에 선택한 단어였다(《大漢和辭典》참고). 초창기에는 공의(公義)나 공정(公正)과 같은 말도 저스티스의 번역어로 쓰였던 듯한데, 결과적으로 '정의'가 승자가 되어 오늘날에도 널리 쓰이고 있다.

그 이전에 동아시아에서 '정의'의 용례는 《논어정의(論語正義)》, 《맹자정의(孟子正義)》라는 책 이름을 지칭하는 표현으로 주로 쓰였다. 이때 정의란 '올바른 논의'라는 뜻이다. 철학·사상적 맥락에서 쓰인 '정의'는 《순자》에 보인다. "학문을 하지 않고 정의가 없으면 이것은 속인에 불과하다(不學問, 無正義, 是俗人者也)"라든지, "정의로운 신하가 등용되면 조정에는 사악함이 사라진다(正義之臣設, 則朝廷不頗)"라는 용례가 그렇다. 여기 정의의 뜻은 '올바름과 의로움'을 각각 뜻할 따름이다(일본에서는 유교 경전 가운데 《순자》가 많이 읽혔으므로, 저스티스의 번역어로서 선택한 '정의'의 기원은 《순자》가 아닐까 추측해본다).

서양에서 저스티스의 기원은 그리스·로마시대까지 올라간다. 고대 그리스철학의 핵심 주제가 정의를 뜻하는 '디케(Dike)'였다. 플라톤의 《대화》속에서는 '정의란 무엇인가'를 두고 치열한 공방이 벌어진다. 한편 로마시대의 키케로(Marcus Tullius Cicero, B.C. 106-B.C. 43)는 "각자에게 자기 것을 귀속시키는 것이야말로 최고의 정의다"라고 했고, 울피아누스(Domitius Ulpianus, A.D. 170-228)는 "정직하게 생활하고, 이웃을 해치지 않고, 각자에게 제 몫을 귀속시키는 것이 정의다"라고 했다(홍윤기(동국대 철학과) 교수). 로마시대 사상가들이 공통으로 지적하듯 저스티스가 '각자에게 자기 것을 귀속시키는 것(suum cuique tribuere)'을 뜻한다면, 이는 한자어 의(義) 자의 본래 의미와 다를 바 없음에 주목하게 된다.

보다시피 義(의) 자의 글꼴은 양(羊)과 아(我) 자 모양의 창칼로 이뤄졌다. 원시공동체에서 먹을거리를 정확하게 갈라 균등하게 나누는 데서 생겨난 자형인 것이다. 먹어야 살지만 고르게 나눠 먹기, 이것이 '의'라는 글자의 밑바탕인 셈이다. 즉 '의' 자에는 분배의 균등성, 업무의 합리성과 같은 뜻이 고유하게 박혀있다. 그렇다면 '각자에게 자기 몫을 귀속시키는 것'을 의미한 서양의 저스티스나, 제 몫의 양고기를 고르게 나누기를 뜻하는 동양의 '의'는 같은 것이라고 봐도 될 듯하다.

'의' 자에는 부족한 것을 의식적으로 보충한다는 뜻도 있다. 의안이나 의족과 같은 말 속에 그런 의미가 들었다. 눈이 하나 없을 때 따로 끼운 눈을 의안(義眼)이라 부르고, 다리가 하나 없을 때 끼우는 기구를 의족(義足)이라 한다. 또 남들 다 있는 형제가 없어 친구를 형이나 아우로 삼을 때 의형제(義兄弟)라고 이르고, 낯모르는 타인의 불행에 재물을 기부하는 의연금(義捐金)이라는 말에도 그런 뜻이 담겼다. 부족하거나 불행한 것을 사람의 힘으로 메우려는 노력, 나아가 공동체에의 헌신과 이웃의 아픔에 대한 배려 같은 것이 '정의'의 사회적·실천적 의미를 구성해 나간다.

2. 정의란 공동체의 기초다

언어가 결핍과 바람의 투사물이라는 역설은 정의라는 말의 출현 과정에도 적용할 수 있을 것이다. 부정의한 현실이나 불의한 사태, 즉 정의가 결핍된 현실 앞에서 도리어 정의에 대한 욕구는 강렬하게 돌출하였을 것이고, 또 그 말뜻도 점점 날카롭게 벼려졌으리라. 내내 함께 나눠 먹던 양고기를 누군가가 독차지해버려 공동체 성원들이 제 몫을 갖지 못하는 사태가 발생했다든지, 나누긴 하되 균등하게 분배하지 않는 사태 앞에서 '불의하다', '부정의하다'라는 결핍이 인식되었을 것이다. 여기서 올바른 분배, 의로운 행동, 합리적인 일 처리 등에 대한 바람, 즉 '정의로움'에의 욕망이 일어나면서 정의라는 언어는 공동체의 중요한 원칙으로 자리 잡게 되었을 테다.

불의한 현실에 대한 반발과 분노가 '억울함'인데,《논어》에서 억울함은 원망(怨)이라는 말로 표현된다. 공자는 억울함 = 원망은 권력자의 이기심에서 비롯되었다고 진단한다.

제 이익만을 좇아 행하는 자에겐 많은 원망이 따르리라.
放於利而行, 多怨.
— 《논어》, 4 : 12

"제 이익만을 좇는다"라고 번역한 방어리(放於利)의 '방' 자는 눈여겨볼 단어다. '방종'이나 '방자함'이라는 말의 쓰임새에서 보이듯 '방'은 '제 마음대로', '남의 눈을 의식하지 않고'와 같은 뜻을 함축하고 있는 글자다. '방어리'는 상대방이나 타인의 처지는 전혀 아랑곳하지 않고 오직 제 이익만을 위해 재화를 독점한다는 뜻이다. 정의란 이런 방만한 이익의 추구가 낳는 이웃의 억울함 = 원망을 해소하는 것이다. 따라서 정치가의 핵심 덕목은 정의감이라고 공자는 지적한다.

정치가라면 정의(義)에 밝아야 하고, 백성이라면 이익(利)에 밝아야 한다.
君子喩於義, 小人喩於利.
— 《논어》, 4 : 16

권력자의 이익추구는 인민의 원망과 억울함과 직결되고, 그것이 또 공동체의 붕괴로 직결되는 것임을 공자는 확신하였기에 공공영역의 핵심 가치를 '정의'로 지목한 것이다. 그러나 춘추시대의 현실은 억울함과 원망으로 가득 찼기에 그 해소 방안에 대해 다양한 논의가 있었던 것 같다. 노자는 말한다. "깊은 원한은 화해하더라도 여한이 남는 법. 덕으로써 원망을 갚는 것이 어찌 선이라고 할 수 있으랴!"[2)]

여기 보원이덕(報怨以德)이라, '덕으로써 원망을 갚는 것'은 춘추시대에 중요한 논의의 주제였던 듯한데, 공자도 똑같은 질문에 대해 이렇게 답한다.

> 누가 물었다. "원망을 덕으로써 갚는 것은 어떻습니까?"
> 공자가 말했다. "원망을 덕으로써 갚으면 덕을 베푼 이에게는 무엇으로 갚을 수 있겠는가? 원망에 대해선 거기에 합당하게 복수하는 것이 옳고, 덕을 베푼 이에겐 덕으로써 보답하는 것이 옳지!"
>
> 或曰, "以德報怨, 何如?" 子曰, "何以報德? 以直報怨, 以德報德."
>
> ―《논어》, 14:36

원망을 해소하기 위해서는 "합당한 복수가 옳다"는 이직보원(以直報怨)의 원칙은 유교 정의관의 얼개다. 권력자의 방자한 이익추구에 대해 합당한 복수가 가해지지 않는다면 그 공동체는 곧 붕괴되고 말 것이다. 여기서 "군자는 그 어디서나 꼭 해야만 할 일도 없고, 꼭 하지 말아야 할 일도 없이, 다만 정의(義)에 따를 뿐!"[3)]이라고 하여, '정의의 원리'를 삶의 철학으로 강조하기에 이른 것이리라. 불의한 사회를 정의롭게 만들려는 사색과 실천은 공자로부터 파생하여, 유교의 핵심 주제가 된다.

---

2) 和大怨, 必有餘怨. 報怨以德, 安可以爲善.(《도덕경》, 제79장)

3) 子曰, "君子之於天下也, 無適也, 無莫也, 義之與比!"(《논어》, 4:10)

4) 《맹자》, 1a:1

5) 王曰何以利吾國, 大夫曰何以利吾家, 士庶人曰何以利吾身. 上下交征利, 而國危矣.(《맹자》, 1a:1)

3. 정의란 균형이다

공자를 계승하여, 정의를 핵심적 주제로 삼은 사상가가 맹자다. 《맹자》를 펼치면 그 제일 앞에 널리 알려진 '하필왈리(何必曰利)'라는 대목이 나온다. 맹자를 맞이한 양나라 혜왕은 "내 나라를 이롭게 할 어떤 방책을 가져오셨나요?"라며 인사말을 던진다. 이에 대해 맹자가 '하필왈리, 인의이이의(何必曰利, 仁義而已矣)'라, "하필이면 이익을 말씀하시오! 오로지 인의(仁義)가 있을 따름인 것!"[4]이라고 답하는 장면이 그것이다. 이 대목은 앞서 《논어》에서 지적한 "이익에 몰두하다 보면 많은 원망을 낳으리라"던 공자의 경고와, "정치가는 정의에 밝아야 하고, 이익은 백성들이 밝히는 것"이라는 정의의 원리를 맹자가 계승하고 있음을 보여준다.

이 대목은 자주 오해되는 것처럼 맹자가 이익과 손실이라는 현실 정치세계를 도외시하고 사랑과 정의라는 윤리적 가치만을 숭상한 관념론자 또는 이상주의자임을 천명하는 장면은 아니다. 이것은 정치가인 군주가 이익에 몰두한다면 결국 국가(공동체)는 위험에 빠지고 말 것이라는 지적에 다름 아니다. 그것은 이어지는 문장에서 분명하다. "군주가 사적 이익을 추구하면 그 아래 계급인 대부 역시 제 집안의 이익을 따지고, 또 그 아래 계급인 무사들은 제 몸의 이익을 챙기게 마련이다. 이렇게 이익을 놓고 위아래가 다투다 보면 끝내 그 국가는 위기에 빠지고 만다."[5]

도리어 맹자는 시장경제 활동을 장려한 사상가다. 상업활동은 피의 순환처럼 인민의 삶을 윤택하게 해준다고 지적한 바다.

> 생산물이 유통되지 않고, 비즈니스가 교환되지 않아서 잉여가 부족한 곳으로 흘러들어가지 않으면 농민에게는 쌀이 썩어갈 것이요(반면에

옷가지는 가질 수 없어 헐벗을 것이요), 방직공에게는 직물이 썩어갈 것이다(반면에 먹을 것은 떨어져 굶주릴 것이다). 생산물이 유통된다면 농민이나 방직공이 부족한 것을 취할 수 있을 뿐더러 수송에 필요한 수레며 바퀴를 만드는 장인들도 밥을 벌 수 있을 것이다.

> 子不通功易事, 以羨補不足, 則農有餘粟, 女有餘布. 子如通之, 則梓匠輪輿, 皆得食於子. 於此有人焉, 入則孝, 出則悌, 守先王之道. 以待後之學者, 而不得食於子.
>
> —《맹자》, 3b:4

맹자는 상인을 우대하여 관세와 물품세를 철폐한다면 천하의 재화가 모두 그 나라로 몰려들 것이라며, 이것도 왕도정치를 이루는 한 방법이라고 권장하였다. 요즘식으로 하자면 무관세 '허브(hub) 자유무역지대'를 건설하라는 권고다.

> 시장에 점포세를 물리지 말고, 합법적으로 물건을 판다면 거래세를 물리지도 말라. 그리하면 온 천하의 상인들이 기꺼이 이 나라 시장에 다퉈 물건을 부리리라. 또 국경에서는 기찰만 하고 관세를 물리지 않으면 천하의 여행자들이 기꺼이 이 나라의 길로 다퉈 오리라.
>
> 市廛而不征. 法而不廛則天下之商. 皆悅而願藏於其市矣.
>
> —《맹자》, 2a:5

공자와 맹자의 주장은 사회정의가 경제적 이익보다 우선되어야 한다는 것은 아니다. 그들은 시장에서는 이익의 추구를 당연한 것으로 수긍하고, 또 적극 권장한다. 다만 그들이 문제삼은 것은 이익을 추구하는 시장영역과 정의를 중시하는 공공영역이 분명하게 구분되어야 한다는 점이다. 그들이 인식한 당시 춘추전국시대의 큰 문제는 이 두 영역이 섞여서 공공영역이 시장판으로, 즉 정의보다는 이익이 우선시되는 데 있다는 점이었다. 이것이 당대 위기의 핵심이었다. 이에 공자와 맹자는 공공영역으로부터 시장논리를 몰아내고 정의의 논리, 즉 공평성과 공정성이 관철되는 사회를 재건해야 한다는 점을 누누이 강조했을 따름이다.

그러나 시장에서도 정의의 문제는 발생한다. 이익의 추구가 용인되는 시장이라고 할지라도 그 유통질서가 왜곡되어 독과점이 발생하는 경우다. 이것은 시장의 본래 기능을 위배하는 것이기에 국가가 개입하여 교정하지 않으면 안된다고 맹자는 지적한다.

> 본래 시장은 물물교환을 하기 위한 장소였다. 관리들은 거래 질서만 관리했을 뿐 세금은 따로 물리지 않았다. 그런데 한 천한 사내가 시장에 올 적마다 '깎아지른 언덕(壟斷)' 위로 올라가 좌우 사정을 관찰한 후, 이익을 독차지하는 것이었다. 사람들이 이런 짓을 모두 부당하게 여겼으므로 관리가 이익에 세금을 부과하기 시작했다. 시장세는 이 천한 사내로부터 시작된 것이다.
>
> 古之爲市也, 以其所有易其所無者, 有司者治之耳. 有賤丈夫焉, 必求龍斷而登之, 以左右望, 而罔市利. 人皆以爲賤, 故從而征之. 征商自此賤丈夫始矣.
>
> —《맹자》, 2b:10

여기 '시장의 인류학' 가설 속에 등장하는 '천한 사내'와《논어》에서 "많은 원망을 얻으리라"며 저주받은 '이익만을 좇는 자'는 동질적이다. 이익을 독점하는 데 대한 부당함, 사적 이익을 위해 유통질서를 무너뜨림으로써 다수의 원망을 낳는 자는 척결해야 한다. 인민의 원망을 해소하고 공정한 질서를 회복하는 것은 국가가 행해야 할 정당한 행위다.

그렇다면 유교의 시장은 오늘날 자본주의가 기획하는 자유시장이 아니라 도리어 분배와 유통을 원활하게 하는 소통의 장이다. 이 소통 장은 이익을 매개로 하지만, 지나친 이익추구로 인해 독과점이 발생하고 또 말과 재화의 통로가 막히거나 왜곡된다면 공공영역의 타락만큼이나 공동체의 위기를 낳기에 국가권력의 개입이 요구된다는 것. 공자는 정의로운 국가경영을 정치경제학적 언어로 이렇게 표현한다.

> 국가를 경영하는 자는 모자람을 근심하지 않고 고르지(均) 않음을 근심하고, 또 가난을 근심하지 않고 평안하지 않음을 근심한다. 대개 고르면 가난하지 않고, 화목하면 모자라지 않고, 평안하면 기울지 않기 때문이다.
> 有國有家者, 不患寡而患不均, 不患貧而患不安. 蓋均無貧, 和無寡, 安無傾.
> — 《논어》, 16 : 1

요컨대 공자가 제시하는 국가경영의 원리는 "모자람을 근심하지 않고 고르지 않음을 근심하고, 또 가난을 근심하지 않고 평안하지 않음을 근심한다(不患寡而患不均)"는 데 있을 따름이다. 공자 정치론의 핵심이 이 속에 들어있다. 공자에게 국가경영의 목적은 빵을 크게 만드는 것이 아니라, 재화를 균등하게 분배하는 '정의로운 사회(均)'를 건설하는 데 있다는 것. 여기서 공자에게 정치란 재화의 축적을 꾀하는 경제에 종속된 기술적 행위가 아니라, '재화를 어떻게 분배할 것인가' 하는 사회정의의 수립에 핵심이 있음을 알 수 있다.

균등한 분배(均), 인민 각자의 처지가 서로 다르다는 사실에 대한 인정과 화합(和) 그리고 안정된 생활(安), 이 세 가지가 국가를 경영하는 요체(즉 "대개 고르면 가난하지 않고, 화목하면 모자라지 않고, 평안하면 기울지 않기 때문이다")라는 것이다. 그렇다면 유교의 정의란 정치(도덕)와 경제(이익)의 사이에서 균형을 잡는 노력이라고 정의할 수 있으리라.

4. 정의는 보편적이다

맹자는 권력자와 일반 대중은 똑같은 사람이라고 주장한다.

> 춘추시대 성간은 제경공에 말하기를, "성현들도 사나이요, 나도 사내다. 내가 왜 그들을 두려워한단 말인가!"라고. 또 공자 제자 안연은 이렇게 말했다. "순임금은 어떤 사람이고, 나는 어떤 사람인가. 뜻을 이루려는 사람은 또한 순임금과 똑같이 행하면 되는 것을!"이라고.
>
> 成覸謂齊景公曰, "彼丈夫也, 我丈夫也. 吾何畏彼哉!" 顏淵曰, "舜何人也, 予何人也? 有爲者亦若是."
>
> —《맹자》, 3a:1

위대한 성왕도 일반 사람과 다를 바 없다면, 세속의 군주들이야 말할 바가 없다. 권력자나 대중은 다 같은 인간으로서 같은 마음을 갖고 있다. 보편적인 인간의 마음을 맹자는 사단(四端)의 논리로 구성한다.

> 맹자 말씀하시다. "사람이라면 누구나 '차마 하지 못하는 사람의 마음', 곧 불인인지심(不忍人之心)을 갖고 있다. 사람이라면 누구나 '불인인지심'을 가졌다고 하는 까닭은, 지금 누구든 어린 아기가 우물로 엉금엉금 기어들려는 것을 보는 순간 놀랍고 두렵고 측은한 마음이 들어 퍼뜩 구하려 들 것이기 때문이다. (…) 이를 볼 때, 측은한 마음이 없다면 사람이 아니요, 부끄러워하고 미워하는 마음, 곧 수오지심(羞惡之心)이 없어도 사람이 아니다. 측은지심은 인(仁)의 실마리요, 수오지심은 정의(義)의 실마리이다. 무릇 사람이라면 모두 '인과 정의'의 실마리를 갖췄기에 누구나 그것을 키우고 또 채울 줄을 알게 마련이다."
>
> 孟子曰, "人皆有不忍人之心. 所以謂人皆有不忍人之心者, 今人乍見孺子將入於井. 皆有怵惕惻隱之心. (…) 由是觀之, 無惻隱之心, 非人也. 無羞惡之心, 非人也. 無辭讓之心, 非人也. 無是非之心, 非人也. 惻隱之心,

仁之端也. 羞惡之心, 義之端也. 辭讓之心, 禮之端也. 是非之心, 知之端也. 凡有四端於我者, 知皆擴而充之矣, 若火之始然. 泉之始達."

— 《맹자》, 2a : 6

당신도 함께 맹자가 제공하는 '심리학 실험'에 참여해보자. 전혀 낯선 집의 어린 아기가 우물 속으로 기어드는 장면을 문득 본다면 당신은 '그냥 즉각적으로' 아기를 구하려 들 수 있겠는가? 이 질문에 동의한다면 맹자가 제시한 인심(仁心)의 보편성을 긍정할 수 있을 것이다. 또 이런 '사랑의 마음(仁心)'을 우리가 공유한다면 잘못한 데 대한 부끄러움과 부당한 권력에 대한 분노의 마음, 곧 '수오지심'에도 공감할 수 있으리라.

이런 심리학 실험을 통해 맹자는 '인과 정의(仁義)'를 지향하는 씨앗은 모든 사람 마음속에 깃들어 있는 인간다움의 고유성이라고 주장한다. 인의 공유와 정의에 대한 공감은 군주라서 특별하지 않고 천민이라고 해서 다르지 않다. 인간은 모두 평등하다! 모든 사람의 마음속에 정의의 씨앗이 존재한다.

그런데 누구에게나 사랑과 정의가 갖춰져 있다는 주장, 또 그 씨앗은 태어나면서 하늘로부터 부여받은 것이라는 맹자의 보편적 정의론은 당시 치열한 논쟁거리였다. 이것은 심리학적 화제를 넘어서 민감한 정치적 주제이기도 했다. 대표적으로 고자(告子)라는 사상가는 맹자와 정반대로 정의는 사람의 본성 속에 내재하는 것이 아니라, 바깥 사회 속에 존재한다고 주장한다.

고자는 말한다. "식과 색, 즉 동물적 본능이 본성(性)이다. 따라서 친애의 마음인 인(仁)은 내 속에 있고 밖에 있지는 않다. 반면 정의(義)는 바깥에 있지 사람의 마음속에 있을 수가 없다."

"사랑(仁)이 마음속에 있다는 것은, 친동생은 진정으로 사랑하지만 먼 나라 사람 동생에겐 그렇게 되지 않는 데서 알 수 있다. 반면 낯선 타국 노인에게는 내 집안 노인과 마찬가지로 예를 차린다. 이렇게 볼 때, 의(義)가 바깥에 있음을 알 수 있다."

告子曰, "食色性也. 仁內也, 非外也. 義外也, 非內也. (…) 吾弟則愛之, 秦人之弟則不愛也, 是以我爲悅者也, 故謂之內. 長楚人之長, 亦長吾之長, 是以長爲悅者也, 故謂之外也."

― 《맹자》, 6a : 4

문제는 정의(義)의 소재다. 고자는 사람의 본성을 식색(食色), 곧 동물적 본능과 다를 바가 없다고 보기에 사람의 마음속에는 정의가 거처할 자리가 없다. 당연히 그는 정의의 소재를 인간의 바깥, 곧 사회에서 찾는다.

그러나 맹자가 보기에 인간의 바깥, 사회에 존재하는 정의의 다른 이름은 권력이거나 관습 또는 전통이 된다. 즉 고자 식의 정의는 권력, 사회질서 또는 전통과 관습과 같은 언어로 치환된다. 여기서부터 인민이 권력자의 수족으로 추락하는 길이 시작된다. 인민의 마음속에는 정의와 불의를 판단할 본성이 부재하므로, 인민들은 '정의의 이름'으로 권력(또는 사회적 관습, 전통)이 명령하는 데 따라 복종하고 집행하는 권리(?)만을 가질 뿐이다. 권력자의 정당성을 질문하지 못하고, 권력의 조직 속에서 기술적인 의례를 집행하다가 결국 직분에 따라 목숨을 바치는 것을 정의로 오해하는 결과를 낳는다. 일본 에도시대 사무라이 전통이야 말로 '타락한 정의'의 전형적 모습이다.

맹자는 권력의 문제에 대해 예민하다. 권력자는 자기 이익에 매몰될 가능성이 누구보다 크다고 염려한다. 맹자는 정의의 타락을 두려워하며 또 그 추세에 강력하게 반발한다. 모든 인간의 마음속에(군주든, 평민이든 가리지 않고) 보편적으로 정의가 내재한다는 그의 주장에는, 정의가 인간의 내부에 근거할 때라야만 자율적·자각적·자주적 인간으로서 인민의 자립이 가능하다는 신념이 담겨있다. 그가 끝까지 정의를 인간 내부 본성 속에 자리 잡게 하고자 노력했던 까닭은, 정치가 효율성이나 경제성 혹은 어떤 특정한 가치를 위한 조직 운영이 아니라, 공동체 구성원들이 함께 더불어 살아가는 공화(共和)의 생활세계여야 한다는 믿음 때문이다.

맹자에게 정의란, 국가에서는 정치 운영의 원리로서 제도화해야 하는 것이고(이것이 '여민정치'다), 인민들에게선 폭정에 대하여 저항할 수 있는 최후의 보루가 된다. 오늘날식으로 하자면 반파쇼·반독재 투쟁을 할 수 있는 '인민 저항권'의 근거다. 《맹자》는 논한다.

> 제선왕: 탕임금이 폭군 걸(桀)을 추방하고, 무왕이 폭군 주(紂)를 쳤다는 게 사실입니까?
> 맹자: 전(傳)에 그런 말이 있습니다.
> 제선왕: 신하가 그 임금을 시역(弑)할 수 있습니까?
> 맹자: 인(仁)을 해친 자를 적(賊)이라 하고 의(義)를 해친 자를 잔(殘)이라 하는데, 잔적(殘賊)한 인간을 '홑사내(一夫)'라고 부릅니다. 듣건대 '홑사내' 주(紂)를 '처단했다'는 말은 들었어도 임금을 '시역했다'는 말은 들은 바 없습니다.
> ― 《맹자》, 1b:8

역성혁명은 신하가 군주를 반역한 것이 아니라 인민의 '자연권'을 바탕으로 한 타락한 권력자에 대한 저항일 따름이다. 역성혁명은 '불충'이기는커녕 그 자체로 정의로운 행동을 구성하는 것이다. 이 점을 맹자는 이렇게도 부연한다.

> 인민이 가장 귀하고, 사직이 그 다음이요, 임금은 가볍다. 그러므로 시골백성(丘民)의 마음을 얻으면 천자가 되고, 천자의 신임을 얻으면 제후

가 되며, 제후의 신임을 얻으면 대부가 된다. 제후가 사직을 위태롭게
하면 몰아낸다. 희생이 다 갖춰졌고, 제물이 청결하고, 제사도 때맞춰
지냈는데 한발과 홍수가 나면 사직도 갈아치운다.

孟子曰, "民爲貴, 社稷次之, 君爲輕. 是故, 得乎丘民而爲天子, 得乎天
子爲諸侯, 得乎諸侯爲大夫. 諸侯危社稷則變置. 犧牲旣成, 粢盛旣潔, 祭
祀以時, 然而旱乾水溢, 則變置社稷."

— 《맹자》, 7b : 14

인민 > 사직 > 군주의 순서로 서술되는 가치의 등급은 맹자가 지향하는 여민(與民)체제의 속성을 보여준다. 이것은 거꾸로, 여민정치체제가 가능하기 위해서는 '모든 인간이 정의를 공유한다'는 전제가 필수적임을 드러낸다. 인과 정의에 대한 감각을 모든 인간이 공유할 때라야만 '함께·더불어'라는 여(與)의 공감대가 건설될 수 있기 때문이다.

따라서 맹자의 여민사상은 인간의 성선설과 보편적 정의론 그리고 마음속에 정의가 깃들인다는 의내설(義內說) 등을 동반한다. 만일 고자처럼 정의를 바깥 사회에 존재하는 것으로 외부화한다면, 그 정의는 기존의 정치·사회·경제적 권력이 전취해버릴 것이다. 고자의 의외설(義外說)에서 파생하는 것이 제국주의 유학의 삼강 논리, 특히 군위신강(君爲臣綱)이다(제4장 '삼강과 오륜은 다르다' 참고).

'정의의 소재'에 대한 맹자와 고자의 논쟁 — '무엇이 정의인가'를 판단할 지적 권력을 군주에게 양도할 것인가, 아니면 인간 내부에 확보할 것인가라는 주제는, 인간의 자유와 권력의 속성을 결정짓는 핵심적인 문제이다. '인간이 조직 속의 요소로서 기계적으로 복무하는 존재냐' 아니면 '인간이 의/불의를 주체적으로 판단하고 행동하는 자율적 존재냐'를 선택할 정치철학적 뇌관을 품고 있기 때문이다.

5. 정의는 마음에서 비롯하여 사회로 나아간다

인간의 마음속으로 끌어들여온 정의의 심리학을 맹자는 수오지심(羞惡之心)으로 명명한다. 정의는 자기 행동에 대한 수치심과 사회에 대한 증오심으로 구성되는 것이다. 수치심과 증오심은 동전의 양면이다.

수치심은 '자기자신의 잘못'을 성찰하는 양심이다. 새벽녘에 잠이 깨어 어제 한 일을 헤아려볼 때, 문득 목줄기를 발갛게 타오르는 뜨거운 기운을 느낄 때가 있다. 이것이 부끄러움이다. 이 마음이 있을 때 사람이요, 이것이 없으면 사람 탈을 쓴 짐승에 불과하다. 이를 두고 맹자는 "부끄러움이야말로 사람다움을 구성하는 가장 큰 요소다!"[6]라고 지적한다. 사람과 짐승을 구별 짓는 경계선에 수치심, 즉 정의감이 자리하고 있다.

한편 증오심은 부끄러움을 공동체에 미루어 적용할 때 생기는 '공적 수치심'이다. 즉 수치심이 개인적 덕성이라면, 증오심은 공적 덕목이다. 제 몫은 꼭 챙기면서 남의 사정은 거들떠보지 않는 동료에 대한 미움, 제가 저지른 불법을 합법화하는 정치가에 대한 분노, 생명을 함부로 대하고 또 죽이는 권력자에 대한 증오심이 정의감을 구성한다. 그러니까 증오심의 밑바탕에는 수치심이 깔려야 하고, 수치심은 증오심으로 밀고 나아가야 한다. 그럴 때 안팎으로 정의가 선다.

정의가 정치적으로 인식되는 순간은, 부끄러움을 모르는 자들이 공직에 취임하여 공적 지위를 사적 욕망을 위한 도구로 삼는 데서부터다. 《맹자》에는 수치심을 잃은 공직자들에 대한 우화가 손에 잡히듯 묘사되어 있다.

제(齊)나라에 처와 첩을 두고 사는 한 사내가 있었다. 그는 출타할 적마

---

[6] "恥之於人, 大矣!"(《맹자》, 7a:7)

다 술과 고기를 배불리 먹고 돌아왔다. 그의 처가 누구와 함께 먹고 마셨느냐고 물으면, 늘 부자나 명사들 이름을 대는 것이었다. 아내가 첩에게 말했다. "남편이 나가기만 하면 언제나 술과 고기를 잔뜩 먹고 돌아오는데, 누구와 먹고 마셨느냐고 물으면 다 부귀한 사람들이다. 한데 단 한 번도 귀인이 우리집에 온 적이 없으니 내일 남편이 가는 곳을 알아봐야겠다."

다음날 아침 일찍 일어난 처는 남편을 멀찌감치 뒤따라 나섰다. 남편은 시내를 통과하도록 누구와도 함께 이야기 나누는 경우가 없었다. 이윽고 성문을 지나 동곽 밖 공동묘지로 올라가더니, 제사를 지내는 무덤 쪽으로 다가가는 것이었다. 거기서 그는 제사 지낸 음식을 구걸하였다. 먹고는 부족한지 또 이리저리 휘둘러보고는 딴 무덤가로 가서 구걸하는 것이었다. 이것이 그가 말한 술과 밥을 배불리 먹는 방식이었다.

집으로 돌아온 아내는 첩에게 "남편이라면 평생을 우러러보면서 함께 살아야 할 사람인데, 지금 꼴이 이렇다네"라며, 마당 가운데서 남편을 욕하면서 서로 붙잡고 울었다. 남편은 그걸 모르고서 집에 돌아와선 처첩 앞에서 또 거들먹대며 교만을 떠는 것이었다.

— 《맹자》, 4b:33 전반부

지금 읽어도 낯 뜨거운 우화를 게시해놓고, 맹자는 그 끝에다 다음과 같이 촌평을 붙인다.

내가 보건대 부와 권세, 이익과 지위를 구하려 안달하는 사내들의 꼴을 그 집사람들이 본다면 부끄러워하지 않을 자가 드물 것이요, 또 서로 붙잡고 울지 않을 자도 드물 것이라.

"由君子觀之, 則人之所以求富貴利達者, 其妻妾不羞也, 而不相泣者幾希矣."

— 《맹자》, 4b:33 후반부

촌철살인이라고 할까? 그러나 부끄러움을 모르는 사내의 꼴이 어찌 2,300년 전의 일이기만 할까. 행방불명으로 군대를 기피했던 한나라당 대표 안상수가 그 탓을 글을 읽을 줄 모르는 늙은 어미에게 돌리던 무치(無恥)[7]와, 주먹을 휘둘러가며 국가예산안을 폭력적으로 통과시켜놓고서는 '이것이 정의다'라고 뻗대던 여당(한나라당) 원내총무 김무성의 몰염치와, 공동묘지를 누비며 배를 채우고 나서 집에서 거들먹대는 사내와의 거리는 얼마나 될까.

부끄러움을 잃은 소인배들의 권력 추구에 대해, 공동체 구성원들이 대응하는 방법은 증오심을 바탕으로 한 저항이다. 저항은 공자와 맹자가 권하는 합당하고 올바른 길이다. 공자가 "정당한 복수는 옳다"며, 이직보원(以直報怨)의 원칙을 권했던 것은 권력자의 방자한 사익 추구에 대해 정당한 복수가 가해지지 않는다면, 공동체는 곧 붕괴되고 말 것이기 때문이다. 또 맹자가 제 이익만을 차리며 공동체를 해치는 군주는 한낱 일부(一夫)라, '홑사내'에 불과하므로 역성혁명을 당연한 일로 여겼던 까닭도 이 때문이었다.

---

[7] 그의 이 말이 아니었다면, 제 어미가 일자무식인 줄을 우리가 어찌 알았을까? 자식이 사법고시에 합격했다고 기뻐했을 어미의 가슴에 '불학무식'이라는 주홍글씨를 새긴 것은 바로 당 대표로 출세한 그의 자식이었다. 유교는 제 출세를 위해 천륜을 배신하는 자를 증오한다. 유교의 한 핵심이 효도이기 때문이다. (2010년 당시 한나라당 대표 경선에서 안상수 후보는 자신의 병역기피가 문제시되자, '노모가 글자를 몰라 영장인 줄 몰랐다'고 변명했다. — 편집자)

3부

유교에서 길 찾기

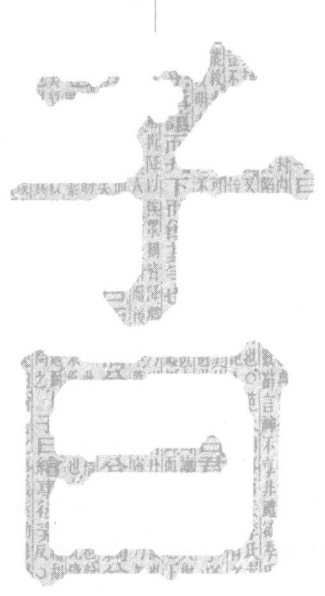

불인하도다, 카이스트여! | 인(仁)이란 소통이다
덕(德)이란 매력이다 | 유교와 시장 | 유교의 정치

11장
불인하도다, 카이스트여![1]

지금 창밖에는 벚나무들이 스치는 바람결에 꽃잎들을 쏟아내고 있다. 파스텔 은회색의 낙화 사태 앞에서 장사익의 목청으로 〈봄날은 간다〉(손로원 작사, 1954년)를 듣는다. 오늘은 유독 그 3절 가사가 도드라지게 가슴을 친다.

열아홉 시절은 황혼 속에 슬퍼지더라 / 오늘도 앙가슴 두드리며 / 뜬구름 흘러가는 신작로 길에 / 새가 날면 따라 웃고 / 새가 울면 따라 울던 / 얄궂은 그 노래에 / 봄날은 간다

열아홉 시절, 그러니까 19세의 나이는 "황혼 속에 슬퍼지"는 시절이라고 노래하고 있다. 맑은 날 저녁이면 서쪽 하늘을 흘낏 물들이는 일몰의 황혼조차 안타까워 울컥 목메는 시절이 열아홉 살이라고 말하고 있

---

[1] 2011년 봄 카이스트 학생 네 명이 잇달아 자살하고, 교수 한 명도 자살했다. 그 배경으로는 성적에 따른 차등 등록금 부과 등 서남표 총장의 무한경쟁 교육정책이 지목되었다. (편집자)

다. 그 열아홉 시절의 슬픔은 무엇보다 그 나이엔 "새가 날면 따라 웃고, 새가 울면 따라 우는" 감성의 공감대역이 유독 넓고 짙기 때문이라고 〈봄날은 간다〉는 해석하고 있다.

하나 오늘 우리의 열아홉들은 낙조의 황혼에 울컥거리기는커녕, 하염없이 쏟아지는 봄꽃의 낙화에 목메기는커녕, 제 스스로 제 목을 매고 만다. 여리디여린 열아홉 살들이 제 스스로 새가 되어 퍼덕거리다가 지친 날갯짓으로 저렇게 추락하고들 있다. 그리하여 제 어미와 아비로 하여금 "오늘도 앙가슴 두드리며, 뜬구름 흘러가는 신작로 길을" 허위허위 미쳐 헤매 돌도록 만든다.

그들 학교의 총장은 '미국 명문대 자살률은 더 높다'고 태연히 말함으로써, 이 땅에서 자식 키우는 부모들의 앙가슴에 피멍을 들여놓았다. 그 학교의 이사회는 '총장의 개혁은 계속되어야 한다'고, 죽임의 체제를 끼고도는 소리를 내뱉고 있다. 사람의 말과 짐승이 내는 소리가 무엇이 다른지조차 모르는 얄궂은 궤변과 넋두리들 속에 올봄은 간다. 치를 떨며 봄날은 간다.

1. 스승이 제자로부터 죽임을 당한 까닭

옛날옛날 한 옛날, 하늘에는 해가 열 개나 떠있어 땅이 뜨거워 사람도 동식물도 살아갈 수 없을 형편이던 시절이 있었다 한다. 그때 예(羿)라고 불리는 천하의 명궁이 나타나 그중에 아홉을 맞춰 떨어뜨리고 하나만 남겨놓은 덕택에 겨우 이 땅의 생명들이 보존되었다 한다. 그런데 그 명궁 예가 어처구니없게도 제가 아끼며 길렀던 제자에게 죽임을 당하고 말았다. 그 죽음의 원인을 둘러싸고 이런저런 이야기가 전해온다. 그 가운데 맹자는 독특한 논리를 세워 사람들 눈길을 끌었다.

방몽(逄蒙)은 예(羿)로부터 활쏘기를 배운 제자였다. 예로부터 기술을 다 배우고 나자, 방몽은 천하에 저보다 활 잘 쏘는 자는 스승밖에 없다는 생각이 들었다. 방몽은 스승 예를 살해했다.
맹자가 말했다. "이 죽임에는 스승인 예에게도 책임이 있구나."
공명의(公明儀): 제자에게 책임이 있지, 스승은 죄가 없다고 해야 마땅하다고 봅니다만.
맹자: 적다고 할 수 있을지언정 어찌 죄가 없다고 하겠더냐.

— 《맹자》, 4b:24 전반부

맹자는 활쏘기를 가르쳐준 죄밖에 없는 스승 예의 죽음에 대해, '본인의 책임도 있다'는 묘한 주장을 편다. 그의 제자 공명의(公明儀)는 스승을 살해한 것은 전적으로 제자 방몽의 야심 때문이므로 당연히 모든 책임을 제자가 져야 한다고 여겨 이의를 제기한다. 그러나 맹자는 제자로 하여금 스승을 살해하도록 만든 데에는 스승의 잘못이 분명히 있다는 주장을 굽히지 않는다. 맹자는 그 근거로서 춘추시대 궁사들 사이에 얽힌 일화를 든다. 조금 길지만 이어지는 맹자의 설명을 들어보자.

춘추시대 정나라 군주는 궁사 자탁유자(子濯孺子)를 앞세워 위나라를 치게 하였다. 위나라에서는 유공지사(庾公之斯)로 하여금 그를 막게 하였다. 자탁유자가 전장에 나서는 날 공교롭게도 병이 나서 활을 잡을 수가 없게 되었다. 어쩔 수 없이 수레를 타고 전장에 나서긴 하였으나, "오늘 나는 죽게 되었구나!"라고 한탄하였다. 그는 마부에게 물었다. "나를 쫓아오는 장수가 누구냐?"
마부: 유공지사입니다.
자탁유자: 오! 그렇다면 나는 살았구나.
마부: 유공지사는 위나라 명사수인데, 이젠 살았다고 하시니 웬 말씀인지?
자탁유자: 저 유공지사는 활쏘기를 윤공지타(尹公之他)로부터 배웠고,

윤공지타는 나의 제자였다. 윤공지타는 단정한 사람이었더니라. 그렇다면 그가 제자로 삼은 유공지사도 필시 반듯한 사람일 것이니라.
문득 유공지사의 수레가 다가오더니 그가 외쳤다. "선생께서는 어찌하여 활을 잡지 않으십니까?"
자탁유자: 오늘은 병이 나서 활을 잡을 수가 없다네.
유공지사: 저는 윤공지타에게서 활쏘기를 배웠고, 또 윤공지타는 선생께 배웠습니다. 저로선 차마 선생의 도(道)로써 도리어 선생을 해칠 수는 없습니다. 비록 그러하나 오늘 일은 임금의 명을 집행하는 공무이니 저로선 감히 폐할 수도 없습니다.
그는 살통에서 화살 네 발을 뽑아 바퀴에 두드려 촉을 뽑아내고는 자탁유자를 향해 연발로 쏜 후, 저희 군진으로 돌아가는 것이었다.

— 《맹자》, 4b : 24 후반부

   맹자는 춘추시대 궁사들의 일화를 통해 천하 명궁이었던 예가 제자로부터 살해당한 데 책임이 있음을 돌려서 뚱겨주고 있다. '사람다움'을 가르치지 않는 교육, 기술 위주의 교육은 재난을 초래하는 지름길이라는 것. 제아무리 천하제일의 명궁이라고 할지라도 '기술적 지식'만을 가르쳐서는 도리어 기예가 수승해진 제자로부터 죽임을 당할 수 있다는 사실을 맹자는 귀띔하고 있는 것이다. 기술 위주 교육은 인간을 소외시키는 경향이, 나아가 은인인 스승조차 잡아먹는 경향이 있다는 뜻이다.
   그러나 이것이 어찌 옛이야기일 뿐일까. 이 우화는 오늘날 횡행하는 기술주의 교육에도 경종을 울린다. 욕망을 실현하기 위한 기술·지식 위주의 교육은 자칫 학생들로 하여금 자아(ego)만을 키우게 만들고, 그 결과 배움을 도구화하고, 끝내 남과 더불어 사는 삶의 기술이 아닌 자기 이익을 위해 남을 해치는 무기를 학생들의 손에 쥐어주는 결과를 낳는다. 오늘날 기술과 지식 위주로 횡행하는 수월성 교육의 문제점도 이것이다. 2011년 봄 카이스트에서 일어난 연속된 학생들의 죽음은 여기

《맹자》속의 우화들로부터 떨어진 거리가 또 얼마나 될 것인가?

그렇다면 맹자가 제 "마음속에서 스승으로 삼았다"던 공자의 경우는 어떠할까. 공자인들 매양 제자들의 교육에 성공하지는 못했을 터. 무사 출신인 자로는 공자의 가르침과 달리 끝내 제 방식을 고집하며 살다가 개죽음을 당해 스승의 가슴에 못을 박았고, 또 제자 염유(冉有)는 스승으로부터 파문 조처를 당할 정도로 엇나가기도 했었다. 《논어》에는 공자학교의 졸업생인 유비(孺悲)를 맞이하는 스승의 모습이 기록되어 있어 공자의 교육방식을 엿보게 한다.

> 유비가 공자를 뵙고자 찾아왔다. 공자는 아프다며 만나길 거절했다. 집사가 말을 전하러 문을 나서자, 공자는 거문고를 타면서 노래 불렀다. 유비로 하여금 듣게 하고자 함이었다.
>
> 孺悲欲見孔子. 孔子辭以疾. 將命者出戶, 取瑟而歌. 使之聞之.
>
> — 《논어》, 17 : 20

《예기(禮記)》에 따르면 유비는 한때 공자의 문하에서 가르침을 받았던 제자였다. 그런데 훗날 스승과 그 삶의 길을 달리하였다고 전한다. 아마 공자에게서 배운 '기술'을 가지고 권력자의 주구가 되어 인민들을 해치는 짓을 행했던 것이리라.

이런 제자가 옛 스승을 찾아왔다. 그런데 공자는 '아프다'며 그를 만나길 거절한다. 한데 메시지를 전할 집사가 문을 나서자마자 스승은 거문고를 연주하기 시작한다. 이것은 제자 유비로 하여금 들으라고 한 행동이다. 즉 '아프다'라고 한 것은 몸이 아픈 것이 아니라 실은 마음이 아프다는 뜻이 깃들어 있는 연주다. 그대의 행실을 돌이켜보라는 가르침인 셈이다. 이 점을 두고 맹자는 불설지교회(不屑之敎誨)라, "스승이 제자에게 아무 말도 하지 않는 것도 가르침이 된다"[2]라는 해설을 붙인 바 있다.

　천하에 제일가는 기술일지라도 사람다움을 가르치지 못할진댄 그 교육은 도리어 해악이 되고, 사람다움을 깨우쳐주자면 말없는 몸짓만으로도 큰 가르침이 될 수 있다는 상반된 예화는 교육의 의미를 다시금 생각하게 한다. 교육과 배움은 유교의 핵심 요소다. 여기서 유교전통 속의 교육을 '공자의 학교'를 통해 살펴보기로 하자.

2. 열린 학교

　공자는 동양 최초의 교사였다. '사람을 가르친다'는 자의식을 가지고 학교를 연 최초의 인물이다. 곧 사립대학을 처음 연 사람이 공자였던 셈이다. 그에겐 이른바 '삼천 제자가 있었다'고 전하지만, 이 숫자는 교사로서의 위용을 수식하기 위한 훗날의 과장으로 보인다. 다만 맹자에 따르면 공자에게 깊은 감화를 받은 제자의 숫자가 70명이라고 하였고, 또 공자 본인도 늙마에 제자들을 회상하면서 안회(顔回)를 비롯한 열 명의 이름을 거명하고 있으니, 오늘날과 같은 대규모는 아니었으되 학교를 열고 제자를 길렀던 것은 분명하다.

　공자학교의 가장 큰 특징은 귀천을 구별하지 않고 또 빈부나 인종을 차별하지 않고 배움에 뜻을 둔 사람이라면 누구든 학생으로 받아들이는 '열린 학교'였다는 점이다. 이 점은 정녕 놀라운 사실이다. 오늘날조차도 인종이나 민족 간 그리고 계급 간 갈등이 엄존한 사회가 도처에 존재하는데, 근 2,500년 전인 춘추시대에 이를테면 '열린 대학'을 열었다는 사실은 믿기 어려운 일인 터다. 그러나 《논어》의 다음 대목을 보자.

---

2) 孟子曰, "敎亦多術矣. 予不屑之敎誨也者. 是亦敎誨之而已矣."(《맹자》, 6b:16)

공자 말씀하시다. "스스로 '속수' 이상의 예를 차리는 자에게 일찍이 내가 가르침을 베풀지 않은 적이 없었노라."

子曰, "自行束脩以上, 吾未嘗無誨焉."

— 《논어》, 7 : 7

여기 속수(束脩)란 육포 한 묶음을 뜻한다. 지금식으로 하면 '오징어 포나 쥐포 한 속'에 해당하는 예물이다. 더욱 오늘날로 당겨서 번역하자면 병문안 갈 때 들고 가는 깡통주스 한 상자가 이에 근사하다. 당시 선비(士)계층의 폐백으로서는 꿩고기를 주로 썼다는데, 여기 속수는 그보다 못한 최하의 예물인 것이다. 더욱이 공자는 "시장에서 파는 말린 고기는 먹지 않았다"3)고도 하였으니, '속수'는 더욱 하찮은 예물임을 짐작할 수 있다. 곧 인용문의 요지는 배우려는 사람이 최소한의 예물로라도 예를 갖춰 학습의 의지를 보이기만 한다면 누구에게나 개방된 곳이 '공자의 학교'였다는 것.

나아가 공자학교가 인종이나 신분의 귀천에도 구애받지 않는 툭 트인 학교였다는 대목도 있어 더욱 눈길을 끈다.

호향(互鄕)은 말이 통하지 않는 동네였다. 거기 어린아이가 공자를 뵙고자 찾아오자, 제자들은 당혹했다. 그러자 공자가 말했다.

"앞으로 나아가고자 하는 사람이라면 그가 누구든 더불어 함께하고, 퇴보하려는 자는 누구든 함께하지 말아야 할 것이다. 그런데 어찌 이다지도 심하게 어린아이를 박대하는가. 사람이 자기 몸을 깨끗이 해서 나아가고자 한다면 그 깨끗함을 함께하고, 지나간 잘못은 염두에 두지 말아야 하느니."

互鄕, 難與言. 童子見, 門人惑. 子曰, "與其進也, 不與其退也. 唯何甚! 人潔己以進, 與其潔也, 不保其往也."

— 《논어》, 7 : 28

호향(互鄕)은 천민들의 집단취락지였던 듯싶다. 애초에 이민족으로서 포로로 잡혔다가 집단 수용되어 중국인이 천시하는 허드렛일들을 맡아 하는 주변부로 고착된 마을일 것이다. 마치 성경 속의 사마리아 종족과 같다고 할 것이며, 인도의 불가촉천민들이 사는 곳을 연상해도 무방할 것이다. 혹은 고려나 조선의 향·소·부곡처럼 최하층민이 따로 모여 살던 마을로 여겨도 될 것이다. 그랬기에 이들은 중국말을 못하고 또 풍속이 달라서 천시당하면서 사람으로 대접받지 못했던 것이리라. 본문에서 "말이 통하지 않는 동네였다(難與言)"라고 한 것은 이런 사회사적 배경을 깔고 있는 진술로 보아야겠다.

곧 이 장의 뜻은 불가촉천민 집단의 어린아이라 할지라도, 아니 범죄자라고 하더라도 지난 잘못을 뉘우치고 올바른 길로 나아가려 한다면 과거는 불문하고 오로지 그 나아가려는 뜻(志)을 높이 사서 가르침을 베풀어야 한다는 것이다. 공자 교육철학의 탈계급적이고 진보적 성격이 선명하게 드러나는 대목이다. 공자는 배우려는 의지를 가진 사람이라면 그 출신이나 종족이나 계급을 따지지 않는 사람이었던 것이다. 따로 "가르침에는 계급을 따지지 않았다"[4]라는 대목이 이를 방증한다.

오늘날 눈으로도 놀라울 만큼 개방적이고 탈계급적인 학교를 연 데는 공자 스스로 배움에 목말랐던 경험에서 비롯한 면도 있는 듯하다. 젊은 시절을 회상하면서 "내가 어려서 비천하였기에 많은 기예를 익혔다"[5]던 술회에서 공자가 곤궁한 삶의 여정을 겪었음을 짐작할 수 있기 때문이다. 그런 고난의 와중에서도 "열 가구의 작은 마을에도 나보다 성실하고 믿음직한 사람은 있겠지만, 나보다 '배우기를 좋아하는 사람(好學)'은 없

---

3) 市脯不食.(《논어》, 10 : 8)

4) 有敎無類.(《논어》, 15 : 38)

5) 吾少也賤, 故多能鄙事.(《논어》, 9 : 6)

으리라"⁶⁾고 술회한 터였다. 여기 호학이란 자기가 '남보다 공부를 잘한다'는 뻐김이 아니요, 혹은 학문에 관한 한 남에게 뒤지지 않는다는 자랑이 아니라, 항상 배움에의 결핍에 시달렸다는 뜻이다. 그러니 문(文) 자의 의미를 해석하는 자리에서도 "민감하게 배우기를 좋아하며, 모르는 것이 있다면 아랫사람에게도 묻기를 부끄러워하지 않는 것"⁷⁾이라고 정의할 수 있었던 것이리라. 배움에 목말라하는 그의 삶의 자세는 다음 증언에서 더더욱 여실하게 볼 수 있다.

> 공자가 제나라에서 순임금의 고전음악 소(韶)를 처음 접했다. 음악에 심취하기를 석달 동안 밥을 먹으면서도 고기맛을 모를 정도였다. 끝내 음악을 익히고 난 후 토로하기를, "음악에 이런 경지가 있을 줄은 여태 몰랐노라"고 하였다.
>
> 子在齊聞韶. 三月不知肉味. 曰, "不圖爲樂之至於斯也."
>
> —《논어》, 7:13

배움에 대한 갈증을 몸소 가지고 또 배우고 익히기를 '사람다움(仁)'의 토대로 여겼던 그였기에 누구든 배우고 싶어하는 사람은 차별하지 않고 받아들이는 진보적인 교육관을 갖고, 툭 트인 자유공간으로서의 학교를 건설하기에 이르렀으리라. 또 자신이 가진 모든 것을 오롯이 제자들에게 전수하려 애썼던 것일 터다. 열린 교사로서의 모습은 다음 대목에서 엿볼 수 있다.

> 공자 말씀하시다. "얘들아, 내가 숨기는 게 있다고 생각하느냐. 나는 너희들에게 숨기는 것이 없다. 너희들과 함께하지 않는 것이라곤 없는 사

---

6)《논어》, 5:27
7) 敏而好學, 不恥下問.(《논어》, 5:14)

람, 그게 나이니라."

子曰, "二三子. 以我爲隱乎? 吾無隱乎爾. 吾無行而不與二三子者, 是丘也."

― 《논어》, 7 : 23

3. 엄격한 교육과정

귀천을 막론하고 인종도 차별하지 않고, 오로지 배우려는 뜻을 가진 이라면 누구에게나 열린 학교였지만, 공자학교에 일단 입학하고 난 후 학습과정은 호락호락하지 않았던 듯하다. 공자학교 수업과정의 특징은 다음 대목에서 잘 보인다.

첫째, 모르는 것이 분해서 어쩔 줄 몰라 하지 않는 학생은 깨우쳐주지 않는다.
둘째, 아는 것을 말로 표현하지 못해 안타까워하는 학생이 아니면 틔워주지 않는다.
셋째, 한 모서리를 들어주었는데 나머지 세 모퉁이를 알아채지 못하면 다시 반복해서 알려주지 않는다.
子曰, "不憤不啓, 不悱不發. 擧一隅, 不以三隅反, 則不復也."

― 《논어》, 7 : 8

공자학교의 엄격한 과정을 잘 보여주는 대목이다. 누구에게나 열려있지만, 그러나 배움에의 절실함이 없으면 학생으로 남겨두지 않는 엄격한 곳이 공자학교였던 것. 곧 학습자의 첫째 조건으로 '남들은 다 아는데 나는 왜 모르느냐'며 자기의 무지에 대해 스스로 분해하는, 학습에의 열정을 공자는 요구하였다. 공자가 딴 데서 "어쩌면 좋아 어쩌면 좋아라며 스스로 애를 태우지 않는 사람에 대해서는 나로서도 어쩔 줄을 모르겠더라"⁸⁾던 지적도, 배움에 대한 열정이야말로 공자학교의 기본조건임을 방증한다.

　이 대목에서 공자학교는 제자들이 '질문하지 않으면 대답하지 않는다'는 원칙이 관철되는 곳이었다는 점도 유의해야 한다. 제자들이 질문해야만 스승이 답을 내리는 것은 여러 제자들의 인(仁)에 대한 질문들과 이에 대한 공자의 답변을 그 예로 들 수 있으리라. 《논어》 '안연' 편의 첫머리에는 수제자 안연을 위시하여 중궁(仲弓)과 사마우(司馬牛)가 똑같이 인(仁)에 대해 질문하는데, 그 물음에 대해서 공자는 각기 다른 답변들을 내리고 있다. 이를테면 안연의 '인(仁)이란 무엇입니까'라는 질문에 대해서는 극기복례(克己復禮)라는 개념을 들어 대답하고, 또 중궁의 똑같은 질문에 대해서는 "자신이 하고 싶지 않은 것은 상대방에게 미루지 않는 것(己所不欲, 勿施於人)"이라고 답을 내리고 있다. 그리고 사마우의 '인이란 무엇입니까'라는 질문에 대해선 "말을 삼가 조심하는 것(仁者訒也)"이라는 식으로, 같은 질문에 대해 각기 다른 답을 내리는 장면들이 그러하다.⁹⁾

　이런 데서 공자 교수법은 질문이 있고 난 다음에야 답변이 내린다는 점, 똑같은 질문에 대해서도 질문자의 근기와 취향, 꿈을 감안하여 달리 대답함으로써 제자들 개개인을 깨우쳐주는 방식이었음을 추출할 수 있게 된다. 오늘날 교육학에서 지적하는 '학습자 중심의 교육이론' 혹은 '민주적 교육철학'을 공자가 이미 몸소 실천하고 있었다고도 해석할 수 있는 대목이다.

　그렇다면 《논어》의 문장 구성이 대부분 '공자 말씀하시다(子曰)'로 시작하고 있지만, 실제로는 '자왈' 앞에 제자들의 질문이 먼저 있었던 것

---

8) 子曰, "不曰 '如之何, 如之何' 者, 吾末如之何也已矣."(《논어》, 15:15)

9) 《논어》, 12:1~12:3

으로 보아야만 한다. 신화학자 조셉 캠벨(Joseph Campbell, 1904-1987)의 "동양에서는 아무리 현자라도 질문을 받지 않으면 가르쳐주지 않지요. 알고 싶어하지 않는데 억지로 입을 열게 하고 집어넣어줄 수는 없는 거지요"(이윤기 옮김, 《신화의 힘》, 고려원, 1992년)라던 지적은 공자학교에서도 그대로 관철되는 원칙이었던 셈이다.

4. 공자 대 증삼

공자학교 교육과정의 두 번째 특징은 "아는 것을 말로 표현하지 못해 안타까워하는 학생이 아니면 틔워주지 않았다"는 것이다. 앎이 무르익어 핵심에 이르렀지만 그것을 말(개념)로서 표현하지 못해 안타까워하는 제자에게만 손을 내밀어 이끌어 눈을 틔워주었다는 것. 앎은 무르익었으나 말로 표현하지 못해 애쓰는 제자에게 스승이 눈을 틔워준 예화로는 증삼(曾參)의 경우를 들 수 있을 것이다.

> 공자 말씀하시다. "증삼아! 나의 도(道)는 하나로 꿰느니라."
> 증자가 대답하였다. "네!"
> 공자가 나가자, 다른 제자들이 증삼에게 물었다. "무슨 말씀이신지?"
> 증자가 말했다. "선생님의 도는 충서(忠恕)일 뿐이다!"
>
> 子曰, "參乎! 吾道一以貫之." 曾子曰, "唯!" 子出. 門人問曰, "何謂也?" 曾子曰, "夫子之道, 忠恕而已矣!"
>
> — 《논어》, 4:15

지금 스승이 제자인 증삼에게 자기 학술의 핵심을 퉁겨주는 것으로 대화를 시작하고 있다. 위에서 제자가 질문해야만 스승이 답을 내리는 공자학교의 교수법에 견주면 이 장은 스승이 먼저 귀띔해주는 것이 특

이하다. 스승이 제자의 지적 성장과정을 내내 지켜보고 있었음을 추론
케 하는 대목이다. 공자는 제자의 성장을 지켜보다가 그가 핵심 가까이
에 이르렀으나 "아는 것을 말로 표현하지 못해 안타까워하는" 마지막
장애에 시달리고 있음을 파악했던 것이다. 진리의 핵심이 둘인지, 하나
인지 헷갈려하며 마지막 장애물 앞에서 서성이는 제자에게 공자는 일이
관지(一以貫之)라, 곧 "나의 도는 하나로 꿰느니라"며 그의 뒤통수를 슬
그머니 쳐준 것이다.

그러자 제자 증삼은 툭 던져주는 스승의 지적에 문득 환하게 깨달은
것이다. '아! 둘인지 하나인지 의심하였더니 실제는 하나였구나!'라고,
활연관통(豁然貫通)하는 뚫림을 맛본 것이다. 그랬기에 그는 금방 "네!"
라고 즉답할 수 있었다.[10]

제자로부터 이런 즉답을 들었으면 스승으로서는 할 일이 끝난 것이
다. 이에 공자는 핑— 하니 문을 열고 교실을 나간 것이다. 한편 그 대
화를 지켜보며 어리둥절해하는 동료들에게 증삼은, 스승이 귀띔해준
'일이관지'의 일(一)이 곧 충서(忠恕)임을 알려줌으로써 그 지혜를 함께
나눈다.

스승의 귀띔이 있기 전에는 증삼은 공자사상의 핵심이 '충' 같기도 하
고 '서' 같기도 하여 내내 "말로 표현하지 못해 안타까워하였던 것"이었
다. 그러다가 스승의 '내 사상의 핵심은 하나야!'라는 한마디에 그는 금
방 "하나이면서 둘이요, 또 둘이면서도 하나(一而二, 二而一)"인 진리의
성격을 파지한 것이다. 충(忠)과 서(恕)는 서로 다른 말이므로 하나일 수
가 없고, 또 충이 성찰적·내향적 방향이라면 서는 외향적·실천적이라
는 점에서도 서로 다른 것이다. 그럼에도 불구하고 충-서는 더불어 인

---

10) 여기 공자의 지적에 증삼이 답한 '네!'라고 번역한 '유(唯)'라는 답변은 질문이나 부름
에 곧바로 '즉답'하는 것을 뜻한다. 반면 천천히 생각한 뒤 답하는 것은 '락(諾)'이라고 한
다. '허락'이라는 말 속에 그런 뜻이 담겨있다.

(仁)이라는 동전의 양면을 구성하는 하나임을, 혹은 '인'을 구성하는 필요충분조건이란 점에서 하나로 수렴됨을 스승의 귀띔(일이관지)에 문득 깨달았던 것이다.

공자와 증삼의 사이에 지혜가 승계되는 이 장면 앞에서 문득 줄탁동시(啐啄同時)의 일화를 떠올리지 않을 수 없다. 사제 간 연분이 무르익음을 상징하는 '줄탁동시'의 사례로서, 공자와 증삼의 만남만큼 전형적인 것이 또 있을 것 같지 않다. 이미 증삼은 공자 학술의 규모와 내용은 알아채었으나, 다만 그것을 말로 표현할 수는 없는 차선의 경지에서 헤매고 있었던 것이다. 스승은 제자의 고민을 헤아리고 있던 차에 어느 날 '나의 도는 다만 한길이라'는 한마디 말로 숨을 틔워준 것이다. 공자 교수법의 두 번째 특징, "아는 것을 말로 표현하지 못해 안타까워하는 학생이 아니면 틔워주지 않는다"는 원칙이 여기 선명하게 실현되고 있다.

5. 평등한 가르침

공자의 교수법 가운데 세 번째 특징은 "한 모서리를 들어주었는데 나머지 세 모퉁이를 알아채지 못하면 다시 반복해서 알려주지 않는다"는 것이다. 책상이나 탁자는 네 모서리로 이뤄져 있다. 그중에 한 모서리를 잠깐 들어 보여주면, 제자는 그 나머지 세 모서리의 존재와 의미를 금방 헤아릴 수 있어야 한다. 그리고 스승의 귀띔을 알아채지 못하면 두번 다시 중언부언 설명하지 않았다는 것이다. 엄격한 가르침의 면모를 여실하게 볼 수 있는 대목이다. 다음 예화를 통해 이 원칙이 관철되는 과정을 살펴보자.

제자 번지가 공자에게 인(仁)을 여쭈었다.

공자 말씀하시다. "사람을 아껴주는 것(愛人)이니라."
지혜(知)를 여쭈었다. 공자 말씀하시다. "사람을 아는 것(知人)이니라."
번지가 알아채지 못했다.
공자가 다시 말해주었다. "바른 사람을 들어서 굽은 사람 위에다 쓰면 굽은 사람도 올바른 사람이 되는 것이지."
그래도 이해하지 못한 번지는 물러나, 자하(子夏)를 만나 다시 물었다.

樊遲問仁. 子曰, "愛人." 問知. 子曰, "知人." 樊遲未達. 子曰, "舉直錯諸枉, 能使枉者直." 樊遲退, 見子夏.

― 《논어》, 12 : 22 전반부

여기서 번지는 공자사상의 핵심어인 사랑(仁)과 지혜(知)를 질문함으로써 후세에 회자될 애인(愛人)과 지인(知人)이라는 답을 얻고 있다. 안타깝게도 번지는 그 의미를 이해하지 못하였던 듯하다. 이에 공자는 한 번 더 그 속뜻을 뚱겨준다. 누가 올바른 사람인가를 알아내서(知人) 등용하면 결국 많은 사람을 아끼는 결과(愛人)를 얻게 된다. 이것이 정치가를 지망하는 제자 번지에게 합당한 지혜와 사랑의 길이었다. 이런 대목에서 제자의 지향과 근기에 맞춰 절실하고도 친절하게 가르침을 베푸는 스승 공자의 진솔한 모습을 엿본다.

공자가 제 자신을 두고 "배움에 싫증내지 않고, 남을 가르칠 적에 게으르지 않는 미덕이 어찌 내게 있으리오!"[11]라며 겸양한 바 있지만, 안연이나 증자(曾子) 또는 중궁과 같은 탁월한 제자들뿐만 아니라 번지와 같이 어린 제자들에게도 꼭 맞춰서 가르침을 베푸는 모습에서 그가 정녕 차별 없이 평등하고 성실하게 가르침을 베푼 스승이었음을 확인한다.

이 사제 간 대화에서 주목해야 할 점은, 스승의 부연설명에조차 이해하지 못한 번지가 거듭 질문하지는 못하고 그 자리를 물러났다는 점이

---

11) "學而不厭, 誨人不倦, 何有於我哉?"(《논어》, 7 : 2)

다. 해소되지 못한 질문을 들고서 번지가 찾아가는 곳은 선배인 자하(子夏)의 처소였다. 우리는 인용문의 끝자락, "번지는 물러나 자하를 만나 다시 물었다"는 구절에서 그런 행로를 읽는다.

이런 번지의 행로는 공자학교의 원칙이 "한 모서리를 들어주었는데 나머지 세 모퉁이를 알아채지 못하면 다시 반복해서 알려주지 않는" 엄격한 교수법임을 이해할 때라야 제대로 이해할 수 있는 것이다. 급기야 스승에게 두번 다시 질문하지 못한 채 물러난 번지는 선배를 찾아가서 하소연을 한다. 다음 이어지는 대목이 그러하다.

> 번지가 자하에게 물었다. "앞서 내가 선생님께 지혜에 대해 여쭈었더니 말씀하시길, '바른 사람을 들어서 굽은 사람 위에다 쓰면 굽은 사람도 올바른 사람이 되는 것'이라 하더이다. 이게 무슨 뜻인지요?"
> 자하가 말하였다. "넉넉하도다, 선생님 말씀이여! 순임금이 군주가 됨에 '고요'를 뽑아서 등용하니 불인(不仁)한 자들이 사라졌고, 또 탕임금이 천하를 평정하고서 '이윤'을 뽑아 등용하였더니 역시 불인한 자들이 사라졌다지."
>
> 樊遲退, 見子夏曰, "鄕也, 吾見於夫子而問知, 子曰, 擧直錯諸枉, 能使枉者直, 何謂也?" 子夏曰, "富哉! 言乎. 舜有天下, 選於衆擧皐陶, 不仁者遠矣. 湯有天下, 選於衆擧伊尹, 不仁者遠矣."
>
> ―《논어》, 12:22 후반부

한 스승으로부터 똑같은 가르침을 받았어도 어떤 녀석은 무슨 말인지 이해하지 못하지만, 또 어떤 제자는 이렇게 "넉넉하도다, 선생님의 말씀이여!"라며 찬탄하기도 하는 것이다. 자하는 스승의 가르침을 전해 듣자마자 금방 고대 정치사(政治史) 속에서 순과 고요, 탕과 이윤의 사례를 뽑아 후배에게 그 의미를 알려주고 있다. 곧 순과 탕 같은 성왕은 사람됨을 알아보는 지혜, 지인(知人)이 있었기에 현인을 발탁하여 정치를 맡기니 죄악을 저지르던 이들도 그 감화를 입어 바른 사람이 되었다, 이것이 애인(愛人), 곧 사람을 아끼는 정치를 실현하는 길이라는 것. 자하의 설명에 번지가 그 깊은 뜻을 이해했는지 여부는 알 수 없으나, 이상의 논의를 통해서 우리는 공자학교의 특징을 다음과 같이 요약할 수 있게 된다.

첫째, 배우려는 열정을 가진 자라면 그 누구에게든(천민 계급에게조차) 문호를 개방한다.

둘째, 질문하지 않으면 답을 내리지 않는다.

셋째, 질문자의 수준과 근기에 따라 적절히 답한다.

넷째, 답변을 주었으나 바로 알아채지 못하면 다시는 답하지 않는다.

다섯째, 앎이 거의 무르익은 제자라면 스승이 먼저 귀띔해줌으로써 길을 터준다.

6. 불인하도다, 카이스트여!

《맹자》를 펼치면 제일 앞에 양혜왕과 맹자의 만남이 나온다. "내 나라에 어떤 이익이 될 방도를 가져오셨소?"라며 인사말을 건네는 왕에게 맹자는 "좋은 말이 많은 터에, 임금이 하필이면 이익을 말씀하시오!"라며 공박하는 장면이 그것이다. 널리 알려진 하필왈리(何必曰利)라는 고사의 출처다. 그런데 《맹자》의 마지막 편 서두에도 양혜왕에 대한 맹자의 비평이 실려있다. 《맹자》라는 책은 양혜왕과의 만남으로 시작하여 그에 대한 비평으로 끝맺는 수미일관한 구조로 짜인 듯하다. 그 끝대목을 보자.

맹자가 말했다. "불인(不仁)하도다, 양혜왕이여! 인(仁)한 사람은 아까운 것을 미루어 아끼지 않는 데까지 미치고, 불인한 자는 아끼지 말아야 할 것을 아끼다가 도리어 아끼는 것을 해친다."
제자 공손추가 물었다. "무슨 말씀이신지!"
맹자: 양혜왕이 토지에 대한 욕심 때문에 백성을 수탈하고 징발하여 전쟁을 일으켰지만 크게 패하고 말았다. 잃은 땅을 되찾으려는 욕심으로 다시 전쟁을 일으키려는데, 이기지 못할까 염려하여 아까운 제 자식들을 앞세워 전쟁터로 보냈지. 결국 자식들이 전쟁터에서 죽어버렸으니 이를 두고 '아끼지 말아야 할 것을 아끼다가 도리어 아끼는 것을 해친다'라고 한 것이다. 그러니 불인한 것이다, 양혜왕은!

孟子曰, "不仁哉, 梁惠王也! 仁者, 以其所愛, 及其所不愛. 不仁者, 以其所不愛, 及其所愛." 公孫丑曰, "何謂也?" "梁惠王, 以土地之故, 糜爛其民, 而戰之大敗. 將復之, 恐不能勝故, 驅其所愛子弟, 以殉之. 是之謂 '以其所不愛, 及其所愛也.'"

—《맹자》, 7b:1

전도된 사태! 토지는 사람을 먹여 살리는 도구다. 토지가 아무리 소중하기로소니 사람보다 귀할 수가 없다. 그런데 저 양혜왕은 그 토지(도구)를 얻기 위해서 사람들을 전쟁터로 몰아가 죽여버렸다. 더욱이 토지를 수복하고자 아까운 제 자식의 목숨까지 바치게 만들었으니, 선후와 본말이 이렇게 뒤집어질 수가 없다.

정치(政)란 제 나라 사람들을 아낌에 따라 타국인들도 오고 싶어하는 나라를 만드는 것이요, 사랑(仁)이란 제 자식을 아낌에 그 사랑을 미루어 낯선 사람들과 뭇 생명들에게까지 미치는 것이다. 그러나 이익(利)에 눈이 멀면 가장 소중한 것을 가장 비천한 것에 희생시키고, 주인공을 도구와 수단의 먹잇감으로 던져넣고 마는 것이다. 이것이 불인(不仁)의 사태다. 맹자가 그의 책 서두를 양혜왕에게 "하필이면 이익을 논하시는가!"라는 공박으로 시작하여, 그 끝을 "불인하도다, 양혜왕이여!"라고 개탄하며 맺는 그 맥락을 우리는 짐작할 수 있다. 이익으로 표상되는 욕망(일등, 최고, 경쟁)에 매몰되는 길의 최후는 제가 가장 아끼는 것을 살해하는 데 닿는다는 경고다.

끝으로 맹자의 질문과 답변을 오늘날로 가져와보자. 학교란 무엇인가? 학생들에게 살아가는 기술을 가르쳐주는 곳이다. 과학과 기술은 무엇 하는 것인가? 그 사람을 살리는 도구다. 학교든 과학이든 기술이든 모두 사람을 살리려는 도구요, 사람답게 살기 위한 수단이다. 카이스트는 과학·기술을 가르치는 대학이다. 그곳에서의 연이은 죽음의 사태는 우리에게 과연 과학은 어디다 쓰는 물건이며, 기술은 왜 배우며, 학교는 무엇 때문에 존재하는가라는 근본적 질문을 던지게 한다.

맹자는 기술 위주 교육의 반(反)인간주의와 그 위험성을 예(羿)의 죽음에서 이미 냄새 맡은 터였다. 그렇다고 맹자가 기술과 과학을 인간과 삶의 적으로 보는 것은 아니었다. 기술과 과학은 삶에 필수적인 도구임을 그도 무시하지는 않았다. 춘추시대 활의 명인들인 자탁유자와 유공지사 그리고 윤공지타의 사제 관계를 통해 제시한 바는, 기술과 과학은 '사랑과 정의(仁義)'의 지도를 받는 한에서만 이롭다는 것이다. 공자가 제시하는 학교운영 원칙과 교육철학 역시 인문(人文)의 가치를 바탕으로 할 때만 기술교육이 바로 선다는 것이다.

연이은 자기 학생들의 죽음을 앞에 두고서도 '미국대학에서는 더 많은 학생들이 죽어나간다'라는 따위의 어처구니없는 소리를 해대는 카이스트 총장이나, '서 총장의 개혁은 계속되어야 한다'는 헛소리를 해대는 이 땅의 과학자들에게 맹자는 혀를 차며 말하리라. "불인하도다, 카이스트여! 잔인하도다, 한국의 과학자들이여!"

12장

인(仁)이란 소통이다

1. 물길과 말길

중국 홍수 설화의 특징은 둑 쌓기와 물길 트기 사이의 다툼에 있다. 설화 속에서 최고의 토목기술자는 곤(鯀)이라는 인물이다. '곤'이 물고기 알을 뜻하는 데서 보이듯, 그는 물 관리 전문가였다. 그러나 "곤은 9년이나 말미를 얻었음에도 불구하고 홍수 잡기에 실패한다."(《사기》) 둑을 쌓아 물을 가두려 했기 때문이다.

반면 치수에 성공한 이는 우(禹)다. 그의 성공 비결은, 강의 굽이마다 물길을 따로 파서 홍수가 빠져나갈 통로를 만든 데 있다. 우는 이 성과를 계기로 끝내 임금 자리에까지 오른다. 곧 토목기술자인 '곤'이 실패한 것은 둑을 만들어 물을 가두고 막으려 했기 때문이요, 평범한 인간 '우'가 성공한 까닭은 물이 흐를 수 있도록 길을 터주었기 때문이라는 이야기다.

전국시대에 이르자 치수기술은 크게 발전한다. 이즈음 백규(白圭)라는 토목기술자가 있어, "나의 치수(治水)기술은 우임금보다 낫다!"며[1]

제 기술을 자랑하기에 이른다. 이를 두고 맹자는 이렇게 비평한다.

> 우(禹)의 치수방법은 위에서 아래로 흐르는 물의 자연스런 이치를 따랐으니, 곧 바다를 저수지로 삼은 셈이다. 한데 백규의 치수는 둑을 쌓아 물을 가두니 이웃 나라를 저수지로 삼는 것이다. 물이 거꾸로 흘러넘치는 것을 홍수라고 하지. 홍수는 사람을 해치므로 어진 사람들은 증오하는 바인데, 백규는 이것을 기술로 삼으니 큰 잘못이다.
> 孟子曰, "子過矣. 禹之治水, 水之道也, 是故禹以四海爲壑. 今吾子以鄰國爲壑. 水逆行謂之洚水. 洚水者, 洪水也. 仁人之所惡也. 吾子過矣."
> ―《맹자》, 6b:11

백규의 치수는 댐을 쌓아 물을 가두는 방식이었다. 둑 쌓기 기술이 발전해서 흙으로도 물을 단단히 가둘 수 있었기에 우임금보다 자기 기술이 낫다고 뻐긴 것이다. 우의 치수는 위에서 흘러내리는 물의 자연스런 이치를 좇았기에 사람을 살리는 기술이라면, 백규의 둑 쌓기는 물을 역류시켜 상류의 이웃 나라를 침수시키니 사람을 죽이는 기술이라는 것이 맹자의 지적이다. 겉으로는 비슷해 보여도 사물을 바라보는 '눈'과 운영 체계가 잘못되면 곧 삶과 죽음이 갈리게 된다는 것.

맹자의 백규 비평은, 순리에 따라 물을 이용할 때는 자연과 사람에게 이롭지만 그 이치를 거슬러서는 해로운 결과를 초래한다는 것이다. 이것은 눈앞의 이익만을 보고서 자연을 개조하려 들다가는 생각하지 못한 비극적인 결과를 초래할 수 있다는 경고로도 읽을 수 있다. 이명박 정부의 최대 치적이라는 이른바 '4대강사업'의 유지·보수비 관련 기사는 2,300년 전 맹자의 예언이기나 한 듯하다.

---

1) 白圭曰, "丹之治水也愈於禹."(《맹자》, 6b:11)

4대강사업이 결국 '돈 먹는 하마'가 될 것이라는 우려가 현실로 드러나고 있다. 정부는 4대강사업을 완공한 뒤에도 해마다 2,000억원이 넘는 예산이 유지관리비용으로 들어갈 것으로 추산했지만, 전문가들은 실제 소요 예산이 5,800억원에 이를 것으로 보고 있다. (…) 4대강 준설로 강바닥을 근본적으로 뒤흔들어놓아 발생하는 재퇴적 현상으로 발생하는 유지 준설비용과 보 건설로 인한 농경지 침수, 기존 수리구조물의 기능 상실, 역행침식 등을 고려하면 유지관리비용은 천문학적으로 늘어날 것이란 게 전문가들의 분석이다. 운하반대전국교수모임은 지난 3월 4대강 유지관리비로 … 매년 1조원이 들어갈 것이라고 추정한 바 있다.

— 〈한겨레〉 2011년 6월 15일자

그런데 맹자의 백규에 대한 비평이 겨누는 과녁은 따로 있는 것 같다. 앞서 맹자는 우임금의 치수를 두고 "아홉 개의 강을 뚫었다"[2]고 표현하면서, 그 노고를 크게 기린 바 있다. 반면, 백규의 것을 두고는 "이웃 나라를 저수지로 삼는다"고 평한 것 사이의 대비다. 여기서 물은 물로서만이 아니라, 실은 말(언어)의 은유로 이해해야 할 듯하다.

'우임금이 아홉 개의 강을 뚫었다'는 것은 곧 사람들 간에 말이 소통되었음을 비유한 것이다. 반면 '물을 가두어 저수지로 삼았다'는 것은 남의 말을 막고 제 말만 하는 독백에 비긴 것이다. 곧 맹자는 물을 이야기하면서 실은 말을 이야기하고, 토목을 이야기하면서 정치를 논하고 있는 셈이다. '소통이냐, 독백이냐'가 물 이야기 속의 실제 주제다.

고대로부터 동아시아에서 물은 말의 공능에 자주 비유되곤 하였다. 말이든 물이든 막으면 망하고, 트면 산다는 것. 물과 말 사이의 상관성이 최초로 표출된 것은 춘추시대 각국 역사서인 《국어(國語)》속의 기사다.

---

2) 禹疏九河.(《맹자》, 3a:4)

사람의 입을 막는 것은 물을 막는 것보다 더 위험하다. 물을 다스리는 일은 물길을 잘 이끌어 흐르게 함이요, 사람 다스리는 일은 자유롭게 말하도록 하는 것이 요체다. (…) 사람들이 말을 자유롭게 할 수 있어야 정치의 잘잘못을 가릴 수 있으며, 선을 행하고 실패에 대비해야만 자원과 의식을 풍요롭게 할 수 있다. 무릇 사람은 마음속으로 생각해서 그것을 입으로 말하고 그런 뒤에 행하는데, 어찌 입을 막을 수 있으랴! 만일 그들의 입을 막는다손 치더라도 얼마나 갈 수 있으랴!

— 《국어》, '주어(周語)' 상편(윤문은 인용자)

이러한 물과 말의 관계 혹은 물과 정치의 상관성은 유교 텍스트들 속에서 빈번하게 등장한다. 흘러가는 물을 보고 삶의 진리를 깨달은 공자,[3] 물이란 낮은 것을 채우고 난 다음 흘러내려간다는 맹자의 관찰,[4] "백성은 물과 같고 군주는 물 위에 떠있는 배와 같다"는 순자의 비유[5] 등은 생각나는 대로 떠올린 예에 불과하다. 이렇게 물길(水路)이든 말길(言路)이든 막으려 들다간 결국 둑이든 정권이든 무너지고 만다는 말과 물의 상관성은 유교사상 속에 내재된 소통과 흐름의 특성을 예감케 한다.

2. 인이란 무엇인가

불교의 핵심어가 '자비'요 기독교가 '사랑'이라면, 유교는 인(仁)이다. '인'은 우리말로 '어질다'라고 새기지만, 그것으로 전모를 파악하긴 요

---

[3] "子在川上曰, 逝者如斯夫! 不舍晝夜."(《논어》, 9:16)
[4] "觀水有術, 必觀其瀾. 日月有明, 容光必照焉. 流水之爲物也, 不盈科不行, 君子之志於道也, 不成章不達."(《맹자》, 7a:24)
[5] "傳曰, 君者舟也, 庶人者水也. 水則載舟, 水則覆舟. 此之謂也. 故君人者欲安, 則莫若平政愛民矣."(《순자》, '왕제(王制)' 편)

령부득이다.[6] 《논어》 속에서 인은 때로 '사람을 사랑함'을, 때로는 '사람다움'을, 또 때로는 '능숙한 인간관계'를 의미한다. 곧 특정한 명사로 개념화하기 어려운 것이 인이라는 말이다. 반면, 인의 반대인 불인(不仁)은 그 개념이 정확하게 쓰인 용례가 있다. '불인'이 의학용어였기 때문이다. 그러니 불인을 살펴보면 거꾸로 인의 뜻을 헤아릴 수 있다.

주희는 "의학책에서는 손발이 마비된 것을 불인(不仁)이라 이른다. 그렇다면 인이란 천지만물이 한몸으로 순환되는 된 상태를 뜻한다"[7]라고 해설한 선배 정이(程頤)의 말을 긍정적으로 인용한 바 있다. 주희가 든 의학적 용례로서의 불인의 뜻, 곧 '수족 마비'를 역추적하면 거꾸로 인의 뜻을 헤아릴 수 있다. 더욱이 허준의 《동의보감》에는 "불인이란 수족이 마비된 것이다. 기혈이 통하면 병이 없고, 불통하면 병이 생긴다(不仁痿痺, 通則不痛, 不通則痛)"고 하였으니, '인'의 뜻을 가늠하기가 더욱 선명해진다.

의사의 일은 침·뜸·약을 사용하여 불순한 몸속의 기혈을 뚫어 그 마비된 수족을 회복시키는 것이다. 기혈이 불통하여 마비된 수족이 '불인'이라고 한다면, 치료된 몸은 곧 '인'이라는 뜻이 된다. 즉 몸의 차원에서 인이란 기혈이 잘 통하여 건강한 상태에 다름 아니다. 그렇다면 사회적 차원에서의 '인'도 인간관계의 불통 상태, 즉 오해와 갈등 그리고 원망을 치유하여 상호 간 의사가 소통되는 것을 뜻할 따름이겠다. 의학의 인이 몸의 기혈을 대상으로 삼는다면, 다만 공자의 인은 사람들 사이의 생각과 말을 대상으로 삼는 차이가 있을 뿐이다. 이런 점에서 물의 흐름을 둘러싼 '곤과 우의 설화' 그리고 맹자와 백규 사이의 논쟁은 유교에서 인식하는 의사소통으로서 '인'을 은유한다.

---

6) 우리는 인(仁)과 함께, 賢(현)도 '어질다'라고 새긴다.
7) 程子曰, "醫書以手足痿痺爲不仁, 此言最善名狀. 仁者以天地萬物爲一體, 莫非己也."(《논어집주》)

공자와 맹자는 당시 진행되던 권력의 사유화·집중화 현상에 저항하고, 군주와 인민 간에 상호소통을 이룰 때에야 참된 평화와 문명의 정치를 구현할 수 있다고 믿었다. 공자 정치사상을 덕치(德治)로 개념화하고 또 맹자사상의 핵을 인의(仁義)로 파악하는 것은, 그들 사상 속에 상호소통을 바탕으로 한 공동체 수립에의 의지가 깔려있기 때문이다. 한의학적 관점에서 짚어본 '인=기혈의 순환'이라는 등식이 유교사상 속에서는 '인=의사의 소통'으로 변주된다고 하겠다.

그러면 춘추시대의 공자는 과연 무엇을 뚫고 또 무엇을 소통하려고 하였던 것일까. 사람이 유독 싫어하거나 미워하는 것을 거꾸로 헤아려 보면 도리어 그가 바라는 꿈이 드러나는 수가 있다. 다음 사제 간 대화는 공자의 증오가 겨눈 과녁을 보여준다는 점에서 주목할 만한 것이다.

> 제자 자공이 여쭈었다. "선생님도 미워하는 것이 있는지요?"
> 공자 말씀하시다. "미워하는 게 있지. 남의 잘못을 떠벌리는 것을 미워하고, 낮은 데 있으면서 윗사람 헐뜯는 것을 미워하고, 용맹스럽기만 하고 무례한 것을 미워하며, 과감하기만 하고 꽉 막힌 것을 미워한다네."
>
> 子貢曰, "君子亦有惡乎?" 子曰, "有惡! 惡稱人之惡者, 惡居下流而訕上者, 惡勇而無禮者, 惡果敢而窒者."
> ―《논어》, 17:24

미워할 대상에 대해서는 철저하게 증오하는 것, 이것이 공자의 또 한 면모임을 알겠다. 다만 그것은 사사로이 자아낸 감정이 아니라, 대상의 잘못에서 비롯된 공분(公憤)이다.

여기서 공자는 네 가지 유형을 미워한다고 털어놓는다. 첫째는 남의 잘못을 떠벌리는 짓, 둘째, 지위가 낮으면서 윗사람을 헐뜯는 짓, 셋째, 용맹스럽기만 하고 무례한 짓 그리고 넷째, 과감하기만 하고 꽉 막힌 것을 증오한다는 것이다.

이 가운데 "과감하기만 하고 꽉 막힌 것을 미워한다"는 지적은 주의 깊게 살펴야 하리라. 여기 '꽉 막힌 것(窒)'은 남의 말에 귀 기울이지 않는다는 뜻이요, '과감하다'는 것은 제 알고 있는 것만을 전부로 알고 마구 행동하는 짓을 의미한다. 성찰하지 않는 인간, 귀를 막은 인간의 방만한 행태를 당대의 문제로 읽고 있는 것이다. 공자가 소통이 단절된 세태와, 개개인으로 분절된 소외현상을 춘추시대의 질병으로 보고 있었다는 뜻이다.

그렇다면 또 춘추시대의 소통 단절과 인간소외라는 '사회현상'의 근본원인은 무엇일까. 세계를 '나 중심'으로 편제하려는 욕망이 그 뿌리다. 이른바 동이불화(同而不和)라, "나만 고집하고 서로 화목하지 않는다"라고 했던 경고 속의 동(同)이 그것이다. '상대방이 나와 다름을 인정함'이 화(和)의 전제라면, '동'은 상대방에게 나의 의사를 강요하는 욕망을 상징한다.

구체적으로 '동'은 권력자의 독점욕, 자기만 옳다는 가치관의 독선 그리고 언어의 독백을 포괄한다. 춘추전국시대의 살육과 전쟁 그리고 야만상태는 천하통일이라는 명목을 내세운 제후들의 권력욕과 영토 독점욕 그리고 자기 가치관을 남에게 강요하면서 남의 말을 듣기는커녕 언제나 지시하고 명령하려는 데서 비롯된 질병이라는 뜻이 들었다. 그 결과 드러난 사태가 소통의 단절이요, 인민의 소외현상인 것이다. 그렇다면 공자의 꿈, 공자가 제시하려는 새 세계의 비전은 분명해진다.

공자가 담지한 시대적 소명은 크게 세 가지로 정리할 수 있을 것 같다. 첫째, 권력의 독재를 깨고 인민과 함께·더불어 행하는 권력분점 체제를 건설하는 것, 둘째 군주가 독점한 가치의 유일성을 분산하여 가치의 다양성을 도모하는 것 그리고 상명하복식 지시와 명령의 독백구조를 붕괴시키고 대화와 소통이라는 새로운 '말의 질서'를 건설하는 것이다. 독점에서 분점으로, 유일성에서 다양성으로, 독백에서 대화로의 전환이 공자가 자임한 프로젝트였다. 이것들이 공자의 인(仁)이라는 개념 속에 빼곡히 들어차 있다. 요컨대 힘 가진 자의 '홀로'를 부수고 '함께·더불어'의 세계 만들기, 이것이 공자 프로젝트 인(仁)의 정체였다.

3. 대화는 고급 기술이다

그러나 대화와 소통이 말처럼 쉬운 일은 아니다. 남북대화를 생각해보자. 1970년대 초부터 오늘날까지 수많은 대화가 있었지만, 그것이 상호 이해가 아니라 상호 간의 '오해'로 점철되었던 내력을 감안하면 대화와 소통 과정이 얼마나 힘든 것인지를 실감할 수 있으리라. 특별히 유교에서는 상호 간 소통을 저해하는 요소로, 과장과 다변(多辯)에 주목하기를 요구한다. 공자는 누누이 다변의 위험성을 경고하고 또 과장된 표현 욕구에 대해 주의를 촉구한 바 있다.[8]

상호소통이란 수신(修身)으로 표현되는 훈련과정을 필요로 하는, 섬세하고도 미묘한 기술이다. 자신을 성찰하고, 상대방 말에 귀 기울일 줄 알고, 또 다변을 억제하고 과장을 삼가는 언어생활을 몸에 익혔을 때에야 성공적인 대화를 이룰 수 있다. 요컨대 소통을 위해서는 다양하고 섬세한 기술이 요구된다. 일상적으로 우리는 소통이라는 말을 너무 쉽게 되뇌지만 그것은 실제로 성과를 얻기는 몹시 힘든 '고급스러운 기술(오트쿠튀르)'이라는 점을 잊어서는 안된다.[9]

---

8) 다변에 대한 공자의 경고로서는 "사마우(司馬牛)가 인(仁)을 물었다. 공자 말씀하시다. 인이란 그 말을 극도로 조심하는 것이다(仁者其言也訒)"(《논어》, 12:3), 또 "공자 말씀하시다. 안으로 강직하고, 뜻이 굳세며, 사람됨이 질박하고, 말이 어눌한 사람이 인(仁)에 가깝더구나(子曰, 剛毅木訥近仁)"(《논어》, 13:27), 한편 과장법에 대한 경고로서는 "공자 말씀하시다. 교묘한 말과 겉치레 표정에는 인(仁)이 드물더구나(子曰, 巧言令色鮮矣仁)"(《논어》, 1:3) 등을 들 수 있다.

소통을 위해서는 무엇보다 상대방 말에 '귀 기울여 듣기', 곧 경청(傾聽)이 요구된다. 유교에서 '듣기'의 중요성은 '말하기'만큼, 아니 말하기보다 더욱 중시된다. 《논어》와 《맹자》에서 군자나 군주는 발화자로서 보다는 경청자로서 등장한다.[10] 공자와 맹자는 고대의 말하는 존재로서의 군주 전통을 듣는 존재로 전환시킨 정치사상가들임에 주의해야 하리라. 본시 '말하기' 능력은 원시시대로부터 '권력'을 구성하는 것이었다. 선사시대에 무당(巫)이 권력자였던 까닭도 그가 '말하는 존재'였기 때문이다. 프랑스 정치인류학자 피에르 클라스트르는 인디언사회에서 권력=말하기의 등식을 이렇게 지적한 바 있다.

인디언들은 추장의 말에 높은 가치를 부여한다. 말솜씨는 정치권력의 조건이자 수단이다. 많은 부족들에서 추장은 매일, 새벽이든 석양이 질 때든 교훈적인 말로 자신이 속한 집단의 사람들을 즐겁게 해야만 한다. (…) 이들 사회에서는 말하기가 추장의 특권이자, 그 이상으로 의무이다. 언어에 대한 지배권을 갖는 것은 추장이다. 그렇기 때문에 북아메리카의 어떤 부족에 대해 "추장은 말하는 사람이라기보다는 말하는 자가

---

9) 이런 기술 습득의 과정을 수기(修己)라고 부르고, 그 지침이 되는 텍스트가 《소학》이다. 그 가운데 한 구절을 예로 들면, "부모님이 부르시면 입에 밥이 들었더라도 뱉고 곧바로 대답한다." 여기서 우리는 유교 지식인들이 《소학》을 중시했던 까닭을 이해해야 한다. 가령 조선 전기 김굉필(金宏弼)이 '소학동자'로 불렸던 까닭이나 조광조(趙光祖)가 특별히 《소학》을 평생의 학습서로 삼았던 것은 유교사상의 핵심인 소통(말하기·듣기)의 훈련과정이 그 속에 들어있었기 때문이다. 당시로선 《소학》 나아가 《대학》의 학습을 통한 훈련과정이 전제되지 않고서는 '소통의 고급 기술'을 획득하고 몸에 익힐 수 없었던 것이다.

10) 《중용》에서도 경청자로서의 리더십이 관찰된다. "순임금은 크게 지혜로운 분일진저! 그는 질문하기를 좋아하였고, 주변 사람들 말을 경청하길 좋아하였다. 조언 가운데 나쁜 것은 못 들은 것으로 하고 좋은 말은 널리 펼쳤다. 사리를 따져 그 한가운데를 잡아서 최적의 정책을 백성들에게 베풀었으니 이랬기에 순(舜)이라는 이름을 얻을 수 있었던 것이다(子曰, 舜其大知也與! 舜好問而好察邇言. 隱惡而揚善, 執其兩端, 用其中於民. 其斯以爲舜乎)." 《중용》, 제6장).

곧 추장이라고 할 수 있다"고까지 기록되어 있다.

— 피에르 클라스트르,《국가에 대항하는 사회》, 42~54쪽

유교는 이런 '말하기' 전통으로부터 그 중요성을 '듣기'로 전환시키는 분수령에 위치한다.

당연히 경청은 대화로 나아간다. 커뮤니케이션의 어원인 희랍어 코뮤니카레(communicare)가 '나누다·공유하다'를 뜻하였음은 대화에 대한 동서양의 공통 감정을 잘 보여준다. 즉 대화건 커뮤니케이션이건 두루 '상호 간 이해를 함께 나눔'이라는 목표를 공유한다. 대화의 궁극적 목표는 겉말(의사)의 전달에 국한되는 것이 아니라 상대방의 속마음을 이해하는 데까지 도달하는 데 있다. 소통이란 일방의 의사 전달에 그치는 것이 아니라 발화자와 청취자의 속마음이 합치하는, 곧 '이해'에 도달할 때라야 제대로 이뤄진다.

한편 경청과 대화를 통해 확보된 상호 이해는 사람들을 연대로 이끈다. 성왕으로 존경받은 순(舜)이 거처를 옮길 때마다 그의 주변에 사람들이 모여들어 도회지가 형성되었기에 그의 별명이 도군(都君)으로 불렸다는 고사는, 경청과 이해를 통한 '연대'의 정치적 의의를 상징적으로 보여준다.[11] 맹자는 순임금이 획득한 인(仁)의 역사적 사례, 즉 경청과 대화 그리고 연대를 통한 국가건설이라는 역사적 위업에 크게 감명받았던 것이다. 이에 맹자는 그 이름 앞에 대(大)라는 접두사를 붙여 대순(大舜)이라고 칭탄하기에 이른다.

---

11) "순이 역산에서 농사를 지을 때부터 (그의 주변에 사람들이 몰려들어) 1년이면 마을이 이뤄지고, 2년이면 고을이 만들어지고, 3년이면 도회지가 형성되었다(舜耕歷山, 一年所居成聚, 二年成邑. 三年成都)."(《사기》, '오제본기(五帝本紀)' 편) 이로부터 순의 별명이 도군(都君)으로 불렸던 것이다. 《맹자》에도 순의 아우 상(象)이 "도군을 죽이려는 계획은 모두 나의 공적이다(謨蓋'都君'咸我績)"라고 했다는 기사가 있어 그 점을 확인할 수 있다.

맹자가 말했다. "공자 제자 자로는 남들이 제 잘못을 지적해주면 흐뭇해하였다. 우임금은 좋은 말을 들으면 그 자리에서 절을 하였다. '위대한 순(大舜)'은 남들과 더불어 함께하기를 잘하였다. 자기(ego)를 버리고 상대방의 뜻을 좇았으며, 남의 견해를 즐겨 취하기를 선(善)으로 삼았다."

孟子曰, "子路, 人告之以有過, 則喜. 禹聞善言, 則拜. 大舜有大焉, 善與人同, 捨己從人, 樂取於人以爲善."

— 《맹자》, 2a : 8

맹자가 순임금을 인정(仁政)의 모델로 삼은 까닭도 여기 있다. 그는 도덕적 자질만이 아니라 경청과 대화 그리고 상호 간의 연대를 통해 공동체를 건설해낸 이력으로 하여 정치의 이상이 되었다. 그러나 유교 리더십은 지도자와 인민들 '사이' 그리고 그 '속'에서 형성되어 솟아나와야지, 위나 바깥에서 강요하는 것이어서는 안되는 것이다. 맹자의 개념을 빌리자면 여인(與人) 또는 여민(與民)일 때라야만 '정치의 힘'은 형성되고 또 발휘된다. 또 이 '정치의 힘'은 강요나 폭력이 아닌, 경청-대화-연대-실천이라는 과정을 통해 형성되는 끌림의 힘, 곧 매력을 속성으로 한다(이것이 '덕'이다. 다음 장(章) '덕이란 매력이다'를 참고할 것).

4. 충과 서, 소통의 길

그러면 사람들은 인(仁)의 능력을 어떻게 배양할 수 있을까? 다음 대화를 보자.

공자 말씀하시다. "증삼아! 나의 도(道)는 하나로 꿰느니라."
증자가 대답하였다. "네!"

공자가 나가자, 다른 제자들이 증삼에게 물었다. "무슨 말씀이신지?"
증자가 말했다. "선생님의 도는 충서(忠恕)일 뿐이다!"

子曰, "參乎. 吾道, 一以貫之." 曾子曰, "唯."
子出門人問曰, 何謂也. 曾子曰, "夫子之道 忠恕而已矣!"

— 《논어》, 4:15

　이 대화는 공자사상의 핵심인 '인'을 기르는 방법론으로서 중시되어 왔다. 그 방법이 충(忠)과 서(恕)라는 두 개념으로 표상된다. 소통론의 관점에서 '충'이란 대화에 나서기에 앞서 자기(발화자) 스스로를 점검하는 성찰과정을 뜻한다. 말하기에 앞서 '내뱉으려는 말이 정상적인 것인가'를 살펴보는 것이 충이다. "과연 내가 하려는 말의 진정성을 나는 신뢰할 수 있는가?", "나는 상대방의 말을 듣고 기억할 수 있는가?", "나는 남과 행한 약속을 실현할 수 있는가?" 등이 그 점검 항목에 속한다. 충은 대화에 나서기 전에 스스로를 점검하는 자기객관화 과정이라고 할 수 있다. 독일 출신 정치철학자 아렌트(Hannah Arendt, 1906-1975)가 묘사한 유태인 살해범 아이히만의 '생각 없음(thoughtlessness)'이란 유교식으로 보자면 '충'의 불능, 즉 자기를 객관화하지 못하는 정신병적 상태를 의미한다고 할 수 있다.[12]

　그런 점에서 정신병자란 생각 없이 말을 내뱉는 사람이다. 그들은 제가 내뱉는 말의 의미와 실현 가능성을 생각하지 않고 그냥 쏟아낸다. 정

---

12) 아렌트는 이스라엘에서 집행된 전범재판을 관찰하면서, 피고인 아이히만이 원고나 판사가 해야 할 말을 자기가 하고 있음을 지적한 바 있다. 우리 속담을 빌리자면 '사돈 남 말하고 있는 셈'이다. 아렌트가 지적한 아이히만의 무능성, 즉 '말하기의 무능성, 생각하기의 무능성, 타인의 입장에서 생각하기의 무능성' 가운데 앞의 둘은 충(忠)의 무능성이라고 할 수 있으며, 뒤의 '타인의 입장에서 생각하기의 무능성'이란 서(恕)의 불능성이라고 재명명할 수 있을 것이다(한나 아렌트, 김선욱 옮김, 《예루살렘의 아이히만》, 한길사, 2006년 참고).

신병자와의 대화는 소통과정이 아니라 치료과정에 불과하다. 정신병자를 치료하기 위해서는 의사와의 대화가 필요하지만, 그 대화는 실은 소통이 아니라 치료일 뿐이며 또 정신병자끼리의 약속은 신뢰할 수 없는 것이다.

충과 더불어 증삼이 밝힌 바, 또 한 방법인 서(恕)란 상대방을 이해하는 과정을 뜻한다. 상대방의 처지를 '나'의 경우로 가져와서 생각해보는 과정이다. 즉 '서'는 상대방을 '용서한다'는 뜻이 아니라, 상대의 입장을 나의 것으로 '접어서 생각함'이다. 제자 자공으로부터 평생 동안 간직해야 할 키워드를 질문받은 자리에서 또 공자는 서(恕) 한마디를 제시한 바 있었다.[13] 그만큼 '인'의 실현에 상대방의 처지를 내 경우로 접어서 생각하는 과정이 중요하다는 뜻이 되겠다.

요컨대 대화를 통해 '상대를 이해한다'는 것, 즉 소통을 이루기 위해서는 '스스로에 대한 객관적 성찰(忠)'과 '상대의 처지를 입장 바꿔 이해하기(恕)'라는 두 과정을 거치지 않으면 안된다. 인(곧 소통)이란 발화자 스스로를 객관화하는 자기반성과 상대방을 자기 처지로 접어 생각하는 성찰을 통해 달성하는 상호이해의 다른 이름에 불과하다. 이렇게 소통론의 맥락에서 살피다 보면, 치수(治水) 설화는 유교적 이상인 인(仁)에 대한 설화요 은유임이 더욱 분명해진다.

5. 내 속에 네가 있다

다산 정약용이 인(仁) 자를 쪼개어 "인이란 것은, 두 사람이다(仁者, 二人也)"(《논어고금주》)라고 지적했던 점은 이 대목에서 상기할 만하다. 인

---

13) 子貢問曰, "有一言而可以終身行之者乎." 子曰, "其恕乎. 己所不欲. 勿施於人."(《논어》, 15 : 23)

(仁)이란 곧 사람(人)과 둘(二)로 이뤄진 합성글자이다! 즉 '두·사람'이 인(仁)을 구성한다. 여기 두 사람 가운데 한 사람은 바로 '나'다. '두 사람'이란 나와 상대방과의 만남, 예컨대 나와 아내, 나와 부모, 나와 자식, 나와 학생, 나와 친구 등으로 형성된다. 다산이 "인이란 두 사람이다"라고 선언했을 때, '인'이란 상대방과 관계를 맺고 또 상호 간에 소통하는 행위임을 그가 잘 알고 있었음을 보여준다. 그러니 다음 시만큼 유교의 인간조건을 선명하게 드러내주는 것도 없다.

> 나는
> 나의 아버지의 아들이고
> 나의 아들의 아버지고
> 나의 형의 동생이고
> 나의 동생의 형이고
> 나의 아내의 남편이고
> (…)
> 나의 집의 가장이다
> 그렇다면 나는
> 아들이고
> 아버지고
> 동생이고
> 형이고
> 남편이고
> (…)
> 가장이지
> 오직 하나뿐인
> 나는 아니다
>
> ― 김광규, 〈나〉(부분)

여기 '나의 아버지의 아들'이자 '나의 아들의 아버지'인 '나' 속에는 아버지도 들어있고, 아들도 들어앉아 있다. '나' 속에 든 '너'와 함께할 적에야 제대로 된 사람이 된다는 뜻이다. 전래된 속언에 "사람이라고 다 사람이냐, 사람짓을 해야 사람이지!"라는 말도 이와 다르지 않다. 속담 속의 '사람짓'이란 곧 상대방(너)과의 관계를 제대로 수행할 적에야, 즉 소통할 적에야 올바른 인간이 된다는 말이다.

또 그러고 보면 한자어 인간(人·間)도 다를 바 없다. 공자에게서든 우리 전통에서든, 사람이란 '인·간'이라는 한자가 뜻하듯 '사람-사이'로 구성된다. 너와 나 '사이'에 '사람됨'이 존재하는 것이다. 그러니 단독자, 즉 개인은 사람이 아니다! 독재, 독백, 독점, 독선으로 이어지는 '홀로 독(獨)' 자를 공자와 맹자가 왜 그토록 증오했던지도 이즈음 분명해진다. 또한 맹자가 '함께·더불어'를 뜻하는 여(與)를 왜 그토록 애호했던지도 자명해진다. 너와 내가 함께·더불어 살아갈 때, 곧 각각의 만남에 따라 적절한 소통에 성공할 적에야 사람다움을 획득하는 것이다. 그러니 공자가 '인'을 두고 "내가 하고 싶은 것을 상대방과 함께 하는 것"으로 정의한 까닭을 알 수 있게 된다.

> 인(仁)이란 내가 이룬 것은 상대방도 함께 이루도록 해주고, 내가 아는 것은 상대방에게도 알려주어 서로 함께하는 것이지. '내 주변에서 더불어 함께하기'를 실천할 수 있다면 그게 '인'을 이루는 방법인 게지.
> "夫仁者, 己欲立而立人, 己欲達而達人. (…) 能近取譬, 可謂仁之方也已."
> ─ 《논어》, 6 : 28

공자의 이상인 인(仁)이란 지금 나의 주변에서, 즉 집안과 직장 그리고 사회 속에서 말과 의견이 원활하게 소통하는 상태를 뜻한다. 잊지 말아야 한다, 공자의 꿈은 '말이 서로 소통하는 문명사회'였다는 점을. 그렇다면 물을 가두어 주변 땅을 해치고(4대강사업 창녕함안보), 말을 가두어 사람을 해코지하는 오늘날 세태를 두고 공자가 무엇이라 비평할 것인지도 자명해진다.

13장
덕(德)이란 매력이다

힘을 주는 게 아니라 힘을 빼는 법을 배웠다. 소리를 내는 게 아니라 침묵하는 법을 배웠다. 힘을 주고 내지르는 것만이 아니라 힘을 빼고 억제하는 것으로 더 많은 것을 표현할 수 있다는 사실을 알게 되었다.

— 사이먼 바커(재즈뮤지션)

1. 폭력의 시대

공자와 맹자가 살던 춘추전국시대는 폭력과 폭행 그리고 살육이 일상적인 시절이었다. 춘추시대 360년과 전국시대 180년, 도합 500여 년 동안 전쟁과 살상의 세월이 지속되었다. 전국시대 사상가들 사이의 주된 쟁론이 인간의 본성에 대한 것이었다는 사실(예컨대 맹자의 성선설, 순자의 성악설 등)은 거꾸로 '인간이 짐승과 다른 점이 과연 무엇인가'를 근본적으로 따져봐야 할 만큼 시절이 참혹했다는 뜻이 된다.

정녕 300년 동안 "신하가 임금을 살해하고, 자식이 아비를 죽이는(亂臣賊子)" 춘추시대를 겪고도, 끝내 "짐승을 끌어다 사람을 잡아먹고, 머지않아 사람이 사람을 잡아먹게 될 것 같은"[1] 전국시대에 이르자, '과연 인간이란 무엇인가'라는 참담한 의문을 갖기에 이른 것이다.

이처럼 인간의 본성에 대한 의문과 함께, 그들은 천하에 가득 찬 무력과 폭력의 정체에 대해서도 질문하였다. 즉 당시 지식인들은 폭력과 무력, 또 경제적 수탈의 본질로서 '힘이란 무엇인가'라는 질문을 중요한 연구 주제로 삼았다. 인간본성에 대한 질문이 철학적 과제였다면, 힘에 대한 연구는 정치학적 주제였다고 할 수 있으리라. 전국시대 말기에 활동한 순자는 힘을 크게 세 가지로 구별한다.

> 힘에는 세 가지 종류가 있다. 첫째는 도덕(道德)의 힘이요, 둘째는 폭력(暴察)의 힘이며, 셋째는 미쳐버린(狂妄) 힘이다.
> 威有三, 有道德之威者, 有暴察之威者, 有狂妄之威者.
>
> ―《순자》, '강국(彊國)'편

여기서는 특별히 도덕을 힘으로 인식하는 순자의 분류법에 주목하자. 오늘날 우리는 한비자의 법가나 손자의 병법을 형벌과 군사력, 곧 '힘'을 기본요소로 한 사상으로 이해한다. 반면 유교는 '힘'이 아니라 '덕'을 바탕으로 삼는 사상으로 본다. 여기서 덕의 의미는 '사람 됨됨이', 즉 인격이나 '상대에게 아량을 베푸는 행위'를 뜻한다. 즉 우리는 덕을 정치적이고 역학적인 범주에 넣지 않고 윤리적이고 인격적인 개념으로 인식한다. 이런 인식으로부터, 힘을 주제로 삼는 법가나 병가는 정치적이고 현실적인 데 반해, 덕을 숭상한 유교는 이상주의적이고 비현실적이라는 관념도 파생한다.

그러나 순자의 분류에 따르면, 덕은 인격이나 윤리이기 이전에 힘이다! 다만 폭력(暴察)은 아니고 또 미친 힘(狂妄之威)도 아닌 '또다른 힘',

---

1) 率獸食人, 人將相食.(《맹자》, 3b:9)

말하자면 '제3의 힘'이 덕이다. 덕이 힘이라는 순자의 지적은 우리가 유교사상이라는 '앨리스의 이상한 나라'로 들어가기 위한 토끼굴이다. "덕은 힘이다"라는 사실에 주목할 때라야만 공자와 맹자의 꿈과 그들이 분주하게 이곳저곳을 기웃거리며 천하를 주유한 까닭을 이해할 수 있다.

본질적으로 공자와 맹자는 당시의 폭력적 현실과 전쟁의 현장을 도외시한 사람들이 아니었다. 그들은 당대의 참상과 인민의 고통을 정면으로 응시하였지, 노장사상을 신봉한 은둔자들처럼 산속으로 도피한 자들이 아니었다. 잠시 공자와 은둔자와의 대결 장면을 보자.

공자 제자 자로가 스승을 따라가다가 뒤에 처졌다. 어떤 늙은이를 만났는데 지팡이를 짚고 망태기를 짊어졌다. 완연한 은둔자의 행색이다.
자로가 물었다. "노인께서는 혹시 우리 선생님을 못 보셨는지요?"
늙은이가 발끈 화를 내며 말했다. "아니, 팔다리를 놀리지도 않고 콩과 팥을 구분하지도 못하는 자가 무슨 놈의 선생이란 말이요!"
그러고는 지팡이를 쿡 찔러놓고는 김을 계속 매는 것이다. 자로는 우두커니 서있었다. 그러자 노인은 자로를 자기 집에 묵어가게 했다. 닭을 잡고 기장밥을 만들어 대접하였다. 그의 두 자식을 인사시키기도 했다.
다음날 자로는 공자를 만나자 어제 일을 고했다. 공자가 말했다. "은둔자로구나." 그러면서 자로에게 다시 돌아가 만나보도록 하였다. 그러나 그 자리에 가보니 그들은 떠나가버린 다음이었다.
자로가 말했다. "벼슬 살지 않는 것은 정의가 아니다. 형과 아우의 예의도 폐할 수 없거늘 국가와 국민의 정치적 관계를 어찌 폐할 수 있으리오. 제 한몸을 깨끗이 하고자 하여 '문명질서(大倫)'를 어지럽힐 수는 없는 일. '지식인(君子)'의 책무는 정의를 실현하는 데 있을 뿐. 오늘날 도를 실천하기 어렵다는 것이야 이미 다 알고 있는 일인걸!"

— 《논어》, 18 : 7

지금 공자의 제자 자로가 은둔자와 만났다(자로는 공자의 대변자라고 보아야 한다). 은둔자는 공자를 두고 "팔다리를 놀리지도 않고 콩과 팥을 구분하지도 못하는 자가 무슨 놈의 선생이란 말이오!"라고 힐난한다. 즉 실제 노동을 하지 않고, 제 한몸 추스르지도 못하면서 천하대사(大事)를 논하는 공자의 행태를 관념주의라고 비난하는 것이다.

그 비판에 자로는 찔끔하여 응대를 하지 못한다. 은둔자는 자로를 집으로 초대한다. 그는 매우 소박한 생활을 하면서도(기장밥을 먹고 있다) 자로를 극진하게 대접한다. 닭을 잡고 또 자신의 두 아들을 인사시키는 것이 그렇다. 이것은 은둔자가 사람 사는 도리를 잘 알고 있음을 뜻한다. 즉 그는 손님을 대접할 줄 아는 예의 바른 사람(유교적 가치를 이해하는 사람)이다. 다만 시대의 혼란 때문에 자연 속으로 숨어든 것이다.

공자는 은둔자들이 막상 '사회적 예절'(손님을 접대하고, 자식들을 소개하는 행동)은 실천하면서, '정치적 재난'은 구출하려고 노력하지 않는 행위는 옳지 않다고 주장한다. 즉 '벼슬 살지 않는 것(不仕)', 다른 말로 하자면 '정치적 무관심'은 지식인으로서는 '옳지 않은 행동(無義)'이라는 것.

공자가 보기에 은둔자들은 할 짓 다 하고 있다. 그 한 예가 장유(長幼)간 예절을 수행하고 있다는 사실이다(자로에게 두 아들을 인사시킨 것). 이것은 곧 인간의 사회적 관계를 그들이 넉넉히 이해하고 또 실천하고 있다는 뜻이다. 사회적 관계는 수행하면서 정치적 관계를 폐지하는 것은 큰 문제가 있다는 것이다.

물론 당시 정치적 문제가 지배층에서 비롯되었음을 공자는 인정한다. 그들로 말미암아 정치는 폭력이 되었고, 언어는 정당성을 잃었다. 그러나 동시에 은둔자들도 현실정치의 혼란을 더욱 부채질하고 있는 것은 아닌가라는 질문을 공자는 하고 있다. 손님을 접대하는 사회적 관계는 수행하면서도 정치적 관계는 인정하지 않으려는 것, 그것은 요컨대 은둔자들이 '제 한몸을 깨끗이 하고자 하여 문명질서(大倫)를 어지럽히는 행위'에 다름 아니라는 것이다. 은둔자들은 제 한몸의 이익을 위해 공동체를 어지럽히는 데 일조하고 있다.

문제의 요체는 누군가가 나서서 이 잘못된 정치를 개혁해야 하는데 그럴만한 지식인들(은둔자)은 '대세를 거스를 수 없다'면서 손을 놓고 앵돌아앉아 남의 집 불구경하고 있다는 점, 그리고 이로 말미암아 문제가 더욱 악화되고 있다는 '사실'에 있다. 공자가 보기에 문제 해결의 첫걸음은 인간이 정치적 존재이며 정치적 관계 속에 산다는 '비관적 리얼리즘'을 인정하고, 정치(일상세계)에 참여하는 데 있다.

이에 공자는 말한다. "현실정치에의 참여는 지식인의 본래적 의미를 실천하는 것"[2]이라고. 더러운 것을 더럽다고 여겨 내팽개치면 이 악취는 누가 처리할 것인가. 물론 공자는 천하에 가득 찬 죽음과 도덕의 상실 그리고 사회질서가 붕괴되는 현실이, 어떤 특정인 또는 특정 세력에 의해 극적으로 처리·극복되리라고 생각할 정도로 유치하지는 않다. 그의 뜻은 다음과 같은 자로의 말 속에 잘 드러나 있다.

> 지식인의 책무는 정의를 실현하는 데 있을 뿐. 오늘날 도를 실천하기 어렵다는 것이야 이미 다 알고 있는 일인 걸!

이렇게 공자는 당시의 대세(大勢)를 누구보다도 잘 알고 있었던 사람이다. 은둔자들의 표현을 빌리자면, "쿠당탕탕 물 쏟아지는 것이 오늘날 형세이니 뉘라서 이를 바꿀 수 있을까"[3]라는 비관적인 현실을 그는 잘 알고 있었던 것이다. 그리고 내 한몸 추슬러 "우물 파고 흙 일궈 먹고사는 것", 그것이 수월한 줄 모르는 바도 아니었다.[4] 다만 그는 시대의 혼

---

2) "君子之仕也, 行其義也."(《논어》, 18:7)
3) "滔滔者天下皆是也, 而誰以易之?"(《논어》, 18:6)

란과 고통을 도외시할 수 없는 '책임감'을 지는 것이 지식인의 책무라고 보았던 것이다.

2. 덕은 힘이다

공자는 이 폭력과 폭행의 시대에 맞서서 힘의 종류와 작동원리를 깊이 연구하였던 사람이다. 그는 결코 시대의 폭풍을 피해 자연 속으로 도피한 은둔자가 아니었다. 그리고 인간세상의 힘에는 폭력만이 아닌 또 다른 힘, 즉 타인의 몸과 마음을 끌어들이는 신비한 힘이 있음을 발견하고, 여기에 덕(德)이라는 이름을 붙였다.

> 공자 말씀하시다. "천리마 기(驥)를 칭탄하는 까닭은 그 속력(力) 때문이 아니라, 그 덕(德) 때문이다."
>
> 子曰, "驥不稱其力, 稱其德也."
>
> — 《논어》, 14 : 35

천리마 '기'를 명마로 손꼽는 것은 1,000리를 재빨리 달리는 속력(力) 때문이 아니라, 말 탄 사람의 뜻에 맞춰 배려하는 힘, 곧 덕(德) 때문이라는 것. 여기서 공자가 힘의 범주를 력(力)과 덕(德)의 두 차원으로 구분하고, 둘 가운데 력이 아닌 덕을 선택하고 있음에 주목하자. 즉 공자는 힘의 세계에는 근대 서구 정치학(마키아벨리즘)에서 상식으로 통용되는, 그리고 당시 춘추시대에 가득했던 폭력과 권력이라는 일차원적인 힘만이 아니라, '덕의 힘'이라는 전혀 다른 성격의 힘이 존재하고 있음

---

4) 夫子憮然曰, "鳥獸不可與同羣, 吾非斯人之徒與而誰與? 天下有道, 丘不與易也."(《논어》, 18 : 6)

을 발견했던 것이다.

흥미롭게도 법가의 원조인 상앙(商鞅) 역시 위력과 덕을 구별하고 있음이 눈길을 끈다.

> 무릇 현명한 군주란 정치를 자신의 위력(力)에 의거해야지, 덕(德)에 의거해서는 안된다.
> 凡明君之治也, 任其力, 不任其德.
> — 상앙, 《상군서(商君書)》[5]

공자와 상앙의 주장을 통해 우리는 당대 지성계의 경향들을 추출할 수 있다. 첫째, 춘추전국시대 지식인들에게 '힘'은 중요한 연구과제였다는 사실이다. 둘째, 덕은 위력과 상반되는 '어떤 힘'으로 인식되고 있었다. 즉 덕은 위력과 대립되는 힘으로서의 성격을 갖는다. 셋째, 상앙은 둘 중에 위력(力), 즉 폭력·권력을 택한 반면, 공자는 덕을 선택하였다.

공자의 후에 맹자도 힘을 '위력'과 '덕의 힘'이라는 두 범주로 나누고 있는데, 두 힘의 성격에 대해 세밀하게 분석하고 있는 점이 특기할 만하다.

> 맹자가 말했다. "패자는 위력(力)으로써 인(仁)을 가장하는 자요, 왕자는 덕(德)으로써 '인'을 실천하는 자다."
> 孟子曰, "以力假仁者覇. (…) 以德行仁者王."

> [맹자가 말했다.] "힘(力)으로써 사람을 복종시키면, 심복하지 않는다.

---

[5] 상앙이 파악한 힘과 덕의 관련성은, "덕은 위력에서 나온다(德生於力)"라는 말로 요약된다. 이것은 다음 주장 속에서 나온다. "성군의 통치는 반드시 사람들 마음을 얻어야만 힘(力)을 쓸 수 있다. 힘에서 강함(强)이 나오고, 강함에서 위력(威)이 나오며, 위력에서 덕(德)이 나온다. 요컨대 덕은 위력에서 나오는 것이다(聖君之治人也, 必得其心, 故能用力. 力生彊, 彊生威, 威生德, 德生於力)."《상군서》)

힘이 부족하기에 굴복할 뿐이다. 반면 덕(德)으로써 사람을 복종시키면, 그 마음으로부터 기뻐서 진정으로 따른다. 마치 칠십 제자들이 스승 공자에게 그러했듯."

[孟子曰,] "以力服人者, 非心服也, 力不贍也. 以德服人者, 中心悅而誠服也. 如七十子之服孔子也."
― 《맹자》, 2a : 3

첫번째 인용문은 우리에게 잘 알려진, 왕도정치 대 패도정치의 대립 구도를 설명하는 것이다. 패도정치는 위력(力)으로써 이루고, 왕도정치의 동력은 덕(德)이라는 데서, 덕은 힘이되 폭력은 아니라는 결론을 추출할 수 있다. 한편 두 번째 인용문에서 "힘으로써 사람을 복종시키면, 심복하지 않는다"라는 지적 속의 '힘'은 분명 폭력 또는 권력이다. '힘이 부족하기에 굴복할 뿐'이라는 이어지는 설명에서 그 뜻이 잘 드러나 있다. 반면 "덕으로써 사람을 복종시키면, 그 마음으로부터 기뻐서 참으로 복종한다"라고 할 때의 덕은 폭력과 정반대편에 위치한 또다른 힘을 가리킨다.

이렇게 볼 때 우리는 덕에 대해 춘추전국시대 사상가들 대부분이(공자와 상앙, 맹자와 순자에 이르기까지) 덕을 힘의 한 종류로 인식하였다는 사실과 함께, 덕이 폭력이 아닌 또다른 성격의 힘, 혹은 폭력과 정반대에 위치한 힘으로 인식되었다는 사실도 알 수 있다.

3. 비유와 역설

그런데 폭력과 대비되는 제3의 힘인 '덕'을 당시로서는 설명하기가 보통 어려운 일이 아니었을 것이다(오늘날의 '덕'이라는 개념에 대한 미흡한 이해와 다양한 오해도, 말로 표현하기 난감한 덕 자체의 특성에서 기인하는 점이 있을 것이다). 이에 공자는 덕을 곧바로 정의하지 못하고, 비유법을 통해서만 설명할 수 있었다.

> 공자 말씀하시다. "덕(德)으로써 정치를 행함은 '비유컨대' 북극성이 제자리에 가만히 있는 데도 주변의 많은 별들이 그를 향하는 것과 같다."
> 子曰, "爲政以德, 譬如北辰, 居其所而衆星共之."
> ─《논어》, 2:1

북극성은 붙박이 별이다. 억지로 다른 별들에게 오라 가라 명령하지 않는데도 천체는 북극성을 중심으로 돈다(고 옛사람들은 보았다). 북극성이 제자리를 지키고 가만히 있기만 하는데 "주변의 많은 별들이 그를 향한다(衆星共之)"라는 비유는 공자에게 덕의 힘이란, 폭력(곧 상대방의 동의와 관계없이 자신의 뜻을 실현시키는 힘)이 아니라 도리어 '상대방을 끌어당기는 힘', 이를테면 '매력'으로 인식되고 있었으리라는 개연성을 보여준다.

《논어》의 또다른 곳에서 공자는 "군자의 덕은 바람이요, 소인의 덕은 풀이다. 풀 위로 바람이 불면 풀은 반드시 눕게 되느니!"[6]라고 하여, 덕치의 역학을 바람과 풀에 비유하여 설명하기도 한다. 덕에 대한 일련의 비유법적 묘사에서, 우리는 공자가 폭력을 힘의 전부로 아는 춘추시대에 '제3의 힘'으로서 덕을 사람들에게 이해시키기가 몹시 힘들었으리라는 느낌을 받는다.

도가의 창시자인 노자 역시 덕의 정체에 관해 '한 소식'을 얻었던 사상가였던 터. 그가 남긴 《도덕경(道德經)》이라는 책 이름에서 '덕'은 도드라지게 드러나 있다. 한데 그 역시 덕을 표현하거나 서술하기가 힘겨웠던 듯하다. 노자는 덕을 설명하기 위해 '역설의 방법'을 쓰고 있다.

---

6) "君子之德風, 小人之德草, 草上之風必偃."(《논어》, 12:19)

예컨대 "큰 덕을 갖춘 사람은 자신의 덕을 의식하지 않는다. 그러기에 정말로 덕이 있는 사람이 된다. 반면 박덕한 자는 덕을 의식하고 집착하기에 덕이 없다."[7] 따라서 "최상의 덕은 억지로 하지 않는데도 되지 않는 일이 없다."

그렇다면 공자가 북극성과 태풍의 비유를 통해서 펼쳐보이고자 했던, 또 노자가 역설과 모순의 어법을 통해 드러내고자 했던 덕의 정체는 어떤 것일까? 다음을 보자.

공자 말씀하시다. "덕은 고독하지 않다. 반드시 이웃이 있게 마련이다."

子曰, "德不孤, 必有鄰."

— 《논어》, 4 : 25

여기 '반드시 그 주변에 사람들이 있게 마련'이라는 확언은 덕의 현상적 특성을 보여준다. 즉 덕은 고독하지 않고 사람들이 모여든다! 그런데 덕의 주변에 사람이 몰려있는 까닭은, 유덕자가 사람들에게 오라고 명령했기 때문은 아니다(이렇게 되면 덕은 권력이나 폭력과 다름없다 – 분명히 폭력은 덕과 상반되는 힘이다). 그렇다면 덕은 주변 사람들이 자발적으로 몰려드는 어떤 블랙홀 같은 것이다. 그러면 '덕의 힘'은 어떻게 작동되는 것일까?

(1)
섭공이 정치를 물었다. 공자 말씀하시다. "가까운 곳 사람들은 기뻐하고, 먼 곳 사람들은 몰려드는 것이지요."

葉公問政. 子曰, "近者說, 遠者來."

— 《논어》, 13 : 16

---

7) 上德不德, 是以有德. 下德不失德, 是以無德. 上德無爲而無以爲.(《도덕경》, 제38장)

(2)

"만약 먼 곳 사람들이 복종하지 않는다면 어떻게 할 것인가? 더욱 자신의 문덕(文德), 즉 문명과 덕성을 정비함으로써 그들이 이끌려 몰려오도록(來) 해야 한다."

"遠人不服, 則修文德以來之."

— 《논어》, 16:1

이 인용문들 속에서 특히 '몰려온다'를 뜻하는 래(來) 자에 덕의 동학(動學)이 가진 미묘한 특징이 잘 담겨있다. 낯선 사람들이 자발적으로 기꺼워하며 몰려오는 것이 공자가 보는 정치, 곧 덕치의 힘이다. 나는 이런 '덕의 동학'을 '진공청소기' 작동원리에 비유하고 싶다(비유법은 공자도 사용한 방식이다!).

진공청소기 작동원리의 핵심은 청소기가 제 스스로를 '진공상태로 만든다'는 데 있다. 빗자루 청소가 먼지나 쓰레기를 힘으로 밀어붙이는 (去) 폭력적 방식이라면, 진공청소기는 스스로를 비우는데도 '역설적으로' 쓰레기가 빨려드는(來) 것이다. 더욱이 진공청소기는 힘의 강약을 조절하는 3단계의 버튼을 갖고 있다. 가장 강한 힘을 발휘하는 세 번째 버튼을 누르면, 제일 먼 곳의 쓰레기와 또 가장 깊숙한 곳의 먼지가 빨려든다. 여기서 주의할 점은 많이 비우면 비울수록 더욱 강한 힘을 발휘한다는 역설이 진공청소기의 작동원리 속에 숨어있다는 사실이다.

한편 진공청소기의 작동방식과 닮은 자연현상으로는 태풍을 들 수 있으리라. 태풍이 진공청소기와 닮았다고 하면 문득 의아할 수도 있을 테다. 그러나 제 속을 비움으로써 힘을 발휘하는 태풍의 역학은 진공청소기의 작동방식과 다르지 않다.

태풍은 여느 바람과 성격을 달리하는 독특한 바람이다. 태풍은 일진광풍과도 다르고 휘몰아치는 폭풍과도 다르다. 노자는 "아침 내내 몰아치는 회오리바람도 없고, 하루 종일 내리는 소나비도 없다"[8]고 했지만,

그러나 태풍만은 며칠을 두고 불고 또 밤새도록 비를 쏟는다.

폭풍이 위에서 아래로 퍼붓는 바람이라면, 태풍은 아래서 위로 쳐올리는 바람이다. 또 폭풍이 고기압대에서 생긴다면, 태풍은 저기압대에서 발생한다. 그리고 폭풍이 옆으로 스쳐가는 바람이라면, 태풍은 꼿꼿이 서서 걸어간다. 태풍을 세우는 힘은 그 한가운데 뻥 뚫린 '눈'에서 비롯한다. 눈이 없다면 태풍은 한낱 '열대성 폭풍'에 불과하다. 거대한 구름 회오리 한가운데 뻥하니 뚫린 태풍의눈은 한밤중 마주친 고양이 눈깔처럼 섬뜩하다.

태풍의눈은 텅 비고, 맑고, 고요하며, 기압은 낮다. 그러니까 폭풍이 남성적이라면 태풍은 여성적인 바람이라고 해야 하리라. 자기를 낮추고, 고요하며 맑은 태풍의 중심이 가진 특성들은 아무리 생각해도 여성적이다(태풍에 여성의 이름을 붙이던 옛 관습은 나름대로 유래가 있다고 해야겠다).

주목할 점은 기압이 낮으면 낮을수록 더 큰 힘을 발휘하는 태풍의 역설이다. 지난 2003년 9월에 발생한 '매미'는 한반도에 막대한 피해를 입힌 사상최대 위력의 태풍이었다. 인명피해가 130명, 재산피해는 4조 7,810억원에 달했다고 한다. 사전에 따르면 "태풍 매미는 우리나라에서 기상관측을 실시한 이래 중심부 최저기압이 가장 낮은 950헥토파스칼(hPa)을 기록했다."

흥미로운 점은 태풍 매미의 중심기압은 1959년 9월 발생했던 전설적인 태풍 사라의 952hPa보다도 2hPa이 낮았고, 또 귀에 익은 1987년 7월의 셀마(972hPa)나, 2002년 8월 말 발생한 루사(970hPa)의 중심기압보다는 더더욱 낮았다는 사실이다. 즉 태풍은 중심기압이 낮을수록 더욱 강력한 힘을 일으킨다! 이것은 진공청소기가 제 속을 많이 비울수록 더 강한 힘을 잣는 역설과 똑같다.

---

8) 飄風不終朝, 驟雨不終日.《도덕경》, 제23장)

정작 강한 힘은 자기를 낮출수록, 또한 중심을 텅 비우고 고요하게 유지할 적에야 터져나온다는 '힘의 역설'을 태풍으로부터 배운다. 폭풍과 대척되는 바람인 태풍의 원리와, 스스로를 비울수록(진공상태를 만들수록) 더욱 강한 힘을 발생하는 진공청소기의 역설성을 이해하는 것이야 말로 덕이라는 '이상한 나라'로 들어가는 '토끼굴'이다. 역시나 노자가 역설법을 통해서라야만 덕을 설명할 수 있었던 이유와, 공자가 비유법을 통해서만 덕을 해설할 수 있었던 까닭의 실마리도 걸쳐져 있다.

4. 태풍, 계곡 그리고 덕성

그렇다면 여기서 잠깐 고대인들이 태풍을 관찰한 자취를 살펴보자. 《시경》에는 다음과 같은 노래가 전해진다.

大風有隧[9]	큰 바람은 굴을 갖고 있는데,
有空大谷	텅 비고 큰 골짝이로다.
維此良人	이 좋은 사람은
作爲式穀	자식들을 선하게 만드는구나.

— 《시경》, '대아(大雅) 탕지십(蕩之什)' 편, 〈상유(桑柔)〉

여기 "굴을 갖고 있"다는 '큰 바람' 태풍(大風)은 오늘날 인공위성을 통해 보는 태풍과 같은 것이리라. '태풍이 갖고 있는 굴(大風有隧)'은 곧 한가운데 뻥 뚫린 '태풍의 눈'을 지칭하는 것임에 분명하기 때문이다. 그러므로 두 번째 구절에서 그 굴의 형상을 '텅 비고 큰 골짜기(有空大谷)'라고 묘사했던 것이겠다. 곧이어 낮고 텅 빈 태풍의눈은 사람의 덕

---

9) 여기 '隧(수)'는 곧 동굴을 뜻하는 '수(隧)'와 같다.

행을 비유하는 데 차용된다. 즉 "이 좋은 사람은 자식들을 선하게 만드는구나"라는 대목의 그 '선하게 만드는 힘'이 태풍의눈으로 상징된다. 결국 '이 좋은 사람'은 텅 빈 듯하면서도 사람들을 선하게 만드는 힘을 갖추고 있다. 곧 이 시는, 선한 사람의 힘(덕성)은 꼭 태풍의 한가운데가 텅 빈 골짜기인데도 거기서 힘센 바람이 자아지는 것과 같아 보인다는 칭송의 노래가 된다.

흥미롭게도 《시경》에 묘사된 이미지들은 조선 유교와도 연결된다. 즉 '태풍'과 '눈', '골짜기'와 '힘' 그리고 '사람'과 '덕성'은 조선 유교의 대표들인 이황(李滉)의 호 퇴계(退溪)와 이이(李珥)의 호 율곡(栗谷) 속에도 깃들어 있다. 퇴계란 '물러난 골짜기'라는 뜻이다. 본시 안동 땅에 있던 토계(兎溪), 즉 '토끼골'이라는 지명을 퇴계라고 고쳐 제 이름으로 삼았다. 또 율곡이란 '밤나무 골짜기'라는 뜻이다. 이이는 율곡말고도 또 석담(石潭)이라는 아호를 가졌다(그는 〈석담일기〉라는 일기체 에세이를 남겼다). 석담이란 '폭포수 밑에 움푹 파인 돌확'을 뜻한다. 즉 이황과 이이는 공통적으로 골짜기의 이미지를 따서 자기 정체성을 드러내고 있는 것이다.

묘하게도 퇴·계와 율·곡을 한 자씩 건너뛰어 읽으면 '퇴율·계곡'이 되는데, 이황과 이이는 유자이면서 왜 노자를 연상케 하는 골짜기(谷神)를 제 이름으로 삼았던 것일까. 여기서 퇴계의 사후, 그를 기리는 사당의 명칭인 숭덕사(崇德祠)가 실마리 구실을 할 수 있지 않을까 싶다. 숭덕사란 '덕을 숭상한 이를 기리는 사당'이라는 의미다. 곧 제자들과 후손들은 퇴계가 지향했던 삶의 키워드를 덕(德)이라는 한 글자로 축약했다는 뜻이다.

그렇다면 퇴계와 율곡이라는 이름 속의 골짜기는 저기 《시경》 속에 묘사된 태풍 속의 '텅 빈 큰 골짜기(有空大谷)'와 같아 보인다. 즉 이황과 이이는 '자기수련을 통해(修身)' 제 몸·마음 속에 '움푹 팬 골짜기'를 만들면, 마치 물이 아래로 흘러 계곡으로 모이듯, 또 태풍이 빈 골짜기에서 나오듯, 강력한 힘이 형성된다는 전망을 이름 속에 담은 것이다. 역시나 골짜기에서 자아지는 힘은 앞서 인용한 '근자열, 원자래(近者悅, 遠者來)'와도 연결된다. 즉 덕치를 행하면 "가까운 데 사람들은 기뻐하고, 먼 데 사람들이 몰려오리라"던 공자의 전망이 그것이다.

이 대목에서 우리는 조선 유교가, 또 조선의 선비들이 지향한 도덕성이 고작 개인의 인격이나 인품을 닦는 용도로서만이 아니라, 보다 큰 정치적 전망을 내포하고 있음을 이해해야 할 것이다. 이를테면 "제 생각을 상대방에게 강요하거나 억압하지 말라. 외려 스스로를 비워내고 상대방을 포용하고 감싸라. 그리하면 물이 계곡으로 몰려 내려오듯, 비워둔 그 자리로 사람들이 몰려오리라. 또 그것은 마치 낮고 텅 빈 골짜기에서 자아진 바람이 결국에는 천하를 휘감는 태풍과 같은 위력으로 표출되리라"는 전망이다. 조선의 유자들, 적어도 이황과 이이만큼은 덕=북극성=태풍이라는 고전적 비유법을 넉넉히 이해한 바탕 위에서 '덕성의 힘은 어떻게 작동하는가', 나아가 '덕이 잦는 힘의 기원은 무엇인가'라는 질문으로 나아갔고, 또 이에 대한 답변으로서 계곡의 이미지를 채택했으리라는 것이다.

요컨대 덕은 바람(태풍)이요, 진공청소기요, 또 계곡이다. 모두에서 나를 낮추고 비우는데 강한 힘이 발휘되는 힘의 역설이 관철된다. 덕은 분명 힘이긴 하지만 억누르고 지배하는 권력이 아니라, 상대방이 스스로 기꺼워서 진심으로 오고 싶도록 만드는 매력이다. 그렇다면 '덕성'이란 자기 속을 채워서 높은 산을 만드는 것이 아니요, 외려 나의 속을 깎아내 마치 못이나 계곡처럼 움푹 팬 공간을 만들어 거기로 사람이 모여들게 만드는 것이다.

공자에게서 덕이 북극성과 바람에 비유되었다면, 오늘날에는 덕을 태풍과 진공청소기에 비유할 수 있었다. 그러나 스스로를 낮추고 비울

적에야 강한 힘이 발휘되는 힘의 역설이 관철된다는 점에선 동질적이다. 덕은 분명 힘이긴 하지만 억누르고 복종을 강요하는 폭력·권력이 아니라, 상대방이 스스로 기꺼워서 진심으로 오고 싶도록 유도하는 '정체를 알 수 없는 힘'이다. 이 힘에 억지로 이름을 붙이자면 '매력'이라고 할 수 있으리라.

매력이란 남들이 스스로 끌려오는 힘이다. 그런데 사람들은 어디에 끌리는가? 제 하소연을 들어주고 또 보살펴주는, 편안한 사람에게 끌린다. 그렇다면 덕의 거처는 남의 말을 들어주는 '귀'와 상대방을 이해해주는 마음씨 그리고 아픔을 품어주는 배려에 위치한다. 또 덕성(德性)이란 바깥에 쌓아 만든 재력이나 권력의 산봉우리가 아니요, 자기 안을 움푹 깎아낸 연못이나 계곡과 같은 모습이 된다. 곧 덕은 나 속에 움푹 파낸 자리에서 형성된다!

그러니까 참된 공부란 내 속을 깎아서 마치 못이나 계곡처럼 움푹 팬 공간을 만드는 것이요(이것이 이른바 수기(修己)가 된다), 또 이곳으로 사람들이 모여들게 만드는 매력을 닦는 것이다(이것을 치인(治人)이라고 일컫는다). 문제는 나 자신에게로 집중된다. 유교의 바탕자리에는 자기수련과 자기의 욕망을 이겨 관계로 돌아감, 즉 극기복례(克己復禮)가 기본으로 존재한다. "인(仁)을 실천하는 일이란 '나 자신'으로 시작되는 것이지, 어찌 남으로부터이랴!"[10]라던 공자의 지적은 덕의 바탕, 즉 덕성이 자기 몸·마음 속에서 함양됨을 겨냥한 것이다.

그렇다면 덕이란 내 속에 만들어진 빈 공간에 자연히 쌓이는 어떤 미덕(이를테면 주변의 신망과 같은 것)이다. 또 덕치란 내가 남을 능동적으로 다스리려고 나서는 것이 아니라, 도리어 나를 낮추고 상대방의 말을 경청하고 또 함께 더불어 그 문제를 해결하려는 과정 속에 사람들이 끌려

---

10) "爲仁由己而由人乎哉!"(《논어》, 12:1)

드는 것이다(이 대목에서 다시금 '근자열, 원자래(近者悅, 遠者來)'의 구도를 연상하자).

결국 덕이란 겸양과 경청 그리고 상대방에 대한 배려를 통해 형성되는 자연스런 힘이라고 정의할 수 있다. 상대방을 배려하며 뒤로 물러서는 겸양의 자리에 자연스레 빈자리가 형성되고, 문득 그 빈자리를 채우기 위해 외부의 힘이 빨려들면서 형성되는 에너지의 축적이 덕이다.

5. 오늘도 살아 숨 쉬는 덕의 힘

결론을 짓자. 눈에 보이지 않지만 느낄 수는 있는 따뜻한 힘, 낮추면 낮출수록 비우면 비울수록 강력해지는 이상하고도 기묘한 힘을 공자는 인간세계 속에서 발견했고, 거기에 덕이라는 이름을 붙였다. 즉 덕은 힘이다. 힘이긴 하나 억압이나 폭력이 아닌 저절로 끌리는 힘, 발휘하지 않는데도 사람들이 몰려드는 힘이다!

나를 드러내고 또 명령하고 요구하는 것이 아니라, 도리어 나를 낮추고 남의 말을 들어주고 또 챙겨주는 데서 비롯하는 힘이 덕이다. 위력이 드러내어 발산하는 힘이라면, 덕은 숨은 힘이요 감춰진 힘이라고나 할까. 공자는 이 힘만이 제대로 된 인간다운 문명세계를 이룰 것이라고 확신했고, 맹자는 그 공자의 뜻을 계승한 것이다.

그런데 이건 머나먼 옛날, 호랑이 담배 피던 시절의 이야기는 아닐까? 매력과 덕성, 낮출수록 발휘하는 역설적 힘 따위는 전근대 동양의 설화일 뿐 오늘날에 있어선 시대착오적인 잠꼬대가 아닐까? 꼭 그렇지는 않은 듯하다. 오늘날 냉혹한 자본주의 시장경제체제 속에서도 기업경영의 한 원리로서 덕의 힘은 작동되고 있다는 보고가 있기 때문이다.

미국의 기업경영 연구자 짐 콜린스(James C. Collins)가 '평범한 기업'

을 '위대한 기업'으로 도약시킨 탁월한 기업가들을 조사·연구하는 대목에서 '덕의 힘'과 똑같은 언어를 구사하고 있다는 사실은 어쩌면 놀랍다.

'평범한 기업'의 리더들이 지극히 자기중심적인 것과는 대조적으로 '위대한 기업'으로 도약을 성공시킨 리더들은 자신들 이야기를 얼마나 삼가는지를 보고 우리는 충격을 받았다. 평범한 기업을 위대한 기업으로 도약시킨 리더들은 인터뷰 중에 우리가 끼어들지 않는 한 회사나 다른 경영진의 공헌에 대해서만 이야기했다.
— 짐 콜린스, 이무열 옮김, 《좋은 기업을 넘어 위대한 기업으로》, 김영사, 2002년, 52쪽(윤문은 인용자)

결국 짐 콜린스는 다음과 같은 결론을 내릴 수밖에 없었다고 토로한다.

그것은 흔한 거짓 겸양이 아니었다. 평범한 기업을 위대한 기업으로 도약시킨 리더들과 함께 일하거나 그들에 대해 글을 쓴 사람들은 그들의 리더십에 대해 다음과 같은 단어나 표현을 계속 썼다. '조용한', '자신을 낮추는', '겸손한', '조심스러운', '수줍어하는', '정중한', '부드러운', '나서기 싫어하는', '말수가 적은', '자신에 관한 기사를 믿지 않는' 등이다.
— 짐 콜린스, 같은 책, 53쪽(윤문은 인용자)

어디 기업경영 분야뿐이던가. 국가경영, 즉 정치영역에서도 똑같이 '덕의 힘'이 작동하고 있다는 보고도 있다. 최근 브라질에서는 대통령직을 물러나는 룰라 대통령의 인기가 전대미문의 것(80퍼센트)이어서, 야당 후보자조차 그와의 친밀도를 과시할 정도라고 한다. 이러한 인기의 원인에 대해 다음과 같이 진단한 기사가 있다.

대표적 해방신학자로 (브라질) 룰라 대통령의 정신적 지주로 불렸고 집권 초 대통령고문을 지낸 프레이 베투는 … "룰라 대통령은 상대가 누구든 그의 입장을 '경청하고' 모두를 '동등하게 대했으며' 전통적 적대세력까지 끌어안았다"며 "이런 능력이 거의 절대적인 지지율로 나타난 것"이라고 평가했다.

— 〈한겨레〉 2010년 9월 16일자

오늘날 브라질에서 일어나는 '경청하고, 동등하게 대하며, 적대세력조차 끌어안는' 정치가의 성공사례와, 또 미국 기업가들의 '조용한', '자신을 낮추는', '겸손한', '조심스러운', '수줍어하는', '정중한', '부드러운' 리더십의 성공사례는, 덕치 또는 '덕의 힘'이 동서고금을 막론하고 보편적일 수 있음을 보여준다.

어디 또 경영이나 정치 분야일 뿐일까. 예술의 세계에서는 더더욱 그러한 듯하다. 사이먼 바커(S. Backer)는 "즉흥연주라는 측면에서 재즈와 한국 민속음악, 그중에서도 김석출 선생의 동해안 별신굿 연주는 맞닿아 있다"고 보는 재즈음악가다. 김석출의 연주를 찾아 호주에서부터 와서 이 땅 곳곳을 찾아다닌 여정을 그린 다큐멘터리 영화 〈땡큐, 마스터 킴〉(감독 엠마 프란츠)에서, 바커는 판소리 명인들에게 배운 것을 다음과 같이 전한다. 그리고 이 속에도 '덕의 힘'은 자옥하게 깔려있다.

힘을 주는 게 아니라 힘을 빼는 법을 배웠다. 소리를 내는 게 아니라 침묵하는 법을 배웠다. 힘을 주고 내지르는 것만이 아니라 힘을 빼고 억제하는 것으로 더 많은 것을 표현할 수 있다는 사실을 알게 되었다.

— 사이먼 바커, 《시사IN》 155호(2010년 9월 4일자)

14장
유교와 시장

자본주의 본산, 미국과 유럽이 휘청거리고 있다. 금융위기가 실물경제로 번지고 있다. 주식시장은 녹아내리고, 달러가치는 떨어지고, 국제무역은 얼어붙고 있다. 돈은 돌기에 돈이라고 했다. 경제란 순환과 변화를 속성으로 한다는 뜻이다. 그 변화의 동력은 신용이고 신뢰다. 지구적 차원에서 사람과 돈, 상품의 순환을 이끌던 동력인 미국의 신용등급 추락은, 자본주의가 한계에 닿았다는 신호다.

우리는 유교를 오해해왔다. 실물경제와는 담을 쌓은 도덕주의, 이기심과 욕망의 심리학을 억누른 관념주의, 현실을 도외시한 창백한 이상주의 등이 유교의 이미지였다. 그러면서도 유교가 은둔하려는 노장사상을 비난하고 속세를 버리는 불교를 이단이라 비판하였음을 안다. 유교가 현세적인 사상임을 알고 있는 것이다.

유교에는 극락도 없고 천당도 없다. 작가 김훈의 표현을 빌리자면 "인간은 비루하고, 인간은 치사하고, 인간은 던적스럽다. 이것이 인간의 당면 문제"(《공무도하》, 문학동네, 2009년)라는 그 인간의 조건을 넉넉히 감안하고서, 현재 삶의 문제를 직접 대면하는 것이 유교다. 비루하고 치사한 생존의 문제, 경제와 시장을 도외시하지 않고서, 산속이 아니라 질척거리는 시장통 속에서 삶의 진실을 찾는다(주희가 유교를 실학(實學)이라고 일컬은 까닭이 이것이다 —《대학장구》서문 참고). '지금·여기'에 제출된 역사적 문제들을 고민하고 그 대안을 제시하려는 것이 유교다. 자본주의의 파국적 위기에 봉착한 지금, 유교의 시장과 경제에 대한 생각을 한번 살펴보자.

1. 하필왈리(何必曰利)

우리는 통념상 유교사상을 이익(利)을 배척하고 도덕(仁義)을 강조한 이상주의로 오해한다. 이익을 반대하고 도덕을 주장한 것으로 유교, 특히 공자와 맹자사상을 기술하기는 대부분의 윤리 교과서가 저지르는 전형적인 '오류'에 속한다. 이런 인식에는 유교 자체의 책임도 없지 않다. 유교의 핵심 텍스트《맹자》의 첫머리에는 '이익 대 인의' 사이의 대결이 전개되기 때문이다.

《맹자》의 첫머리는 이렇게 시작한다. 맹자를 맞이한 양나라 혜왕이 "내 나라를 이롭게 할 어떤 방책을 가져오셨나요?"라며 인사말을 던진다. 이에 맹자가 '하필왈리, 인의이이의(何必曰利, 仁義而已矣)'라, 즉 "하필이면 이익을 말씀하시오! 오로지 인의(仁義)가 있을 따름인 것!"[1]이라고 일갈한다.

이 구절은 여태껏 유교의 비현실주의, 관념주의, 도덕주의를 증거할 좋은 재료로서 구실해왔다. 하나 이것은 맹자가 현실적 이해관계를 도외시하고, 인·의라는 도덕적 가치만을 숭상한 관념론자 또는 이상주의자라는 뜻이 아니다. 이것은 '국가경영자'인 군주의 관심이 이익의 추구

---
1)《맹자》, 1a : 1

에 몰두해 있다 보면 결국 국가는 위험에 빠지고 말 것이라는 지적일 따름이다. 이런 추론은 이어지는 문장에서 더 분명해진다.

> 군주가 자기 이익을 앞세우면, 그 아래 대부(大夫)는 제 집안의 이익을 앞세우고, 그 밑의 사(士) 역시 제 몸의 이익을 앞세우게 마련이지요. 이익을 놓고 위아래가 다투다 보면 끝내 그 나라는 위기에 빠지고 말 것이외다.
> "王曰何以利吾國, 大夫曰何以利吾家. 士庶人曰何以利吾身. 上下交征利, 而國危矣."
> ―《맹자》, 1a:1

여기서 맹자의 대화 상대가 정치가(군주)라는 사실에 주목해야 하리라. 맹자가 이익의 선택은 최악의 선택이라고 말한 대상은 군주이지, 일반 백성이 아니다. 그는 군주의 이익추구가 결국 온 나라를 시장판으로 황폐화시키는 결정적 계기임을, 군주 본인에게 경고한 것이다.

통념과 달리, 유교는 인간이 이기심을 가진 존재임을 철저히 인식한다. 맹자가 "이익에 주밀한 사람은 흉년도 죽이지 못하고, 덕성에 주밀한 사람은 사악한 세상도 어지럽히지 못한다"[2]라고 했을 때, 이 문장에는 덕성은 좋은 것이고 이익은 나쁘다는 가치판단이 전혀 개입되어 있지 않다. 도리어 흉년에 생존하기 위해서는 이익에 주밀해야 하고, 난세에 살아남기 위해선 덕성, 곧 재물을 베풀며 사는 자세가 필요함을 병렬하여 역설할 뿐이다.

이익의 추구를 낮추보지 않고, 도리어 인간의 한 요소로 여기는 담담함은 공자에게서도 발견된다. "군자는 의(義)에 밝아야 하고, 소인은 이끗(利)에 밝아야 한다"[3]는 잠언이 그러하다. 여기 의에 밝아야 하는 군

---

2) 孟子曰, "周于利者凶年不能殺, 周于德者邪世不能亂."(《맹자》, 7b:10)

자는 공공영역의 정치가를 뜻하고, 이곳에 밝아야 하는 소인이란 일반 백성을 두고 한 말이다. "군자는 의에 밝아야 한다"는 공자의 권고는 양혜왕에게 요구한 '하필왈리'에 합치하고, "소인은 이곳에 밝아야 한다"는 대목은 "흉년에도 살아남기 위해선 이익에 주밀해야 한다"고 지적한 맹자의 견해와 같은 것이다. 그러므로 많은 오해를 불러온 '하필왈리', 즉 "많고 좋은 말들 가운데 하필이면 이익을 말하시오!"라던 맹자의 일갈은 결코 모든 인간에게 적용되는 규범이 아니라, 그가 정치가에게 요구한 덕목일 따름인 것이다.

도리어 맹자가 '유물론적'인 정치경제학자였음은 '유항산, 유항심(有恒產者, 有恒心)' 논리에서 잘 드러난다. "일반 백성에게서 진리는, 경제적 이득이 생길 때라야 항상적인 마음이 생겨나고, 경제가 궁핍하면 항상적인 마음을 낼 수 없다는 사실이다. 그러므로 지혜로운 군주는 항상 겸양하고 검소하며 상대를 공경하며, 인민들로부터 취하는 세금에는 제한을 두는 법이다."[4]

이것은 유교가 이익추구를 죄악시한 사상이 아님을 잘 보여주는 예시다. 아니 공자로부터 다산(茶山)에 이르기까지, 일급의 유교사상가들 가운데 이익을 도외시하고 도덕만을 숭상한 유자는 없다!

2. 유교의 시장

시장은 유교가 좋아하고 싫어하기 이전에, 이미 수천 년의 역사를 가진 인간문명의 일부분이다. 칼 폴라니(Karl Polanyi, 1886-1964)의 지적처

---

3) 子曰, "君子喩於義, 小人喩於利."(《논어》, 4:16)
4) 民之爲道也, 有恒產者有恒心, 無恒產者無恒心. (…) 是故賢君必恭儉禮下, 取於民有制. (《맹자》, 3a:3)

럼, 이미 인간사회에 깔려있는(embeded) 것이 시장이다. 흥미로운 사실은, 유교가 시장을 평화와 정의에 대한 비유로서 자주 사용했다는 점이다. 탕(湯)의 혁명전쟁이 얼마나 정당한 것이었는지를 증거하는 예를 "시장에 장보러 가는 사람의 행렬이 그치지 않았다"[5]라고 표현한다든지, 훌륭한 군주가 떠날 적에 '그를 놓칠 수 없다'며 따라나선 백성들을 두고, "쫓는 자들이 꼭 시장에 몰려가는 장꾼들 같았다"[6]라고 비유하는 밑바탕에는 시장을 당연시할 뿐만 아니라, 시장을 우호적으로 본 유교의 인식이 전제되어 있다.

실제로 유교는 시장경제활동을 장려한다. 상인을 우대하여 관세와 시장세를 철폐한다면 천하의 재화가 모두 그 나라로 몰려들 것이라며, 이것이 왕도정치를 이루는 한 방법이라고 주장한 맹자의 주장이 특히 그러하다.

> 상품 거래에 세금을 매기지 말고, 점포를 열어도 자릿세를 물리지 말라. 그리하면 천하의 상인들이 기뻐하며 몰려오리라. 수출입에 관세를 매기지 말고, 국경에선 다만 범죄만 기찰하라. 그리하면 온 세상의 무역상들이 기껍게 몰려오리라.
>
> 市廛而不征, 法而不廛, 則天下之商皆悅, 而願藏於其市矣. 關譏而不征, 則天下之旅皆悅, 而願出於其路矣.
> ―《맹자》, 2a : 5

요즘식으로 하자면 무관세 '허브(hub) 자유무역지대'를 건설하라는 권고다. 흔히 유교라면 농업을 숭상하고 상업을 억압하는 농본상말(農本商末)이 그 본령인 줄 알지만, 실은 '농본상말'은 법가, 특히 한비자가

---

5) 歸市者不止.(《맹자》, 1b : 11)
6) 從之者如歸市.(《맹자》, 1b : 15)

강조하고 권장한 정책이다. 유교의 본령은 인(仁)인데, 인이란 '사이의 소통'을 의미할 따름이다(제12장 '인이란 소통이다' 참고).

물과 말의 흐름을 중시하여 그것을 잘 소통시키는 데 정치의 역할이 있다고 본 터에 어찌 상품의 유통, 상업과 시장을 억압할 수 있으랴. 위에 인용한 맹자의 주장인 국내시장의 세금면제정책과 국제시장의 무관세정책을 통한 물자의 원활한 유통, 상인의 편안한 여행 보장은 인정(仁政)의 구체적인 정책일 따름이다. 통공역사(通功易事)라, '상품을 유통하고 서비스를 교환하는 일', 즉 물자의 원활한 흐름과 상인의 안전한 이동이야말로 '유교국가'라면 꼭 보장해야 할 핵심 경제정책인 것이다.

도리어 공자나 맹자가 문제로 삼은 것은, 당시 나라들마다 취한 국내 생산물의 유출을 막고 외부의 물자의 유입을 가로막는 쇄국정책이었다.[7] 관세장벽으로 물류의 흐름을 차단함으로써, 인민의 삶이 극도로 곤란해지고 있었다. 이에 맹자는 "상품을 유통시키지 않고 서비스 교환을 가로막아 생산물이 그 부족한 지역으로 흘러들지 못하면 농사꾼의 창고에는 곡식이 썩어나고, 베 짜는 직녀의 창고에는 옷감이 쌓여가기만 할 것이다. 반면 생산물이 유통되면 수레와 바퀴 만드는 장인들도 그 덕택에 이익을 누릴 수 있게 된다"고 지적한 것이다.[8]

맹자가 관문(關)을 두고 "옛날 관문은 폭정을 막기 위한 것이었건만, 오늘날 관문은 폭정을 위해서 존재하는구나!"[9]라고 개탄한 데도 그런 뜻이 서려있다. 대나무에 마디가 없다면 부러지고 말 것이고, 다리의 관절이 없다면 원활한 몸동작이 불가능하다. 국경의 관문 역시 물류의

---

7) 춘추시대 패자인 제환공(齊桓公)이 성취한 국가 간 협약 5개조 속에는 "무역상인을 홀대해선 안된다(無忘賓旅)" 그리고 "미곡 무역을 금지해선 안된다(無遏糴)"는 항목이 들어있다(《맹자》, 6b:7). 이런 조항은 당시 국가들의 쇄국주의와 보호무역정책을 반증한다.

8) 《맹자》, 3b:4

9) 孟子曰, "古之爲關也, 將以禦暴, 今之爲關也, 將以爲暴."(《맹자》, 7b:8)

유연한 흐름과 원활한 기능을 위해 존재하는 것이다. 그러나 당시의 관문은 도리어 소통의 장애물로, 세금을 수탈하기 위한 족쇄로 경직되었다는 비판이다. 실은 이런 단절, 폐쇄, 불통, 경직이야말로 유교가 개선하려고 했던 대상들이다. 본시 막힌 것을 뚫고, 길을 열어 흐름을 증진하는 일은 '소통으로서의 인(仁)' 그리고 '함께·더불어(與)'라는 유교 본래의 가치에 합당한 정책인 터다.

여기서 유교가 시장과 이익, 물류와 상업활동을 부도덕하거나 사악한 것으로 적대시하지 않았음을 기억했으면 한다. 한 '맹자' 연구자의 해설도 이런 주장을 뒷받침한다.

> 맹자 경제사상의 특징은 … 모든 산업, 특히 상업을 중시하였다는 점이다. 그는 상업이 없으면 사회생활의 영위가 불가능하다는 점을 알고 있었을 뿐 아니라, 상인이나 여행자도 모두 '민(民)'에 포함되므로 그들에게도 당연히 인정(仁政)을 베풀어야 한다고 했다. 상업은 "성과를 융통시켜주고(通功易事)", "유무(有無)를 서로 소통시켜준다"는 점에서 다른 업종이 대신할 수 없는 중요한 기능을 맡고 있으며, 따라서 사회경제적 발전을 촉진시키는 데 유익하다는 점을 맹자는 충분히 인식하고 있었다. 그리하여 그는 상업의 보호와 발전을 주장하였고, 상업세의 면제를 통해서 타국의 상인이나 여행자들이 자국으로 찾아오는 것을 촉진하고, 그들에게도 인정(仁政)을 베풀어야 한다고 했다.
>
> — 박기봉, 《맹자》, 비봉출판사, 1992년, 562~563쪽

3. 시장의 기능

의외로 유교가 이해한 시장의 작동원리는 근대 서구의 경제학 이론과 흡사하다. 중국 고대의 '재벌(財閥) 열전'이라고나 할, 사마천의 〈화식열전〉에 등재된 공자 제자 자공(子貢)은 상품가격의 결정 원리를 이해한

경제인이었다. 이미 《논어》 속에서 자공은 장사꾼으로서의 체취를 한 껏 풍기면서 출현하는데, 스승의 진퇴 여부를 옥구슬의 매매에 비유하는 모습이 꼭 그러하다.

> 자공: 여기 아름다운 옥구슬이 있습니다. 궤짝에 넣어 숨겨두어야 할까요? 아니면 좋은 값을 구해서 팔아야 할까요?
> 공자: 팔아야지, 팔아야 하고말고! 다만 나는 제값을 쳐줄 장사꾼을 기다리고 있지.
>
> 子貢曰, "有美玉於斯, 韞匵而藏諸? 求善賈而沽諸?"
> 子曰, "沽之哉! 沽之哉! 我待賈者也."
>
> — 《논어》, 9 : 12

공자도 자공이 이재에 밝은 장사꾼으로서의 자질을 갖춘 점은 인정하고 있었다. "자공, 저 녀석은 전업으로 삼지 않는데도 재화를 잘 증식하고, 투기를 해도 곧잘 맞춘다니깐!"[10]이라는 인물평이 그러하다. 흥미로운 점은 자공이 현대경제학의 기초를 이해하고 있었다는 점이다. 자공이 "사람들이 옥(玉)을 귀중하게 여기고 옥돌(珉)을 천하게 여기는 까닭은 무엇 때문입니까? 옥은 적고, 옥돌은 많기 때문입니까?"라며 스승에게 던진 질문은 그가 가격 결정 원리를 이해하였음을 풍겨준다(《순자》 '법행(法行)' 편 참고).

옥은 희소하기 때문에 귀하고, 옥돌은 흔하기 때문에 천하게 대접받는다고 보는 자공의 안목은 근대경제학의 기초인 '희소성의 원칙'에 부합한다. 이처럼 재화의 운용원리인 희소성의 원칙과 수요공급의 원리를 체득하고 있었기에 그는 대상으로서 큰 재산을 모으고 꾸릴 수 있었을 것이다.[11]

---

10) "賜不受命, 而貨殖焉, 億則屢中." (《논어》, 11 : 18)

한편《맹자》에는 자급자족 원리에 기초한 원시공산주의를 꿈꾸는 농가(農家)와 유교 간의 사상투쟁이 실려 있어, 유교의 경제관을 더욱 선명하게 보여준다. 농가사상을 숭상하는 진상(陳相)이라는 인물과 맹자 사이에 빚어진 논쟁이다. 진상의 주장을 들어보자.

> 농가의 원리를 따르면, 가격이 하나로 고정되어 나라에 거짓(僞)이 사라집니다. 비록 어린아이가 시장에 가더라도 속이는(欺) 사람이 없습니다. 삼베나 비단이 각각 크기가 같다면 가격이 같습니다. 삼실·비단실·명주실·솜 역시 무게가 같다면 각각의 가격이 동일합니다. 기장·피·조·콩·보리 등 곡식 또한 되가 같으면 가격이 같으며, 신발 역시 치수에 따라 같은 값을 받습니다.
>
> 從許子之道, 則市賈不貳, 國中無僞, 雖使五尺之童適市, 莫之或欺. 布帛長短同, 則賈相若, 麻縷絲絮輕重同, 則賈相若, 五穀多寡同, 則賈相若, 屨大小同, 則賈相若.
>
> ―《맹자》, 3a : 4

고정가격제도를 실시하자는 것은 '시장을 부정한다'는 뜻이다. 거래와 상업행위, 교환과 매매를 금지하고, 국가 또는 권력이 품목마다 책정한 단일 가격에 따르자는 것이다. 농가학파가 이런 반(反)시장주의를 주장한 까닭은 시장을 거짓(僞)과 사기(欺)의 온상으로 보았기 때문이다. "어린아이가 시장에 가더라도 속이는 사람이 없다"는 말 속에 그들의

---

11) 자공은 많은 재물을《논어》를 제작하는 데에도 쏟았던 듯하다. 메모나 단편 형태로 제자들에게 전승되었던 공자의 어록을 수집하고 결집하여《논어》로 텍스트화하는 데 드는 비용을 자공이 제공했을 것으로 추측되기 때문이다. 사마천도 "무릇 공자의 명성이 천하에 널리 떨쳐지게 된 것은 자공 덕택이다. 자공이야말로 '세력을 얻으면 더더욱 세상에 드러나는' 사람이 아니겠는가!"(《사기》, '화식열전(貨殖列傳)'편)라고 하여 그 공덕을 기린 바 있다. 사마천이 자공에 대한 찬양을 〈화식열전〉속에 기록한 것도 유교화(儒敎化) 과정에 미친 그의 경제적 기여 때문일 것으로 추론해본다.

갈증을 헤아릴 수 있다. 즉 농가의 경제사상인 고정가격제도, 반시장주의, 자급자족 원리들은 인간문명이 비인간적으로 타락한 원인을 시장과 상인의 가격 조작에서 찾았기 때문이다. 이에 대해 맹자는 시장의 순기능과 가격의 문명사적 의의를 역설한다.

> 대저 상품의 질은 같지 않음이 그 본질일세. 같은 종류의 상품일지라도 서로 두배, 다섯 배 차이가 나기도 하고, 어떤 것은 열배, 백배 차이가 나지. 아니 천배, 만배의 가격 차이가 나기도 하는 법이지. 자네들은 이걸 종류마다 동일 가격으로 만들겠다는 것인데, 그런 정책이야말로 온 천하를 대혼란에 빠뜨리는 것일세. 곱게 짠 짚신과 거칠게 짠 짚신을 똑같은 가격에 팔라고 한다면, 누가 고운 신발을 만들고 있겠는가? 농가의 도를 좇게 되면, 도리어 더 큰 사기꾼 사회가 되고 말걸세!
>
> 夫物之不齊, 物之情也, 或相倍蓰, 或相什百, 或相千萬. 子比而同之, 是亂天下也. 巨屨小屨同賈, 人豈爲之哉? 從許子之道, 相率而爲僞者也.
>
> —《맹자》, 3a : 4

맹자는 시장을 인간문명을 구성하는 필수적인 제도로 보고 있다. 상품의 질에 따라 수천 배 나는 가격 차이는 용인되어야 하며, 또 수요와 공급의 간격으로 인해 빚어지는 가격 변동도 시장의 기본 속성으로 용납되어야 한다. 만일 상인들의 가격 농간이 미워서 고정가격제도로 만든다면, 도리어 생산자들의 태업이라는 더 큰 문제에 봉착할 것이라는 것이 맹자의 생각이다. "곱게 짠 짚신과 거칠게 짠 짚신을 똑같은 가격에 팔라고 한다면, 누가 고운 신발을 만들고 있겠는가?"라는 맹자의 지적 속에 그런 뜻이 들어있다.

시장이 있어야만 사회의 분업이 가능하고 또 시장에서의 상품교환을 위한 무역과 유통이 이뤄지고, 또 이런 분업과 교환, 물류를 통해 인간

사회는 생명력을 얻는다. 곧 시장제도는 인간을 인간답게 만드는, 문명성의 본질에 속하는 것이다. 요컨대 유교는 시장을 문명제도의 핵심 요소로서 수긍하고, 또 인민들의 이익추구 행위도 당연한 것으로 받아들인다.

4. 시장의 문제

물론 그렇다고 유교가 시장의 무한정한 자율성, 자유방임적 시장주의를 용인한 것은 아니다. 이 점은 농단(壟斷)의 고사를 통해 파악할 수 있다.

> 그 누군들 부귀를 바라지 않을까? 다만 홀로 부귀를 독차지하고, 사사로이 농단하는 것을 미워할 따름이지. 옛날에는 사람들이 시장에서 제가 가진 것(잉여)을 없는 것(결핍)과 바꿨을 따름이고, 관리는 질서만 잡았을 뿐이었다. 언젠가 천한 사내가 있어, 꼭 시장 주변의 높은 언덕(龍斷)을 타고 올라가 아래의 시세를 살펴본 다음, '시장의 이익(市利)'을 훑어갔다. 사람들이 다 이것을 비천하게 여겼으니, 그래서 이런 자들을 쫓아가 세금을 물리게 된 것이다. 상인에게 세금을 물린 것은 이 비천한 사내로부터 시작된 것이다.
>
> 人亦孰不欲富貴? 而獨於富貴之中有私龍斷焉. 古之爲市者, 以其所有, 易其所無者, 有司者治之耳. 有賤丈夫焉, 必求龍斷而登之, 以左右望而罔市利. 人皆以爲賤, 故從而征之. 征商, 自此賤丈夫始矣.
>
> — 《맹자》, 2b:10

여기서 문제가 되는 것은 상인의 이익추구 행위가 아니다. 문제는 사농단(私龍斷)이라는 말 속에 들어있듯, 부정한 방법을 통해 시장의 이익을 독점하려는 데 있다. 맹자가 이런 자들의 호칭을 천장부(賤丈夫)라, 번역하자면 '비천한 새끼'라는 욕설로 기명한 까닭은, 농단하는 자들이 시장의 고유한 거래질서를 허물고 제 사익만을 추구하며, 또 그 이익을 독점하려 들기 때문이다.

따라서 거래질서의 혼란으로 독과점이 빚어지는 사태에, 또 부당한 축재가 발생하여 불균(不均)으로 기울어질 때 국가(정치)의 시장 개입은 정당하고 마땅하다는 생각이 '농단의 고사' 속에 들어있다. 자유로운 시장거래는 보장해야 하지만, 동시에 시장질서와 재화의 균등한 분배 역시 정치의 기능으로 여기고 있다는 뜻이다. 유교 정치경제학의 제1원리인 인정(仁政)이란, 말이든, 상품이든, 사람(상인)이든 그 자연스러운 흐름을 보장하고 또 장애물을 제거함으로써 순환을 재개시키는 것일 따름이다.

그러므로 정치가에게는 일반 백성과는 질적으로 다른 윤리가 요구된다. "(소인은 이끗에 밝아도 되지만) 군자는 의(義)에 밝아야 한다"는 공자의 잠언이 이 대목에서 빛을 발한다. 유교가 정치가(군자)에게 강한 도덕성을 요구하는 까닭은, 시장에서 다반사로 발생하는 이익의 갈등과 독과점에의 욕망, 시장규칙의 사사화(私事化)를 방지하고 교정하기 위함이다. 일찍이 공자의 "이득을 보면 정의를 생각해야 한다"[12]라든지, "군자란 정의를 바탕으로 삼고, 예의에 맞게 그것을 실천해야 한다"[13]던 경고는 이익추구의 과열로 인한 시장의 병폐를 제어할 정치가의 책무에 대한 강조에 다름 아니다.

생각하면 유교는 인간세계를 서로 다른 두 영역으로 나눠 보고 있는 듯하다. 하나는 이익을 추구하는 '시장영역'이고, 또하나는 인간애(仁)

---

12) "見得思義."(《논어》, 16:10)
13) "君子義以爲質, 禮以行之."(《논어》, 15:17)

와 정의(義)를 핵심으로 하는 '공공영역'이다. 공자와 맹자가 인식한 춘추전국시대의 구조적 문제점은 두 영역이 혼잡하게 섞여서 공공영역이 시장판으로 황폐화된 데 있었다. 이것이 당시 세계적 위기의 핵심문제였다. 이에 유교는 공공영역에서 이익추구의 논리를 몰아내고 인의(仁義)의 윤리, 즉 공평성과 공정성이 관철되는 사회를 재건해야 한다는 점을 누누이 강조한다. 그러나 시장영역이 범람하여 공공영역(사회와 정치 부분)이 침해된 것은 이 시대만이 아니다. 외려 《논어》와 《맹자》 속에 묘사된 시대상은 오늘날 신자유주의의 폐해와 혹사하다(논어나 맹자를 읽으면서 기시감을 느끼는 까닭도 이런 병폐의 동질성 때문인 듯싶다).

유교의 시대적 고민을 좀더 명확하게 하기 위해 비유를 들어본다. 기업정치가가 '비즈니스 프렌들리' 정책을 시행한 결과 빚어진, 노약자를 무능력자로, 불구자를 거추장스런 짐으로, 인간을 화폐나 노동력으로 환산하는 사태의 극복 방안을 고민한 것이 유교라고 할 수 있다. 군주의 면전에 내뱉듯 일갈한 맹자의 '하필왈리'라는 쇳소리 속에는, 이익추구로 황폐화된 일상적 삶을 시급히 사람을 귀중히 여기는 사회로 재생시키지 않으면 머지않아 짐승들의 세상으로 추락하고 말 것이라는 절박감이 들어있다.

5. 탁아소 실험

그러나 국가와 시장의 두 영역이 혼잡하면서 발생하는 위기는 결코 2,500년 전 사태만은 아니다. 오늘날 신자유주의적 자본주의에서는 더더욱 빈번해지고, 일상화되고 있는 듯하다. 근래 경제학자들의 연구물에는 시장과 사회가 한데 섞일 때 빚어질 결과가 예측되곤 한다. 미국의 댄 애리얼리(Dan Ariely) 교수가 수행한 이스라엘의 탁아소 실험은 그 대표적인 것이다. 그 연구의 개요는 이러하다.

① 일 때문에 늦게 탁아소에 온 아기엄마들은 아기를 찾아가면서 몹시 미안해하였다.
② 탁아소에서는 지각한 엄마들에게 벌금을 물리는 제도를 실시했다. 그러나 늦게 찾아오는 숫자는 줄지 않았고[14] 또 지각해도 미안해하지 않았다(벌금을 내면 되니까 미안해할 필요가 없는 것이다).
③ 탁아소에서 벌금제도를 폐지하였다. 그러자 지각하는 엄마의 수는 더 늘어났다. 더욱이 지각한 엄마들은 미안해하지도 않았다.

― 댄 애리얼리, 장석훈 옮김, 《상식 밖의 경제학》, 청림출판, 2008년, 121~122쪽

연구자들이 주목한 점은 ③벌금제도를 폐지한 후 부모들의 반응이었다. 애리얼리의 말을 들어보자.

이 실험에서 가장 흥미로운 일은 … 탁아소가 벌금제도를 다시 폐지하면서 일어났다. 탁아소가 시장영역에서 공공영역으로 되돌아간 것이다. 그렇다면 부모들도 공공영역의 세계로 돌아왔을까? 다시 죄책감을 느끼기 시작했을까? 전혀 그렇지 않았다. 벌금은 없앴지만 부모의 처신은 바뀌지 않았다. 그들은 여전히 늦게 아이를 찾으러 왔다. 벌금을 없애자 오히려 아이를 늦게 찾으러 오는 횟수가 조금 늘기까지 했다. 결국 공공영역의 규범도, 시장영역의 규칙도 모두 제거되어버린 것이다.
이 실험을 통해 한 가지 유감스러운 사실을 알 수 있었다. 공공영역의 규범과 시장의 규칙이 충돌하면 공공의 규범이 밀린다. 다시 말해 사회적 공공의 관계는 다시 세우기 어렵다. 다 피어버린 장미처럼 한번 공공

---

14) 주류 경제학 이론은 개인의 선택은 이익에 추동된다는 가정 위에 서있다. 이론대로라면 벌금(손실)을 내지 않기 위해서 지각하는 엄마들의 숫자는 줄어들어야 한다. 그러나 도리어 늘더라는 것.

영역이 시장영역에 밀리게 되면 회복은 거의 불가능하다.

— 같은 책, 122쪽(윤문은 인용자)

애리얼리 연구의 중요성은 첫째, 인간사회가 사회규범(예의와 수치)이 지배하는 '공공영역'과 이익과 손실의 규칙이 작동하는 '시장영역'으로 구성되어 있음을 추출하였다는 점, 둘째, '공공영역'이 한번 '시장영역'에 노출되면, 즉 사회-윤리적 영역이 이익-손실의 시장논리에 침해당하면 다시는 복원되기 어렵다는 증거를 발견한 점에 있다.

이 두 가지 연구 성과는 공자와 맹자의 당대 문제의식과 밀접히 맞닿아 있다. 특히 공공영역이 시장논리에 침해를 당하면 다시 복원되기 어렵다는 연구결과는 맹자가 양혜왕에게 발한 '하필왈리'의 다급함을 이해하기에 적절한 사례다. 인·의라는 사회규범을 시급히 복원하지 않으면 시장논리에 침윤된 공공영역은 결코 되살아날 수 없다는(유교의 논리로는 금수의 세상으로 타락하고 만다는) 다급함이 '하필왈리' 속에 들어있는 것이다. 역시나 '농단의 고사'에서 보듯, 유교가 시장을 인정하면서도 국가에 의한 통제를 도모한 까닭도 시장논리가 공공영역으로 범람할 때 빚어질 가공할 사태에 대한 염려 때문이다.

자, 그렇다면 시장과 국가에 걸쳐 함께 망해가는 인간문명의 재난을 어떻게 극복할 수 있을 것인가.

6. 신뢰

시장논리의 방만한 확장과 이로 인한 공공영역의 황폐화, 이것이 춘추전국시대의 문제였다. 공자와 맹자는 시장을 부정하지 않았다. 다만 시장은 사회의 한 요소로서 국한되어야 하며, 정치와 도덕에 의해 규찰을 받을 때만 건강을 유지할 수 있는 것이다. 시장과 국가는 서로 긴장하면서 보전되어야 하는 인간문명의 필수요소들이다.

그러면 시장을 건강하게 유지하면서 또한 공공영역의 질서도 회복할 수 있는 열쇠는 무엇일까. 춘추전국시대의 황폐함을 극복하고 새로운 문명질서를 도모할 핵심 가치는 무엇인가. 이런 질문에 공자는 신뢰(信)를 그 열쇠로 제시한다. 이익추구의 과열된 경쟁으로 경직되는(독과점화) 시장영역이든, 노약자와 불구자들과 더불어 살아갈 인의(仁義)의 세계를 만들고 유지해야 하는 공공영역이든 제반 인간사회를 관통하는 핵심 가치가 신뢰(信)에 있노라고 강조한다. 다음 공자와 자공의 대화는 신뢰의 중요성을 명확히 보여준다는 점에서 주목할 만하다.

자공: 정치의 요체는 무엇입니까?
공자: 경제(食)를 풍족히하고, 군사(兵)를 갖추며, 신뢰(信)를 얻는 것이다.
자공: 부득이 버려야 한다면, 이 셋 가운데 무엇을 앞세우리까?
공자: 군사를 버려야지.
자공: 만부득이 또 버려야 한다면, 나머지 둘 가운데 무엇을 앞세우리까?
공자: 경제를 버려야지. 예로부터 다 죽음은 있게 마련이지만, 백성들이 신뢰하지 않는다면 공동체는 성립되지 않기 때문이다.

子貢問政. 子曰, "足食, 足兵, 民信之矣." 子貢曰, "必不得已而去, 於斯三者何先?" 曰, "去兵." 子貢曰, "必不得已而去, 於斯二者何先?" 曰, "去食. 自古皆有死, 民無信不立."

— 《논어》, 12:7

여기서 공자는 정치의 구성요소 세 가지를 제시하고 있다. 첫째가 경제(食)요, 둘째는 군사(兵)이고, 셋째가 신뢰(信)다. 그런데 자공의 추궁 끝에 세 요소가 병렬하지 않고 차등을 가진 가치라는 사실이 드러난다.

군사 < 경제 < 신뢰의 등급이 그것이다. 신뢰는 정치영역(兵)과 시장영역(食)에 걸쳐 두루 관철되는 핵심 가치라는 뜻이다. 결국 시장가치의 범람으로 황폐화된 인간문명의 위기를 구해낼 길은 신뢰의 회복에 있다는 말이다. 일본 학자의 다음 지적은 유교사상의 핵심을 이해하는 데 참고가 된다.

> 공자가 중요하게 여겼던 것은 신뢰(信)다. 신뢰란 평등한, 사람과 사람 사이의 기본적인 상호의존의 원칙이다. 공자의 《논어》를 봉건적 상하관계에 작용하는 멸사봉공이라는 뜻으로, 충효(忠孝)를 가르친 책이라고 읽는 것은 오히려 도쿠가와시대 봉건제에서 살았던 일본사람이 자기의 봉건사상을 바탕으로 이해하는 것과 다름없다.
> ― 미야자키 이치사다, 《자유인 사마천과 사기의 세계》, 142쪽(윤문은 인용자)

요컨대 유교 정치경제론의 핵심은 '신뢰'에 있다. 시장(이익의 분쟁)에서든 국가(함께 더불어 살기)에서든 두루 봉착한 구조적 위기를 이겨낼 방안은, 오로지 신뢰의 힘에서 비롯할 따름이다.

오늘날 자본주의사회를 운영하는 핵심 원리 역시 신뢰에 있다. 지갑마다 하나씩은 들어있을 '크레디트 카드'의 크레디트(credit)가 개인 차원의 신용을 뜻한다면, 국제무역의 기초인 신용장(L/C: letter of credit)의 크레디트는 국제적 차원의 신뢰다. 신뢰는 개인 간의 금융거래뿐만 아니라 세계무역의 돌쩌귀인 것이다. 10여 년 전, 한국경제의 근간을 허물었던 아이엠에프 금융위기가 '신뢰의 위기'에서 비롯되었듯, 최근 미국의 신용 강등에서 발화된 세계경제의 추락 역시 '신뢰의 위기'다.

동아시아 국가들의 높은 부패지수가 경제발전을 가로막는 주범이라는 연구보고서들 역시 신뢰가 시장에서 차지하는 중요성을 대변한다. 2011년 봄 부산과 대전 등지에서 터진 저축은행 사태 역시도 신뢰의 위기에 다름 아니다. 한 나라의 경제에 대한 '신뢰'를 책임져야 할 금융감독원이 금융'강도원'(이주영 당시 한나라당 정책위의장의 표현)이라는 오명을 썼다는 것은 그 자체로 불신의 정도를 잘 보여준다.

미국의 한 회계학자가 미국 금융위기의 단초를 제공했던 엔론(Enron) 사태의 본질에 대해 내린 진단은, 시장에서 차지하는 신뢰의 비중을 요약해준다.

> 자본시장에서 신뢰를 잃는다는 것은 자본을 시장에서 조달할 수 없다는 뜻이다. 그렇다면 기업들도 무너지고, 결과적으로 자본시장도 생존할 수 없는 것이다. 자본시장뿐 아니라 자본주의의 축이 모두 무너지는 엄청난 결과가 초래될 것이다. 그만큼 자본시장에서 정보의 신뢰성은 매우 중요한 역할을 하고 있는 것이다.
> — 캐서린 쉬퍼

유교의 정치경제학적 의의는, 폭력이나 금력을 국가경영의 유일한 도구로 여겼던 당시 사람들에게 "국가든 시장이든 모든 사회제도가 폭력과 금력이 아니라 신뢰의 힘에 기초한다는 사실"을 알려준 데 있다. 이 점은 동양사상사에서 분수령에 해당하는 것이다. 요컨대 공자와 맹자는 그 이전 샤먼의 힘(신화)과 폭력의 힘(무력)에 이끌렸던 인간사회를, 신뢰가 통용되는 문명사회로 전환시키려 했던 정치경제학자들이었다.

2,500년 전 춘추전국시대의 정체가 신뢰의 위기로 축약되듯, 오늘날 자본주의의 위기 또한 '신뢰의 위기'이다. 유교에서 우리가 배울 수 있는 교훈은 이 세계적 차원의 위기를 넘어 새롭게 구상할 사회 역시, 그 이름이 무엇이든, 체제의 바탕은 다시금 '신뢰'에 근거할 수밖에 없다는 점에 있다. 이것이 공자와 맹자가 제시하는 인간문명의 조건이다. 먼 훗날 반인반수의 사이보그들이 모여 만드는 사회가 있다 할지라도 그것이 더불어 관계를 맺으며 삶을 꾸려가는 '사회'인 한, 핵심 가치는 신뢰일

수밖에 없을 것이다. 제반 사회활동, 즉 국가 경영, 기업 경영, 국제무역이나 개인 사이의 계약조차도 '신뢰'가 있을 때라야만 유지될 수 있기 때문이다.

15장

유교의 정치

 오늘날 정치는 고작 혐오의 대상일 뿐이지만, 유교에서 정치는 대단히 중요하다. 오로지 정치만이 전쟁과 살육으로 점철된 춘추전국의 잔혹함을 구제할 수 있다고 생각했기 때문이다.

 맹자는 "공자가 시대를 두려워했다(孔子懼)"고 전한다. 그 역시 '나도 시대가 두렵다'고 했다. 맹자가 "사람에게 짐승과 다른 요소가 무척 드물다"[1]고 개탄했던 밑바탕엔 사람과 짐승의 차이가 거의 없다는 불안감과, 자칫 방심하면 인간이 짐승으로 추락하고 만다는 두려움이 깔려 있다.

 또 한 은둔자가 공자더러 "무에 그다지도 분주하신가! 지나치게 말이 많은 것은 아니신가?"라며 공자를 비판했을 때, "말을 많이 하고 싶어서가 아니라 질고(疾固), 즉 세태의 질곡이 두려워서 말을 하지 않을 수 없노라"[2]던 답변 속에도 공자의 공포가 들었다. 여기 '질고'란 인면수심이라, 겉모습은 인간이되 실제는 짐승과 다를 바 없는 짓들이 낭자하

---

1) 人之所以異於禽獸者幾希.(《맹자》, 4b : 19)

게 자행되는 세태에 대한 두려움이다. 부끄러운 짓을 하고서도 부끄러운 줄 모르는 인간들이 횡행하는 시대를 두려워함이다. 공자와 맹자가 이 나라, 저 나라를 전전했던 까닭은 고작 제 한 입을 벌기 위함이 아니요, 인간사회가 짐승세상으로 추락할 것 같은 두려움을 해소하기 위함이었다.

1. 부끄러움이 사람에게 큰 까닭

유교는 부끄러움을 느낄 수 있는 능력이야말로 사람을 사람답게 만드는 기본요소라고 본다. 수치심이란 '자기자신의 잘못'을 성찰하는 양심이다. 새벽녘에 잠이 깨어 어제 한 일을 헤아려볼 때, 문득 목줄기를 발갛게 타고 오르는 뜨거운 기운을 느낄 때가 있다. 이것이 부끄러움이다. 이 마음이 있을 때 사람이요, 이것이 없으면 사람 탈을 쓴 짐승에 불과하다. 맹자가 "부끄러움이야말로 사람다움에 큰 요소다!"[3]라고 지적하고, 또 "사람으로서 부끄러움이 없다면 사람이 아니다"[4]라고 강조하기도 했던 것은 인간과 짐승의 경계선, 문명과 야만의 한계선에 수치심이 자리하고 있다고 보기 때문이다.

수치심이 인간의 기본조건인 까닭은, 부끄러움만이 타인의 아픔에 대한 공감능력과 또 '부정의'에 대한 증오심의 싹을 틔울 수 있기 때문이다. 함께 더불어 살기 위해 필수적인 마음가짐인 공감(empathy)이 부끄러움에서 파생하는 것이다. 또 스스로 부끄러움을 느끼는 감수성에서

---

2) 微生畝謂孔子曰, "丘何爲是栖栖者與? 無乃爲佞乎?" 孔子曰, "非敢爲佞也, 疾固也." (《논어》, 14:34)

3) 孟子曰, "恥之於人大矣!" (《맹자》, 7a:7)

4) 無羞惡之心, 非人也. (《맹자》, 2a:6)

공분(公憤)의 능력, 즉 증오심이 자라난다. 맹자가 수오지심이라, "부끄럼과 증오심은 정의의 씨앗"[5]이라고 주장한 것이 이 때문이다. 그러므로 사회를 이룬다는 것, 정치를 행한다는 것의 밑바탕에는 '부끄럼을 아는 인간'이 존재하지 않으면 안되는 것이다.

공자가 가장 심각하게 여긴 춘추시대의 문제는 당시의 정치, 즉 폭정과 형벌이 사람의 부끄럼을 느끼는 능력과 공감하는 능력을 도리어 파괴한다는 사실이었다.

> 공자가 말했다. "다스리기를 폭력과 형벌로써 하면 인민들은 징벌을 면하려 들 뿐 부끄러움을 잃어버린다."
> 子曰, "道之以政, 齊之以刑, 民免而無恥."
> ─《논어》, 2 : 3 전반부

여기 '부끄러움을 잃어버린' 무치(無恥)의 인간이란 맹자가 인간됨의 기초적 요건으로 지적한 수치심을 상실한 존재, 곧 짐승으로 타락한 존재다. 춘추전국시대의 폭정은 사람들에게 함께·더불어 살 방도를 마련해주기는커녕, 도리어 인간을 짐승으로 타락시키는 반(反)정치를 자행한 것이다. 강조하거니와, 폭정과 형벌 위주의 통치는 '정치'가 아니다. 외려 인간의 원초적 조건인 부끄러움을 파괴하는 '반정치'다. 이어서 공자는 부끄러움을 배양할 수 있는 참된 정치를 제시한다.

> 덕(德)과 예(禮)로써 다스릴 때라야, 인민은 부끄러움을 갖고, 또 스스로 바로잡을 수 있다.
> "道之以德, 齊之以禮, 有恥且格."
> ─《논어》, 2 : 3 후반부

---

5) 羞惡之心, 義之端也.(《맹자》, 2a : 6)

덕과 예의 정치, 이른바 덕치(德治)에 의해서만 사람들은 부끄러움을 느낄 수 있고, 또 이를 바탕으로 할 때에만 타인과 함께 더불어 살아갈 수 있다. 여기 유치차격(有恥且格)의 의미는 심장하다. 부끄럼을 탈 줄 알 때만 제 문제점을 자각하고 또 스스로 바로잡는(格) 자율적인 인간이 탄생한다는 뜻이 들어있기 때문이다. 부끄러움만이 자아성찰과 타인의 아픔에 대한 공감, 즉 측은지심과 부정한 현실에 대한 분노를 배양할 수 있다!

후안무치한 인간은 타인의 아픔에 대해 당연히 무관심(apathy)하다. 부끄러움의 상실이 두려운 까닭은, 그리고 맹자가 "부끄러움이 사람에게 크다"고 단언한 이유는 부끄러움을 느끼지 못함으로써 무관심을 낳고, 무관심이 더불어 살아가는 능력을 파괴하고 끝내 인간을 낱낱의 개인으로 쪼개어 고립시키기 때문이다. 고립과 고독은 인간이 짐승세계로 추락하는 입구에 서있는 관문이다. 맹자가 특별히 고독한 인간의 구제를 정치의 급선무로 삼았던 까닭도 이 때문이다.

> 아내 없이 홀로된 사내를 환(鰥)이라 하고, 남편 없이 홀로된 여성을 과(寡)라 하고, 늙어서 자식이 없는 이를 독(獨)이라 부르고, 부모 없는 아이를 고(孤)라고 부른다. 환·과·독·고는 가장 궁박한 사람들로서 그 처지를 하소연할 데가 없는 무고(無告)한 자들이다. 성왕인 문왕께서 인정(仁政)을 베풀 적에 반드시 이 넷을 먼저 챙겼다.
> —《맹자》, 1b:5

유교정치의 급선무는 고립된 사람들을 서로 연결하여 함께·더불어 사는 공동체를 건설하는 데 초점이 잡힌다. 이것이 맹자가 왕도정치의 출발은 환·과·독·고(鰥寡獨孤), 즉 고독에 떨어진 사람들의 경제적 삶의 재건과 사회적 관계를 재구성하는 것으로부터라고 강조한 까닭이다. 고독은 인간을 짐승으로 타락시키는 음습한 환경이기 때문이다. 부끄러움의 상실, 무관심의 만연, 그 결과 빚어진 인간의 고독, 이것이 당대 통치가 자행한 인간파괴의 실상이다.

그러므로 부끄러움을 느낄 줄 아는 능력은 정치가·공직자에게 더욱 크게 요구된다. 정치가란 사람과 사람의 사이(間)에서 공공성을 확보하고 유지하며 또 소통케 하는 존재이기 때문이다. 제자 자공이 "선비(士)란 무엇입니까?"라며 공직자의 정체성을 질문했을 때, 공자가 서슴없이 "스스로의 행실을 부끄러워할 수 있는 능력(行己有恥)"을 첫손가락으로 꼽았던[6] 까닭이 이것이다. 또다른 제자 원헌(原憲)이 "부끄러움이란 무엇인가요?"라며 정면으로 질문했을 때, "나라에 도가 있을 때 벼슬하다가, 나라가 도를 잃었는데도 자리에 버티고 있는 것이 부끄럼이노라"던 공자의 답변[7] 역시 정치가와 공직자에게 부끄럼을 타는 감수성이 핵심 덕목임을 보여준다.

유교의 꿈인 인(仁)과 여(與)의 세계, 즉 함께·더불어 사는 문명사회는 부끄러움을 타는 감수성을 갖춘 정치가와 공직자들에 의해 건설될 수 있다. 그리고 유교정치의 급선무는 부끄러움의 회복에 있을 따름이다.

2. 염유가 파문당한 까닭

공자 제자 염유라는 인물은 부끄러움을 모르는 인간이 공적 지위에 취임했을 때 빚어지는 재난을 잘 보여준다. 우리는 그의 이력을 점검해봄으로써, 수치심을 느끼는 능력이 정치가에게 더욱 강조되어야 할 덕목인 까닭을 이해할 수 있다.

---

6) 子貢問曰, "何如斯可謂之士矣?" 子曰, "行己有恥, 使於四方, 不辱君命, 可謂士矣."(《논어》, 13:20)

7) 憲問恥. 子曰, "邦有道, 穀, 邦無道, 穀, 恥也."(《논어》, 14:1)

염유는 재정운용과 경제에 밝은 '리얼리스트'였다. 스승도 늙마에 "정사에는 염유와 자로가 탁월하였지!"[8]라고 회상할 정도였다. 당시 권력자들은 염유의 '재정-회계 전문가'로서의 기술을 탐내었으니, 매양 스카우트 대상으로 첫손가락에 꼽힌 제자가 염유였던 이유도 그 때문이었다.

> 노나라 권력자 계자연(季子然)이 공자에게 물었다. "염유와 자로는 대신(大臣)으로 삼을 만한지요?"
> 공자가 시큰둥하게 대답했다. "그대가 색다른 질문을 할까 하였더니, 고작 자로와 염유에 대한 질문이로구먼. 이른바 '대신'이란 올바른 길로써 임금을 섬기다가 가납되지 않으면 자리를 던지는 사람이지. 저 염유와 자로는 신하의 머릿수나 채우는 구신(具臣)쯤 되려나?"
> 계자연이 다시 물었다. "하면 군주의 명령을 잘 따르는 수족은 되겠는지요?"
> 공자가 말했다. "제 아비를 죽이고, 선왕을 살해한 임금을 따르지는 않을 걸세!"
>
> 季子然問, "仲由冉求. 可謂大臣與." 子曰, "吾以子爲異之問. 曾由與求之問. 所謂大臣者. 以道事君. 不可則止. 今由與求也. 可謂具臣矣." 曰, "然則從之者與." 子曰, "殺父與君. 亦不從也."
> ―《논어》, 11:23

그리하여 염유는 탁월한 회계와 재정운용 능력을 바탕으로 당대의 통치자 계씨 정부에 취업할 수 있었다.[9] 한편 그의 재정운용 능력과 회계의 재능은 탈도덕적(amoral) 기술주의에 몰두하게 만드는 역기능도 하였

---

8) 政事, 冉有·季路.(《논어》, 11:2)

9) 季氏將伐顓臾. 冉有季路見於孔子曰, "季氏將有事於顓臾." 孔子曰, "求! 無乃爾是過與?"(《논어》, 16:1)

다. 결국 염유는 권력자 계씨의 이익에 복무하는 처신을 하다가 공자에게 파문 선고를 받기에 이른다.

> 당시 권력자 계씨는 노나라 건국자 주공보다 더 부유하였다. 그런데도 염유가 그를 위해 세금을 수탈하여 더욱 부유하게 만들었다.
> 공자 말씀하시다. "저놈은 내 학교 출신이 아니다. 애들아! 북을 울려서 성토하여도 좋으니라."
>
> 季氏富於周公, 而求也爲之聚斂而附益之. 子曰, "非吾徒也. 小子鳴鼓而攻之, 可也."
>
> — 《논어》, 11:16

문하를 떠난 후, 스승의 가르침과 어긋난 삶을 살던 제자에게조차 가르침을 베풀던 공자의 배려[10]를 감안하면, 파문 조처는 염유의 처신에 대해 공자가 얼마나 상심하고 또 분노했는지를 짐작케 한다. 스승의 애증이 교차하는 지점에 위치한 제자가 염유였던 셈이다. 그러면 염유가 끝내 파문을 당하기에 이른 과정을 점검함으로써, 부끄러움이 정치가(공직자)에게 갖는 중요성을 확인해보자. 염유는 공자에게서 배움을 얻던 시절, 스승으로부터 '닫힌 마음'의 징후를 지적당한 적이 있다.

> 염유: 선생님의 도(道)가 결코 기쁘지 않은 것이 아닙니다만, 따르자니 힘에 부칩니다요.
> 공자: 힘이 부족하다는 건 힘껏 달리다가 지쳐 쓰러지는 것을 두고 하는 말이지. 한데 지금 자넨 옳게 한번 달려보지도 않은 채 지레 못한다고 마음에 선을 긋는구먼(劃)!

---

10) "유비가 공자를 뵙고자 찾아왔다. 공자는 아프다며 만나길 거절했다. 집사가 말을 전하러 문을 나서자, 공자는 거문고를 타면서 노래 불렀다. 유비로 하여금 듣게 하고자 함이었다."(《논어》, 17:20)

冉求曰, "非不說子之道, 力不足也." 子曰, "力不足者, 中道而廢. 今女劃."

―《논어》, 6:10

지금 염유는 '스승의 가르침은 머리로는 이해할 수 있지만 실천하기가 매우 어렵다'며 배움의 고충을 토로하고 있다. 이에 대해 공자는 '자네는 제대로 시도해보지도 않고 힘들다느니, 감동적이라느니 해쌓는가!'라고 꾸중을 내리고 있다.

'힘에 부친다'라고 함은, 마라톤에 비유하자면 더이상 달리지 못할 정도로 숨이 가빠 그 자리에 푹 쓰러지는 것이지, 고작 남이 달리는 걸 보고 '힘드네, 마네'라며 비평하듯 해서는 안된다는 것이다. 그것은 실제로 힘에 부치는 것이 아니라 마음이 위축된 것이니, 맹자의 표현을 빌리자면, '할 수 없는 것(不能)'이 아니라 '하지 않는 것(不爲)'에 불과하다.

공자는 이런 심리상태를 마음에 선 긋기, 즉 획(劃)이라고 표현한다. 획이란 '할 수 없다'며 마음의 문을 닫는 것이다. 즉 여기 획은 '닫힌 마음'을 뜻한다. 부끄럼을 타는 능력, 수치심을 인간의 조건이요 정치의 기초로 보는 이 글의 맥락에서 염유의 획(닫힌 마음)은 괄목해서 보아야 할 단어다.

염유의 닫힌 마음은 공자가 스스로 자처하고 또 제자들에게 내내 요구한 호학(好學)과 극과 극의 대조를 이룬다. 호학이란 '열린 마음'을 전제하는 것이다.[11] 공자가 스스로를 두고 "열 가구의 작은 마을에도 나보다 더 배우기를 좋아하는 사람은 없을 것"[12]이라고 말했던 것은, 고작

---

11) 또 문(文) 자의 의미를 해석하면서 "민감하게 배우기를 좋아하며, 모르는 것이 있다면 아랫사람에게도 묻기를 부끄러워하지 않는 것(敏而好學, 不恥下問)"(《논어》, 5:14)으로 해석한 대목에도, 열린 마음가짐이 전제되어 있다. 통창하게 열린 마음이라야 민감함과 아랫사람에게 묻기를 부끄러워하지 않는 절실한 호학이 가능할 것이기 때문이다.

12) 子曰, "十室之邑, 必有忠信如丘者焉, 不如丘之好學也."(《논어》, 5:27)

남보다 공부를 열심히 한다는 제 자랑이 아니라, 어미가 자식을 좋아하듯 배움의 대상에 오롯이 투신하였음을 알려주려 함이었다. 호학의 호(好), 즉 좋아함이란 자신과 주변에 대해 열린 마음에서 발아한 감수성과 민감성을 뜻할 따름이다.

반면 염유의 '획'은 자기를 한정 짓고, 스스로에 만족하며 가능성의 문을 닫는 것이다. 획은 부끄러움을 타는 감수성을 짓밟고 타인에 대한 관심과 공감능력을 파괴한다. 나아가 획에서 비롯된 무관심은 '우리'를 쪼개며 나와 너를 단절시킨다. 이 획의 씨앗이 끝내 정치를 고작 행정기술로, 도덕을 이익으로, 공동체를 고립된 인간으로, 급기야 인간사회를 짐승의 세계로 타락시키는 실마리가 된다.

염유가 스승으로부터 파문 조처를 당하게 될 비극이 여기 획에서 비롯한다. 공자가 염유를 닫힌 마음이라고 꾸짖은 것은, 그의 탁월한 재정운용 기술이 고작 이기심의 도구로 타락할 조짐에 대한 경고신호로도 읽힌다. 닫힌 마음은 타인의 불행과 고통에 무관심하게 만들고, 자기 이익에 몰두하게 하여 정의와 불의에 둔감하게 만들고, 기능적·기술적 지식에 자족케 하는 자기 유폐로 나아가기 때문이다. 이 점을 두고 맹자는 "기능적이고 기술적인 지식에는 부끄러움이 깃들 여지가 없다."[13]라고 부연한 바다.

3. 염유의 꿈, 염유의 죄

여기서 염유가 스스로를 재정분야 전문가로 '한정 지우고' 있다는 사실은 주목할 만하다.

---

13) 孟子曰, "爲機變之巧者, 無所用恥焉."(《맹자》, 7a:7)

공자 : 염유야, 너의 꿈은 어떠하냐.

염유 : 사방 60~70리나 50~60리쯤 되는 나라를 제가 다스려 3년이 될 즈음이면 '백성들을 풍족케(足民)' 할 수는 있을 터이나, 예악(禮樂)인즉 군자를 기다려야 할 것입니다.

"求. 爾何如?" 對曰, "方六七十, 如五六十, 求也爲之, 比及三年, 可使足民. 如其禮樂, 以俟君子."

— 《논어》, 11 : 25

여기서 예악(禮樂)은 젖혀두고, 오로지 재정분야의 전문가로 자신을 한정하는 염유의 대답에 주목하자. '경제적 풍요(足民)'는 도모할 수 있으나, 예악으로 상징되는 도덕문명의 창달은 남의 손을 빌려야겠다는 것. 이런 그의 태도는 앞서 스승에게 지적당한 획, 즉 마음 닫기와 동질적인 것이다. 막상 공자는 군자불기(君子不器)라, 공동체생활에 필요한 어떠한 요구에도 적절히 부응할 수 있는 인간이 되기를 권하였던 터인데, 염유는 재정분야 전문가라는 기능(器)에 스스로를 한정시키고 있는 것이다.

예와 악, 즉 도덕문명의 창달을 괄호 밖으로 쳐내는 그의 태도는 도덕성을 고려하지 않고 순수하게 전문적 기예에만 몰두하는 기술만능주의와 밀접히 관련된다. 나아가 '경제적 풍요'를 위해서라면 정의/불의를 가리지 않고서 어떤 정권과도 손을 잡을 개연성이 개입되어 있다. 즉 '예악에 관해 잘 모른다'는 자기 한정은 단순히 겸양이 아니라 벌써 유교에서 추구하는 방향과는 상반된 길을 가겠다는 반(反)유교 선언이 된다.

흥미로운 사실은 염유가 자부하는 '정치'란 고작 비즈니스(事)에 불과하다고 공자가 비판했다는 점이다.

염유가 계씨의 조정에서 퇴근하였다.

공자: 어찌 늦었느냐.
염유: 정치(政)가 있었습니다.
공자: 그건 일(事)이다. 만일 정치가 있었다면, 내가 등용되지는 않았더라도 참여하여 들었으리라.

冉子退朝. 子曰, "何晏也?" 對曰, "有政." 子曰, "其事也. 如有政, 雖不吾以, 吾其與聞之."

— 《논어》, 13:14

공자는 기본적으로 계씨 정부를 불의한 정권으로 판단하고 있었다.[14] 정당성을 상실한 정권에서 논하는 국사는 고작 사적 이익을 도모하는 비즈니스일 뿐, 공적 행위로서의 정치라고 칭할 수 없음을 공자는 명확하게 교시한 것이다. 공자와 염유의 갈등은 역사서인 《춘추(春秋)》에서도 나타난다. 여기서 계씨 정권의 이익에 복무하는 염유의 모습을 생생하게 확인할 수 있는데, 이것은 《논어》에서 보이는 염유의 형상과 똑같다.

> 노나라 권력자 계씨가 새로운 세금을 신설하려고 염유를 공자에게 보내 의향을 떠보았다. 공자는 '난 잘 모른다'며 답변을 거부했다. 세 번이나 재촉하였으나 응대하지 않자, 염유가 말하길 "선생님은 나라의 원로이신지라 말씀을 기다려 정책을 시행하려는데 어찌해서 선생님께서는 말씀이 없으신지요." 그래도 공자는 대답이 없었다.
> 공자는 따로 염유에게 일렀다. "군자의 정책은 예(禮)에 의거하되, 백성에게 베푸는 정책은 가장 두터운 것을 취하고, 업무를 처리하는 것은 가장 가운데 것을 쓰고, 세금을 거둘 때는 가장 가벼운 것을 택한다고 하였다. 지금 쓰는 세금제도인 구부법(丘賦法)만으로도 이미 충분하다.

---

14) 공자가 계씨 정권을 두고 말했다. "천자만이 거행할 수 있는 팔일무 의례를 제 집 뜰에서 행하다니, 이런 참람한 짓을 차마 할 수 있다면 무슨 일인들 저지르지 못할까(孔子謂季氏. 八佾舞於庭! 是可忍也, 孰不可忍也)?"(《논어》, 3:1)

그런데 만일 예를 버리고 욕심대로 하면서 그칠 줄 모른다면 비록 새로운 세금을 신설한들, 머지않아 또 부족하다는 소리가 나올 것이다. 계씨가 기어이 새 세제를 시행한다 해도 법규에 맞게 하려 든다면 그 세세한 규정이 이미 주공의 전적에 다 들어있으니 참고하면 된다. 만일 제 마음대로 하려 한다면 또 내게 물어볼 것은 무엇이냐!" 그러나 계씨는 듣지 않았다. 애공 11년 봄, 새 농지세를 시행하였다.

― 《춘추좌씨전》,〈애공 11~12년조〉(윤문은 인용자)

여기에 계씨 정권의 이익을 위해 백성에게 가혹한 세법[15]을 관철하려고 동분서주하는 염유의 기능적 행정가로서의 면모가 잘 드러난다. 이에 대해 공자는 염유의 '경제제일주의'가 결국 "정부의 붕괴와 인민의 이탈과 가정의 파괴로 귀결되고, 끝내 나라를 지켜낼 수 없는 상태"를 결과할 것이라고 경고한다. 공자의 염유의 처신에 대한 비판은 눈물이 쑥 빠질 만큼 매섭다.

지금 염유 네놈이 윗사람을 돕는다는 꼴은, 먼 곳 사람들을 복종하지 않도록 만들어서 도리어 오지 못하도록 막고, 나라를 가르고 무너뜨리며, 나누고 쪼개서 지킬 수 없도록 만들고 있다. 게다가 군사를 나라 안에서 움직이도록 꾀를 내는 짓이라니! 내가 보기에 저 계씨의 근심은 바깥의 전유 땅에 있지 않고 담장 안에 있지 싶다.

"今由與求也, 相夫子, 遠人不服, 而不能來也, 邦分崩離析, 而不能守也, 而謀動干戈於邦內. 吾恐季孫之憂, 不在顓臾, 而在蕭牆之內也."

― 《논어》, 16 : 1

---

[15] 노나라의 전통적 세금제도는 구부법(丘賦法)인데, 이것은 구(丘)라는 농지의 단위에 소속된 세대마다 일정한 양의 세금을 거두는 방식이다. 그런데 새로운 농지세(田賦)는 농민이 경작하는 토지의 넓이에 따라 일정한 세율로 토지를 거두는 방식이다. 종량제에서 종률제로의 전환이니 백성들에겐 더욱 가혹한 세금제도가 된다.

여기 미래의 노나라 형편을 "나라가 갈라지고, 무너지며, 나뉘고 쪼개지리라(分·崩·離·析)"며 저주스런 단어들을 나열하여 묘사하는 데서도 공자의 분노한 목소리를 생생하게 듣는다. 결국 공자의 염유에 대한 비판의 목소리를 해석하면 이렇다.

"공자의 제자라는 놈이 나라를 바른 쪽으로 돕기는커녕 권력자를 추종하여 스스로 손발이 되기를 자청하고, 머지않아 나라를 내란 상태로 이끌어 자멸하게 만들고 있다. 그러니 계씨 정권의 가장 큰 근심거리는 나라 바깥에 있는 것이 아니라, 도리어 잘못된 정책을 잘못되었다고 지적하고 옳게 보필하는 신하를 두지 못한 잘못에 있구나!"라는 개탄이다.

그리하여 끝내 인민의 수탈에 앞장선 염유의 '기술로서의 정치'는 공자로부터 파문 선고를 받기에 이른 것이다. 이제 우리는 염유가 공자학교에서 파문 조처를 당한 까닭을 분명하게 알 수 있다. 권력자 계씨의 수족이 되어 세금수탈에 앞장선 염유의 '탈도덕적 기술주의 행정'이 공공영역을 시장의 이기심으로 오염시키는 계기가 되었기 때문이다. 공자는 염유 방식의 '경제제일주의'가 "국가의 붕괴와 인민의 이탈 그리고 가정의 파괴로 귀결되어, 결국 공동체를 지켜낼 수 없는 내란 상태를 결과할 것"을 두려워한 것이다.[16]

요컨대 염유의 죄목은 인간세계를 짐승세상으로 타락시키는 데 일조한 죄다. 그 씨앗은 마음의 문을 닫고, 전문적인 업무에만 몰두하면서 부끄럼을 타는 능력을 잃고, 타인의 아픔을 공감하지 못한 데서 비롯되었던 것이다.

---

16) "앞으로 나라는 쪼개지고 무너지고 흩어지고 부서져, 지킬 수가 없게 될 것이다(邦分崩離析, 而不能守也)."(《논어》, 16 : 1)

4. 국가의 역할

공자에게 국가의 역할이란, 백성의 살림이 모자라는 것을 걱정하지 않고 도리어 고르지 않음을 근심하고, 또 가난한 것을 걱정하지 않고 외려 평안하지 않음을 근심하는 데 있을 따름이다.

> 국가를 경영하는 자는 모자람을 걱정하지 않고 고르지(均) 않음을 근심하고, 또 가난함을 걱정하지 않고 평안하지 않음을 근심한다. 대개 고르면 가난하지 않고, 화목하면 모자라지 않고, 평안하면 기울지 않기 때문이다.
> "有國有家者, 不患寡而患不均, 不患貧而患不安. 蓋均無貧, 和無寡, 安無傾."
> ―《논어》, 16 : 1

국가경영의 목표는 빵을 크게 만드는 것이 아니라, 재화를 균등하게 분배하는 '정의로운 사회(均)'를 건설하는 데 있다는 것. 여기서 공자에게 정치란 재화의 축적을 꾀하는 경제에 종속된 기술적 행위가 아니라, '재화를 어떻게 분배할 것인가'라는 사회정의의 실현을 과제로 삼는 것임을 알 수 있다. 균등한 분배(均), 인민 각자의 처지가 서로 다르다는 사실에 대한 인정과 화합(和) 그리고 안정된 생활(安), 이 세 가지가 국가의 역할의 요체라는 것(즉 "대개 고르면 가난하지 않고, 화목하면 모자라지 않고, 평안하면 기울지 않기 때문이다")이다.

그런데 화합과 안정, 분배정의를 실현하기 위해선 무엇보다 국가경영자의 도덕적 정당성이 우선적으로 요청된다는 점에 유의해야 한다. 즉 경제적 풍요만을 위한다면 회계기술, 재정운용 기술만이 필요하겠지만 정의로운 사회, 균등한 분배를 위해선 국가경영자에게 도덕적 훈련과 권력의 정당성이 기필코 요구되는 것이다. 만약 국가경영자에게 이런 도덕적 인식이 전제되지 않는다면, 정의와 균등한 분배의 욕망 자체가 일어나지 않을 것이기 때문이다.

이것이 공자가 정치가와 공직자에게 우선적으로 부끄러움을 느낄 수 있는 능력을 요구한 까닭이다. 부끄러움, 곧 맹자 식으로 표현하자면 수오지심(羞惡之心)이 사회정의의 토대이기 때문이다.[17] 아니 부끄러움이 없으면 사람이라고 할 수조차 없기 때문이다.[18] 공자가 정당성 있는 권력을 그토록 갈구한 까닭은, 국가경영의 근거, 즉 분배정의를 실현할 수 있는 근거가 정치가의 도덕적 정당성에서 비롯되기 때문이다.

반면 염유에게 국가경영이란, 국부(경제·재정)를 확충하기 위한 기술 혹은 수단에 불과하다. 염유의 생각을 오늘날로 번역하자면 행정기술적 사고, 불균등 성장론 또는 발전주의 경제론 등으로 범주화할 수 있을 것이다. 반면 공자의 지향은 도덕적 정치, 분배적 경제론, 사회정의의 실현 등으로 해석할 수 있을 것이다.

공자의 정치는 군주의 명령에 대해 그 정당성을 질문하기는커녕 고작 그 집행 가능성과 효율성만을 따지는 염유의 정사(政事: 전문적 행정업무)와는 전혀 다른 것이다. 공자의 정치는 '정사'라는 기술주의를 넘어서, 그 너머의(또는 심화된) 세계를 가리키고 있는 것이다. 공자의 정치는 요컨대 덕치의 매력적 구도 속에 존재한다. 즉 "먼 곳의 사람들이 복종하지 않으면 문덕(文德)을 닦아서 오게끔 하고, 이미 왔으면 평안하게 해줘야 하는 것"[19]이 정치다. 여기 '문덕'이란 덕치의 매력적 힘을 구성하는 요소들이다. 진공청소기가 작동되지 않을 때, 빨려들지 않는

---

[17] "수오지심이 바로 정의다(羞惡之心, 義也)."(《맹자》, 6a:6)

[18] "수오지심이 없으면 사람이 아니다(無羞惡之心, 非人也)."(《맹자》, 2a:6)

[19] "그러므로 정치란 먼 곳의 사람들이 복종하지 않으면 문덕(文德)을 닦아서 오게끔 하고, 이미 왔으면 평안하게 해줘야 하는 것(故遠人不服, 則脩文德以來之. 旣來之, 則安之)!"(《논어》, 16:1)

먼지들을 탓하지 않고 청소기를 점검해야 하듯, 마찬가지로 "먼 곳의 사람들이 복종하지 않으면 문덕(文德)을 닦아서 오게끔" 해야 하는 것이다(제13장 '덕이란 매력이다' 참고).

그러므로 공자의 정치는 염유가 생각하는 경제제일주의의 길, 국부를 극대화하기 위해서라면 설사 부도덕하고 수탈적 방법일지라도 허용되어야 한다는, 이를테면 불균등 성장의 경제발전론과는 상반된다. 뿐만 아니라 공자의 입장은 오늘날 탈도덕적 시장논리를 뒤쫓는 기업국가론에 대해서도 반성을 촉구한다. 공자는 공정한 분배를 꾀하는 정의의 원칙을 정치의 핵심 구조로 본 반면, 염유의 것은 이익추구를 당연시하는 시장중심 논리다. 염유의 생각은 오늘날 신자유주의적 자본주의와 다르지 않다. 공자와 염유 사이의 갈등을 통해 우리는 정치학자 더글러스 러미스(C. Douglas Lummis)의 다음 주장을 정확하게 이해할 수 있다.

> 빈부의 차이란 경제발전에 따라 해소되는 것이 아닙니다. 빈부의 차이는 정의(正義)의 문제라고 생각합니다. 경제학의 입장에서 보면, 빈부의 차이가 나쁠 이유는 하나도 없습니다. 정의라는 말은 경제학의 용어가 아닙니다. 경제학 공부에서는 정의라는 말을 배우지 않습니다. 빈부의 차이가 있어서는 안된다는 생각은커녕 있는 것이 당연하다고 되어있습니다.
> '정의'란 정치용어입니다. 빈부의 차이는 경제활동으로 고칠 수 있는 게 아닙니다. 빈부의 차이를 고치려고 한다면 정치활동, 즉 의논하고 정책을 결정하여, 그것을 없앨 수 있는 사회나 경제구조로 바꾸지 않으면 안됩니다. 그렇게 하지 않으면 해소될 성질의 것이 아닙니다.
>
> — C. 더글러스 러미스, 김종철·최성현 옮김, 《경제성장이 안되면 우리는 풍요롭지 못할 것인가》, 녹색평론사, 2002년, 92쪽

5. 정치를 회복하자

수치심은 추상적이지 않다. 부끄러움은 지금·여기, 내가 살아가는 일상, 구체적인 삶의 현장에서 생겨난다. 사소하며 구체적인 일을 예민하게 느끼는 데서 부끄럼이 비롯한다. 공자가 복원하고자 했던 정치가 부끄러움의 회복에 있다면, 그 출발지점은 바로 '지금, 이곳'이다. 다음 대화는 공자가 꿈꾸는 정치란 청와대나 정부청사, 혹은 의사당에서 이뤄지는 것이 아님을 뚱겨준다.

> 어떤 이가 공자에게 일러 말했다. "선생께서는 어찌 정치를 하지 않으시는지요?"
> 공자가 말했다. "《서경》에 '효로다! 부모에게 효도하고 형제 간에 우애롭게 지내며, 이것을 정치에 적용한다'라는 말이 있지요. 부모에게 효도하고 형제 간에 우애롭게 지내는 것 또한 정치라는 뜻이지요. 그렇다고 하면 어찌 그대가 말한 정치만을 정치라고 하겠나이까!"
>
> 或謂孔子曰, "子奚不爲政?" 子曰, "書云, '孝乎惟孝, 友于兄弟, 施於有政.' 是亦爲政, 奚其爲爲政?"
> ―《논어》, 2 : 21

부모에게 효도하고 형제 간에 우애롭게 지내는 것이 정치다! 이 말은 비근하고 구체적인 일상, 즉 가족 간(間), 이웃 간(間)의 '사람-사이'를 적절하게 소통하는 것이 정치라는 뜻이다. 동시에 '사람의 사이'가 어그러지고 어긋나서 불통될 땐 스스로부터 성찰하여 부끄러움을 느끼고 고쳐나가는 노력 역시 정치라는 뜻이다. 어디 정치만 그러할까. 공자사상의 핵심인 인(仁)조차도 고작 내 주변의 구체적 삶 속에서 이웃과 함께 더불어 우애롭게 사는 것일 따름이다.

> 자공이 물었다. "온 세상 사람들에게 사랑을 베풀고 만민을 구해주면

인(仁)일까요?"
공자가 말했다. "인이기만 하겠냐? 유토피아(聖)이겠지. 요순 임금인들 그렇게 만들 수 있으랴? 인(仁)이란 내가 서고 싶으면 남도 세워주고, 내가 갖고 싶으면 남도 갖게 해주는 마음이지. 우리 일상의 주변에서 사랑의 길을 찾을 수 있다면, 그게 인(仁)을 실천하는 법이지."

子貢曰, "如有博施於民, 而能濟衆, 何如, 可謂仁乎?" 子曰, "何事於仁, 必也聖乎. 堯舜其猶病諸. 夫仁者, 己欲立而立人, 己欲達而達人. 能近取譬, 可謂仁之方也已."
― 《논어》, 6 : 28

자공은 '인'을 추상적이고 형이상학적인 또는 거대한 어떤 것으로 생각했던 듯하다. 인을 두고 "온 세상 사람들에게 사랑을 베풀고 또 만인을 다 구해주는 것"이냐고 질문한 대목이 그의 심정을 대변한다. 그러나 공자의 답변은 '아니다'이다. 인을 실천하기 위해 유엔 사무총장이 될 필요가 없고 대통령이 될 필요가 없다. 매일매일 살아가는 '일상의 주변에서' 그저 '내가 갖고 싶은 것은 남들도 갖고 싶겠거니'라며 '미루어 헤아리는 마음가짐', 바로 여기서 피어나는 것이 인이라고 가르친다. 그리고 그 실천방법 역시 "일상의 주변에서 사랑의 길을 찾을 수 있다면, 그게 인을 실천하는 법"이라고 말한다.

'미루어 남의 심정을 헤아리는 마음가짐'을 공자는 서(恕)라고 개념화한 바 있거니와[20] 인은 비근한 일상생활에서 남을 배려하는 마음에서 피어난다. '내'가 있고 난 다음 '남'이 있는 것이 아니라, 남(타인)이 있음으로써 비로소 내가 있게 된다는 사실을 잊지 않을 따름이다. 정녕 "우리는 타인이 없이는 간지럼을 타는 육체적 기쁨을 얻을 수 없고, 오로지 타인과의 접촉 속에서만 기쁨을 얻을 수 있는 것"[21]이기 때문이다.

---

20) 子曰, "其恕乎! 己所不欲, 勿施於人."(《논어》, 15 : 23)

관계 속에 참된 나가 있다는 각성, 남과의 접속과 소통 그리고 그 사이에서 느끼는 부끄러움. 여기에서 피어나는 감수성과 공감의 능력이 수신 – 제가 – 치국 – 평천하로 펼쳐져 나아가는 것이다. 나의 부끄러움에서 발아된 감수성을 측은함과 공분으로 확장시켜나가기(推己及人), 이것이 공자의 정치다. 공자의 꿈인 부끄러움이 살아있는 사회는 지금 당장 내 일상의 구체적 삶 속에서부터 이뤄낼 수 있는 것이다.

---

21) 정화열, 박현모 옮김, 《몸의 정치》, 민음사, 1999년, 253쪽

에필로그

스승과 제자

생각하면 '논어'라는 책 이름은 묘하다. '論語'란 '논술하고 대화하다'라는 뜻인데, 저자를 책 이름으로 삼는 동양 고전들의 관행과는 사뭇 다르다. 예컨대 맹자가 쓴 책 제목은 '맹자'다. 또《장자》라는 책의 주인공은 장자요,《한비자》도 역시 그렇다. 병법서의 대명사인《손자병법》조차 저자가 책 제목에 병기되어 있다. 이런 식으로 치자면 논어는 '공자'라는 이름을 가졌어야 할법하다.

공자의 책 이름이 '논어'가 된 까닭은 '자왈(子曰)'이라는 문장 스타일에서 찾을 수 있으리라.《논어》의 장절 앞마다 놓인 '자왈', 즉 '선생님 말씀하시다'라는 단어 속에는 공자가 한 말을 제자들이 기억했다가 훗날 그것을 기록하는 성서(成書) 과정이 들어있다. 그러니까 공자는 말을 했을 따름이요, 글로 옮기고 책을 묶은 이는 제자들이다. '논어'를 현대식으로 옮기면 '대화'쯤 되겠다(흥미롭게도 서양의 성인 소크라테스의 사상을 엮은 책 역시 '대화(Dialogue)'라는 이름을 갖고 있다).

한편 '자왈' 앞에는 제자들의 질문이 숨어있다. 공자학교는 제자들의 질문에 스승이 답변하는 식으로 운영되었기 때문이다. 오로지 질문자의 간절한 앎에의 욕구에 대해서만 공자의 답변이 내린다(제11장 '불인하도다, 카이스트여!' 참고). 더욱이 "한 모서리를 들어주었는데도 나머지 세 모서리를 알아채지 못하면 다시는 대답하지 않았던" 엄격한 학습과정이 공자학교의 특징이기도 했던 터다.

이번 참에는 공자가 제자들에게 계승하고자 했던 학술의 핵심은 무엇이었던지를 살펴보자. 공자 교수법의 특징은 제자들의 꿈과 기량에 맞춤한 답변을 내린 점에 있었는데, 초창기 제자인 자로와 안연의 예화를 통해 스승 공자의 면모를 맛보기로 한다.

1. 스승

공자는 자신을 '덩어리 지식'을 일방적으로 풀어 먹이는 계몽형 교사가 아니라, 주어진 문제를 질문자(제자)와 함께 연구하고 해결해나가는 민주적인 교사로 여겼다. 질문자와 더불어 앎을 추구하고 문제를 풀어가는 상담자로서 공자의 면모는 다음 술회에서 잘 나타난다.

> 공자 말씀하시다. "내게 아는 것이 있더냐? 나는 따로 아는 것이 없다. 어떤 천한 사람이 내게 질문하더라도 나는 텅텅 비었을 뿐. 다만 그의 질문을 두고 이모저모를 헤아려 이치를 다할(竭) 따름인 것을!"
> 子曰, "吾有知乎哉? 無知也. 有鄙夫問於我, 空空如也. 我叩其兩端而竭焉."
> ─《논어》, 9:7

일본의 논어 학자 미야자키 이치사다는 이 대목에 대해 "아마 공자가 단순히 박식한 사람으로 알려져 지혜를 빌리러 찾아오는 것에 반발하여 그것은 잘못이라고 말하고 싶었던 것이라고 생각된다. 학문이란 그런

것이 아니다"라고 해설한 바다(박영철 옮김, 《논어》, 이산, 2001년, 134~135쪽). 정녕 교학상장(敎學相長)하는 공자의 열린 자세, 교육자로서의 면모가 이보다 잘 드러난 대목이 따로 있을 것 같지 않다. 인용문에서 핵심적인 단어는 갈(竭), 곧 '사려를 다함'이라고 생각된다.

한편 당시 공자의 제자들 중에는 스승을 천재나 성인으로 추앙하는 이들이 있었던 모양이다. 하나 공자는 자신의 가르침이 태어날 때부터 머릿속에 저장된 '지식 덩어리', 곧 생이지지(生而知之)가 아니라, '지금 여기'에서 질문을 기화로 문제를 해결하는 와중에 앎과 지식이 구성되는 것임을 다음과 같이 술회하고 있다.

> 공자 말씀하시다. "나는 나면서부터 안 사람이 아니다. 다만 옛사람들의 말을 좋아하여 그 말뜻을 민감하게 앎을 구하려는 사람일 따름이다."
> 子曰, "我非生而知之者, 好古敏以求之者也."
> ― 《논어》, 7:19

공자가 스스로의 공부를 두고 민이구지(敏以求之)라고 지적한 점은 주목해서 보아야 한다. 여기 '민감하게 앎을 구하였다'는 말 속에 공자의 배움의 정체가 들어있다. 그 가운데서도 민감함(敏)이야말로 공자 학문의 핵심이다. 즉 '민' 자는 공자의 솔깃한 배움에의 자세, 열린 마음가짐 등을 표상한다.

위에서 교사로서 공자의 특징이 '오롯이 힘을 다함(to do one's best)'을 뜻하는 '갈' 자에 방점이 찍힌 것과 꼭 같이, 여기 공자 학술의 특징은 '민' 자에 방점이 찍힌다. 그러므로 공자 스스로 스승을 자처한 적이 없고, 다만 '배움에 급급한 존재'로 규정하였던 것은 겸양이 아니라 내력이 있는 객관적 진술이라고 해야 할 것이다. 즉 "열 가구로 이뤄진 조그만 마을에조차 나만큼 성실하고 또 신실한 사람이야 있겠지만 호학(好學)이라, 나만큼 배우기 좋아하는 사람은 없으리라"[1]는 술회가 그러하다.

여기 '호학'이라는 말은 남보다 열심히 공부한다는 따위의 자기 자랑이 아니다. 자신의 무지에 대해 스스로 분노하고, 새로운 앎에 대해 갈증을 느끼는 일종의 결핍을 드러낸 것이다. 공자는 호학, 곧 '배움에의 목마름'을 따로 이렇게 술회하기도 하였다.

> 섭공이 자로에게 스승의 사람됨을 물었는데 자로가 제대로 대답하지 못했다. 이를 듣고 공자는 말했다. "이렇게 말하지 그랬더냐. '그 사람은 모르는 것이 있으면 분해서 밥 먹는 걸 잊어버리고, 알고 나면 즐거워 근심걱정을 잊어버리는데, 급기야 장차 늙음이 닥치는 것조차 잊어버리는 사람'이라고."
> 葉公問孔子於子路, 子路不對. 子曰, "女奚不曰, 其爲人也, 發憤忘食, 樂以忘憂, 不知老之將至云爾."
> — 《논어》, 7:18

죽는 순간까지 배움에 급급한 존재가 공자였다. 모르는 것을 배우려는 열망으로 밥 먹는 것도 잊어버리고, 배우고 나면 배운 그것이 기뻐 근심걱정을 잊어버리는 사람, 나아가 배움에 몰두하여 세월이 어떻게 흘러가는지도 모르는 사람이 공자였다.

2. 공자의 학교

새로운 지식이나 이해하지 못할 사태 앞에 그것을 알려고 드는 오롯한 마음, 이것이 공자의 공자다움을 구성한다. 그러니까 호학 가운데

---

1) 《논어》, 5:27

'학'도 중요하지만 실은 '호', 좋아함이야말로 공자다움의 핵심 성분이다. 호(好)에는 모르는 지식이나 사람에 대한 솔깃한 마음과 앎을 수용하려는 적극적 자세가 깃들어 있는 것이다. 널리 알려진 《논어》의 제일 첫 장은 공자사상의 핵심을 천명한 것이 된다.

공자 말씀하시다. "배우고 또 때로 익히면 기쁘지 않으랴."
子曰, "學而時習之, 不亦說乎."
— 《논어》, 1:1

요컨대 호학하는 존재, 곧 배우고 또 익히는 존재만이 인간이다. 외부의 지식, 알지 못하는 대상을 학(學)하여 배우고, 그것을 몸소 습(習)하여 내 것으로 소화하는 순간 터져나오는 충일의 기쁨을 느끼는 존재가 인간이라는 것. 이렇게 읽자면 《논어》 제1장은 공자의 '인간 선언'이 된다. 배워서 익힘에 기쁨을 얻는 존재만이 인간이요, 그렇지 못한 자는 짐승이라는 뜻이다.

그러니 공자의 학교가 어찌 만만할 수 있으랴. 공자학교는 스승이 일방적으로 무엇을 가르치고 학생은 그것을 받아 적는, 말하자면 '초등학교'가 아니었던 것이다. 또 공자학교의 커리큘럼이 시(詩)와 서(書) 그리고 예(禮)를 실행하는 것²⁾이라고 전해오긴 하지만 그것은 교육의 수단이었을 뿐, 《시경》을 읽고 《서경》을 해석하며 《예》를 따라 모방하는 실습과정이 교육의 목표는 아니었다.

공자학교의 목표는 스승의 '몸짓'을 익히는 것이었으리라. 이를테면 '민이구지'의 민(敏)이 표상하는 민감성, 무지한 사람의 질문에 대해서도 견지했던 갈(竭)의 자세, 그리고 공자가 자처한 단 한마디 호학의 호(好)에 담긴 열린 마음가짐으로 세상과 사람을 대하는 것! 이것이 공자

---

2) 子所雅言, 詩·書·執禮, 皆雅言也.(《논어》, 7:17)

학교의 정체였다. 사물과 사건에 대한 '민감성', 사람과 사안을 대할 때 최선을 다하는 태도, 그리고 '열린 마음가짐'이 공자 제자들이 학습해야 할 참된 가르침이었던 것이다.

그러나 또 제자들은 제각각 욕망을 가지고 공자학교에 들어왔던 터. 가령 제자들 가운데는 공자 가르침이 추상적이고 형이상학적이라고 여겨, 스승이 먹고사는 문제를 도외시한다는 의심을 품은 이들도 있었던 것이다. 나이 어린 제자 번지가 농사짓는 법을 질문한 것[3]이라든지, 직장에 취업하는 방법을 고민한 자장의 질문[4]을 그 예로 들 수 있을 것이다. 이들은 스승의 가르침이 아무래도 추상적이라는 불만을 품었기에 실무적이고 실용적인 가르침, 곧 농사법이나 취업을 위한 실무기술을 요구했던 것이리라.

나아가 제자 염유는 세무-재정 담당관을, 자로는 국방-안보 담당관을, 공서화(公西華)는 의전-집례 담당관을, 자하는 문서 담당관을, 그리고 자장은 제후나 대부를 보필하는 비서관을 지망하였던 것으로 볼 때, 제자들의 다수는 오늘날과 다름없이 취업과 출세를 위해 공자학교를 출입하였던 것으로 보인다. 그러니 공자도 제자들을 두고 "3년 동안 내게서 배우고 난 다음, 직장에 뜻을 두지 않는 녀석을 보기 드물더라"[5]고 개탄했던 것이리라. 스승의 가르침이 제자들에게 전수되는 데 곡절이 있을 수밖에 없었을 터. 이에 공자로서도 이런 푸념을 할 수밖에 없었을 것이다.

"싹은 틔웠으나 꽃을 피우지 못하는 녀석도 있고, 꽃은 피웠으나 열매 맺지 못하는 자들도 있더구나!"

---

3) 樊遲請學稼.(《논어》, 13:4)

4) 子張學干祿.(《논어》, 2:18)

5) 子曰, "三年學, 不至於穀, 不易得也."(《논어》, 8:12)

子曰, "苗而不秀者, 有矣夫! 秀而不實者, 有矣夫!"

— 《논어》, 9 : 21

　같은 스승 밑에서 공부를 똑같이 시작했다 하더라도 그 성취의 정도는 다 다르며, 또 그 차이는 각각 본인의 할 바에 달려있다는 뜻이다. 더불어 "자질이 중급 이상이라야 높은 가르침을 베풀 수 있지, 중급 이하에게는 고급을 가르칠 수가 없더라"라는 고백[6]이라든지, "상지(上知)와 하우(下愚)는 가르침으로도 어쩔 도리가 없더라"[7]는 술회들은 공자가 교육 현장에서 제자들과 어울려 문제를 풀어가는 과정에서 느낀 피로감을 토로한 것으로 보아야 하리라. 유교무류(有敎無類)[8]라, 누구에게든 학교 문을 열어 받아들였던 공자의 태도에 비춰 보면, 사람을 지식을 기준으로 차별하는 말을 했다고 보기 어렵기 때문이다.

　그러면 공자 제자의 두 유형을 통해 공자 교육철학의 의미를 살펴보기로 하자. 첫번째는 무사 출신으로서 끝내 전통과 관습의 틀을 깨지 못했던 자로(子路)라는 제자이고, 두 번째는 스승에게 의발을 전수받을 수제자였으나 허기진 삶을 살다가 급기야 요절한 안연(顔淵)이라는 제자다.

3. 자로

　자로는 본래 무협의 무리였다. 수탉 깃털로 장식을 하고 장검을 차고 공자를 능욕하려고 한 일조차 있었다. 변(卞) 땅 출신이라고 하였으니 일

---

6) 子曰, "中人以上, 可以語上也, 中人以下, 不可以語上也."(《논어》, 6 : 19)
7) 子曰, "唯上知與下愚不移."(《논어》, 17 : 3)
8) 《논어》, 15 : 38

찍이 고향을 떠나온 인물인 셈이다.《공자가어(孔子家語)》는 후대의 책이지만 그가 공자 문하에 입문할 때의 일들이 쓰여있다.

> 자로가 처음 공자를 만났다. 공자가 물었다. "그대는 무엇을 좋아하시는가?"
> 자로: 나는 긴 칼을 좋아하오.
> 공자: 나는 그걸 묻는 것이 아니다. 그대가 능한 기술 위에다 학문을 더하게 되면 누가 여기에 따라올 수 있겠는가. 나는 무슨 공부를 좋아하는가를 묻는 것이라네.
> 자로: 배우는 게 무슨 이익이 있겠소이까?
>
> ―《공자가어(孔子家語)》, 제5권, '자로초견(子路初見)' 편

끝내 자로는 제 의견을 굽히지 않고 비유법을 통해 그 뜻을 밝힌다.

> "남산의 대나무는 잡아주지 않아도 저절로 반듯하외다. 그 반듯한 대나무를 자르면 곧은 화살이 되는 것. 그러니 꼭 학문을 해야 할 것이 무엇이란 말이오니까!"

이에 대해 공자는 대단히 인상 깊은 비유로써 학문의 중요성, 지식의 필요성을 강조한다.

> "곧은 화살 대가리에 쇠촉을 꽂고 꼬리에는 깃을 꽂는다면 날카롭고 가벼운 것이 겸해져서 과녁에 적중하고, 또 박히는 것이 깊어지지 않겠는가!"
> 자로는 공자의 이 반격에 무릎을 꿇고 두번 절하고서, 제자의 예를 차렸다.
>
> ― 같은 곳

자로는 공자의 문하에 들어온 후에도, 지식과 학문에 대한 편견, 즉 '정치를 하는 데는 책을 통한 지식이나 배움 따위는 불필요하다'라는 생각을 고질로 갖고 있었던 듯싶다. 《논어》에도 이런 대목이 있다.

> 자로가 《서경》을 읽어보지 않은 '자고'를 비(費) 땅 책임자로 추천하여 임명하도록 하였다.
> 공자 말씀하시다. "저놈, 또 남의 자식 하나 잡겠구나!"
> 자로가 말했다. "백성들 있겠다, 사직(社稷)이 있어 귀신들이 보호하시겠다, 그러면 되는 것이지, 꼭 《서경》(書)을 읽은 다음에야 정치를 배웠다고 하겠습니까?"
> 공자 화를 내며 말씀하시다. "내가 이래서 저 입치레만 번드레한 놈들을 미워한다니깐!"
>
> 子路使子羔爲費宰. 子曰, "賊夫人之子." 子路曰, "有民人焉, 有社稷焉, 何必讀書, 然後爲學?" 子曰, "是故惡夫佞者."
> ─《논어》, 11 : 24

용맹을 숭상하던 자로는 책을 읽지 않고도 충분히 정치를 할 수 있다고 보지만, 공자는 책을 통해 합리적인 통치방법을 '배우고 익힌' 다음에야 정치를 할 수 있다고 생각하고 있는 것이다.

그래서인지 자로는 스승이 제시하고자 했던 새 문명의 비전과, 그 창도자로서 군자(君子)의 의미를 알아채지 못했던 듯하다. 자로에게 '군자'란 정치적 권력자나 경제적 지배자로 이해되었을 뿐이다. 군자는 말 그대로 '임금(君)의 아들(子)'을 뜻하기에 자로의 군자관은 그 본래적 말뜻(語義)에는 맞다. 즉 무사인 자로에게 '군자'란 전통적 의미대로, 군사를 동원하여 전쟁을 승리로 이끄는 권력 행사의 전문가일 따름이다. 그러기에 군자가 갖춰야 할 덕목도 마땅히 용맹(勇)이어야 한다고 믿어 의심치 않는다.

자로가 물었다. "군자란 용맹을 으뜸으로 삼는 존재겠지요?"
공자 말씀하시다. "아니야! 군자는 의(義)를 제일로 삼지. 군자가 용맹스럽기만 하고 의롭지 못하면 사회를 어지럽히고, 또 소인이 용맹스럽기만 하고 의롭지 못하면 도둑이 되고 말지."

子路曰, "君子尚勇乎?" 子曰, "君子義以爲上, 君子有勇而無義爲亂, 小人有勇而無義爲盜."

— 《논어》, 17 : 23

물론 공자가 용맹이 필요 없다고 본 것은 아니다. 다만 용맹(힘)은 시대정신의 계도를 받아야 한다는 것이다. 공자가 자로에게 가르쳐주고자 한 것은 바로 용맹의 발휘에는 '정당성에 대한 인식(義)'이 기반이 되어야 한다는 사실이다. 이에 공자는 군자라는 언어에 새로운 뜻을 담고자 했다. "군자는 정의에 밝고, 소인은 이익에 밝다"[9]라는 공자의 발언 속에 그의 새로운 군자상이 들어있다.

자로는 여태 스승의 군자가 지향하는 문(文)의 특성, 즉 문화적 성격을 깨닫지 못했다. 또는 공자가 꿈꾸는 새 시대의 정치가 폭력적 지배를 통한 정치가 아님을 이해하지 못하였던 것이다. 그는 끝까지 정치 = 폭력이라는 등식을 의심하지 않았다. 단순·담백·우직, 이것들이 자로의 특징이었던 터다. 이에 그는 고민 끝에 군자를 다시금 질문한다. 이번엔 정공법이다. '군자란 무엇이냐'라고 곧바로 찌르고 든다.

자로가 물었다. "군자란 무엇입니까?"
공자: 제 몸을 경(敬)으로써 닦는 존재지.
자로: 몸만 닦으면 된답니까?
공자: 몸을 닦은 다음, 사람들을 편안하게 해줘야지.

---

9) 子曰, "君子喩於義, 小人喩於利." 《논어》, 4 : 16)

자로: 아니, 그렇게만 하면 군자란 말입니까?
공자: 몸을 닦아서 만백성을 편안하게 해준다고 할까. 그런데 몸을 닦아서 만백성을 편안하게 한다는 건, 요순임금도 어렵게 여기셨는걸!

子路問君子. 子曰, "脩己以敬." 曰, "如斯而已乎?" 曰, "脩己以安人."
曰, "如斯而已乎?" 曰, "脩己以安百姓. 脩己以安百姓, 堯舜其猶病諸?"

— 《논어》, 14 : 45

자로가 이렇게 꼬치꼬치 따진 적이 없다. 스승의 가르침을 굳게 지키려 한 우직함은 있어도, 거듭 질문하는 모습은 이것 외에는 없다. 자로가 이처럼 질문을 거듭했다는 사실 자체가 당시 유통되던 '군자'라는 말의 의미(정치적 지배자)와 공자의 군자라는 말뜻(도덕적 완성자) 사이에서 자로가 얼마나 깊은 고민에 빠져있었던지를 반증한다.

여기서 스승은 수기이경(脩己以敬), 즉 자아를 성찰하는 존재가 곧 군자라고 찔러준다. 군자란 자신의 철학이나 의지를 상대방에게 강요하는 존재가 아니라 자아(ego)를 도리어 '낯설게 관찰함(敬)'을 통해 닦아 비워내고, 대신 그 자리에 상대방을 채우는 존재라는 뜻이다. 그럴 때, 나의 뜻을 남에게 강요하는 힘, 즉 폭력은 거꾸로 따뜻한 매력으로 전환되고 또 그럴 적에야 올바른 리더십이 발휘되고, 역시 그럴 때만이 참된 평화가 이뤄진다는 비전을 자로에게 가르쳐준 것이다. 그러니 자로에게 내린 '수기이경'이란 말은 새로운 문명을 건설해야 할 인간형인 군자의 '로드맵'이라고 할만한 것이다.

그러나 이 말씀이 자로에겐 아무래도 미흡하다. 처음부터 지금까지 그에게 군자란 '스스로를 훈련하여, 덕성을 내면에 쌓아가는' 내향적 존재가 아니라, 힘(용맹, 즉 폭력)을 외부에 발휘하여 질서를 잡고, 궁극적으로 천하를 안정시켜야 하는 존재였다. 답답할손, 자로여!

그렇기에 그는 자꾸 묻는다. 거듭된 '그뿐입니까?'라는 질문은 그의 갈증을 잘 드러내주는 표지이다. 그러나 공자로서는 또 '수기이경', 이 한마디로 할 말을 다한 것이다. 자꾸 물어대니까 수기안인(修己安人), 나아가 수기이안백성(修己以安百姓)이라는 식으로 확대시켜나가긴 했으나, 그 핵심처에는 '수기이경' 외에는 따로 있을 것이 없었다. 끝내 공자는 시치미를 뚝 떼고 "만백성을 편안하게 한다는 건, 요순임금도 어렵게 여기셨는걸!" 하고는 말끝을 잘라버리는 것이었는데, 그렇다고 자로의 목마름이 가실 리는 없었을 것이다.

힘을 내면에 온축하여 '자아를 낯설게 성찰하는' 경(敬)의 전회를 자로로서는 도무지 이해할 수 없었고, 이것은 그가 죽는 날까지도 깨우치지 못한 점이었다. 실로 그는 죽는 날까지 폭력의 행사를 통한 질서의 확립, 그리고 자기를 알아준 사람(주군)을 위해서 목숨을 바친다는 맹목적 충성관에서 한 걸음도 벗어나지 않았던 것이다.[10]

물러나서 보자면 자로의 군자는 '폭력시대의 지도자'다. 당시 춘추시대 정치상황을 염두에 두면, 자로의 군자관이야말로 상식적이고 또 현실적인 것이다. 즉 폭력을 관리하여 질서를 되찾고, 또 난세를 힘으로써 극복하려는 자로의 꿈은 충분히 납득할 만한 것이다.[11] 그러나 공자는 폭력으로써 난세를 극복한다 한들 또다시 혼란에 빠지고 만다는 '폭력에 대한 비관주의'를 가지고 있었던 것임에 분명하다. 위령공이 진법(陣

---

10) 자로가 물었다. "환공이 '공자 규'를 죽였습니다. 이때 주군인 공자 규를 위해 소홀은 목숨을 바쳤지요. 하나 관중은 죽지 않았습니다. 관중은 어질지 못하다고 해야겠지요(子路曰, 桓公殺公子糾. 召忽死之. 管仲不死. 曰, 未仁乎)?"(《논어》, 14:17)
이런 식의 윤리관, 즉 신하라면 주군을 위해서 목숨을 바쳐야 한다는 자로 식의 충성관이 일본 사무라이의 윤리로 계승된다. 이 틈새에서 우리는 일본의 '무사'와 조선의 '선비'가 꼭 같이 사(士)의 번역어이지만, 그 의미가 전혀 달라진 내력을 헤아릴 수 있다.
11) 스승도 자로의 특장이 용맹에 있음을 잘 알고 있었다. 예컨대 "자로는 용맹을 좋아함이 나보다 더하다"라고 평한 적이 있었고(《논어》, 5:6), 또 당시 집정자들에게 국방장관 감으로 그를 추천하기도 했다(《논어》, 5:7). 자로가 힘(폭력)을 통해 천하질서를 바로잡으려는 현실주의자요, 또 그런 기량을 갖추고 있음을 스승도 허락하였던 터다.

法)을 질문하자 표표히 떠나버린 면모에서 폭력에 대한 공자의 짙은 혐오를 너끈히 이해할 수 있다.[12]

공자는 당장은 비현실적일지 몰라도 장기적으로 문명을 옳게 되살리려면, 군자라는 언어가 '문화(文)의 지도자'로 새롭게 개념 규정되지 않으면 안된다는 확신을 가졌던 것이다. 새로운 문명시대를 준비하는 군자의 키워드가 '수기이경'이라는 언어였다. 이를 통해 자기책임성·성찰성 그리고 내향성을 갖춘 존재가 군자이며, 또 그가 발휘하는 힘이 폭력이 아닌 '매력'으로 전환될 때에야 '인간다운 사회', '문명적 질서'가 가능하다고 본 것이다. 이렇게 보면 지금 사제 간의 대화는 같은 말(군자)을 쓰긴 하지만, 그 뜻은 전혀 다른 세계를 지향한다. 공자의 군자는 덕치(德治), 즉 '매력 정치학'에 포괄되는 데 반해, 자로의 군자는 '폭력의 정치학' 속에 자리하기 때문이다. 이쯤에서 공자가 자로에게 다음과 같은 귀띔을 한 것은 예사롭지 않다.

> 공자 말씀하시다. "자로야. 덕(德)의 참뜻을 제대로 아는 자가 드물더구나."
>
> 子曰, "由! 知德者鮮矣."
>
> ─《논어》, 15 : 3

정녕 공자는 자로가 붙잡혀 빠져나오지 못하는 수렁인 '폭력의 군자'로부터 '매력의 군자'로, 또 '힘의 발휘'로부터 '힘의 응축'으로, 그리고 '외향의 눈길'에서 '내향의 눈길'로 그를 되돌리기 위해 끝까지 손을 내밀었던 것인데, 이를 두고 볼 때 공자는 자로를 몹시 아꼈던 것임이 분

---

12) 위령공이 공자에게 진법에 대해 물었다. 공자가 대하여 아뢰었다. "저는 예법(조두지사)은 일찍이 배웠습니다만 군사의 일을 배운 적이 없습니다." 그 다음날 곧바로 위나라를 떠났다(衛靈公問陳於孔子. 孔子對曰, "俎豆之事, 則嘗聞之矣. 軍旅之事, 未之學也." 明日遂行).(《논어》, 15 : 1)

명하다. 이렇게 공자는 폭력을 가지고는 결코 폭력이 종식되지 않는다는 점을 자로에게 가르치고자 했다. 둘러가는 것 같지만 실은 '덕성을 통해 주변이 끌려드는' 매력의 힘, 이것만이 천하를 평화롭게 이끌 동력이라고 그는 굳게 믿었던 것이다. 이 대목에선 독일의 정치사상가 한나 아렌트의 지적이 공자의 생각에 꼭 들어맞는다.

> 폭력의 실천은 모든 행동과 마찬가지로 세계를 변화시키지만, 더 폭력적인 세계로 변화시킬 가능성이 가장 많다.
> ― 한나 아렌트, 김정한 옮김, 《폭력의 세기》, 이후, 1999년, 123쪽

공자는 자로가 '칼의 노래'가 아닌 '현(絃)의 노래'를 부르기를, 힘을 부려서 질서를 잡는 것이 아니라 매력을 통해 평화로운 세계를 건설하는 것이 진정한 군자의 책무임을 가르치려 했던 것인데, 제자는 스승의 뜻을 끝까지 이해하지 못했고, 그의 천성대로 제 생각대로 우직하게 살다가 죽임을 당하고 만다. 다음 《사기》의 기사를 보자.

위나라 출공(出公)에게 충성을 맹세한 자로는 공리(孔悝)가 반란을 일으켰다는 소식을 들었다. 난리를 피해 다들 도망가는데 그 와중에 동창생 자고(子羔)를 만났다. 그가 자로에게 말하기를, "출공은 이미 도망갔고, 또 성문은 이미 폐쇄되었네. 자네도 돌아가는 것이 나을 듯하네. 무단히 화를 자초할 것은 없지 않은가."
자로가 말하였다. "그 밥을 먹은 자는 그 어려움을 회피해서는 안되는 법(食其食者不避其難)." 자고는 떠나가고, 자로는 성문의 틈을 이용하여 성안으로 들어갔다. 그 길로 반란군들 앞에 나서서 돈대를 불태우려고 하였다. 두려움을 느낀 반란군들은 자로를 공격하였다. 중과부적인 자로는 죽음에 이르렀다.
갓끈이 떨어지자, 자로는 말했다. "군자(君子)란 죽어서도 관은 바로하

는 법."
그는 갓끈을 다잡아 매고 난 다음 죽음을 맞았다.
한편, 공자는 위나라에 사변이 터졌다는 소식을 듣고 말했다. "아이고, 자로가 죽었겠구나."
과연 그 말씀을 할 적에 이미 자로는 죽어있었다.

— 《사기》, '중니제자열전(仲尼弟子列傳)' 편

자로는 협객 스타일의 인물이었던 것이리라. "선비는 자기를 알아주는 사람을 위해 목숨을 바친다"는 속언이 자로에게 합당하다. 그러나 이런 의리는 시대적 '대의'를 관조하지 못하고 한낱 사소한 신의, 이를테면 '조폭'식 의리를 벗어나기 힘들다. 이 점이 바로 공자가 염려했던 자로의 문제점이었는데, 역시나 그의 죽음조차 이렇게 유협적이었다.

자로는 스승의 비전을 뿌리치고 '제가 믿은 의리(小義)'를 따라 뚜벅뚜벅 걸어가 죽음에 이르렀던 것이다. 떨어진 갓끈을 바로하고 의관을 정제한 다음 죽음을 맞았다는 것은 스승이 가르친 예법을 죽도록 지킨 표시이긴 하지만, 보다 '큰 의리(大義)'를 따르지 못하고 기껏 자기를 알아주는 사람에게 충성을 바치고 만 데 대해 스승은 내내 안타까워했던 것이다. 이에 제자 자로가 죽었다는 소식을 들은 다음, 스승 공자는 시름시름 앓다가 잇따라 죽고 말았다고 전한다.[13]

4. 안연

안연은 공자의 수제자로 널리 알려진 사람이다. 공자의 어머니가 안

---

13) "자로가 위나라에서 죽자 공자는 병이 들었다. 그 뒤 7일 만에 돌아가시고 말았다(子路死於衛. 孔子病, (…) 後七日卒)."(《사기》,〈공자세가(孔子世家)〉)

연과 같은 안(顏)씨였으니 혹 공자의 외가 쪽 인척일지도 모른다. 안연의 아버지도 공자에게서 공부를 했던 것으로 보아 집안 간에 가까웠던 듯하다. 어릴 적 이름은 회(回)였다. 따라서 '안회'라고 불리기도 한다. 스승에 앞서 31세의 나이로 요절하였는데, 그의 죽음을 앞두고 공자가 느낀 절망감을 되새겨보면 공자가 그를 얼마나 아꼈는지 알 수 있다.

> 안연이 죽었다. 공자 말씀하시다. "아이고! 하느님이 날 버리시는구나. 하느님이 날 버리고 마는구나!"
> 顏淵死. 子曰, "噫! 天喪予! 天喪予!"
> —《논어》, 11:8

애이불상(哀而不喪)[14]이라, "슬퍼하되 몸이 상할 만큼 비통해하지는 말라"고 공자 스스로 지적했던 터다. 그런데도 제자 안연의 죽음 앞에 그는 하느님을 탓하고, 또 비통함이 지나쳐 몸을 해칠 정도로 아파하였다. 안연은 스승의 가슴을 저미게 할 정도로 그 학문과 실천의 키가 높았던 것이다.

그러나 안연의 삶은 내내 빈궁하였다. 스승은 안연이 경제적으로 쪼들리는 것에 비판의 눈길을 보내기도 하였다. 하나 그 속내는 제자의 "가난한데도 이를 느긋이 즐기는 경지(貧而樂)"를 기꺼워했던 것 같기도 하다. 가난이 사무쳐 목숨을 앗아갈까 염려하면서도 또 적빈조차 침노할 수 없는 진리의 길을 걷는 제자의 경계를 기꺼워함, 겹쳐 드는 이중의 마음이 공자의 안연에 대한 눈길이었다. 그럼에도 결국 제자의 요절 앞에서 목놓아 통곡하고, 그의 죽음으로 인해 새로운 문명을 건설하고자 했던 자신의 꿈조차 사라져버렸음을 안타까워했던 것이다. 그렇다면 안연은 어떤 경지에 이르렀기에 스승 공자가 그토록 안타까워했던 것일

---

14) 《논어》, 3:20

까. 공자의 속내를 살펴보자.

> 노나라 군주 애공이 공자에게 물었다. "제자들 가운데 누가 '배움을 좋아하는(好學)'가?"
> 공자가 대답하였다. "안연이라는 자가 호학하여, 노여움을 옮기지 않고 잘못을 거듭하지 않았습니다. 한데 불행히 명이 짧아 죽은지라 지금은 호학하는 자가 없습니다."
>
> 哀公問, "弟子孰爲好學?" 孔子對曰, "有顔回者好學, 不遷怒, 不貳過. 不幸短命死矣, 今也則亡, 未聞好學者也."
>
> ─ 《논어》, 6 : 2

앞서 보았듯 호학은 '열린 마음가짐'에서 퍼져나오는 배움에의 자발성이다. 여기 안연이 갖춘 호학의 내용물로서 공자는 "노여움을 옮기지 않고, 잘못을 거듭하지 않음(不遷怒, 不貳過)"이라고 명명하고 있다. 우선 '노여움을 옮기지 않음(불천노)'이란 어떤 것일까. 우리 속담에 '종로에서 뺨 맞고 마포에서 성낸다'고 하듯, 대개 사람들은 노여움을 옮긴다. 즉 뺨 맞은 종로에서 성내는 마포까지 노여움을 몸에 지니고 가는 것이다. 아침에 마누라한테 바가지라도 긁히면 하루 종일 불쾌한 것이 인지상정인 바다.

그런데 '노여움을 옮기지 않는다'고 하였으니 안연은 자기 몸에 노여움을 간직하지 않았다는 말이다. 그렇다고 그가 성을 내지 않는다는 말은 아니다. 성을 낼만한 데에는 성을 내되 그것으로 끝난다는 것이다(공자도 증오해야 할 대상에 대해서는 철저히 미워하였다).[15] 즉 화를 내어야 할 대상에 대해서는 분노를 표출했지만 그걸 찌꺼기로 마음에 남기지

---

15) 子貢曰, "君子亦有惡乎?" 子曰, "有惡, 惡稱人之惡者, 惡居下流而訕上者, 惡勇而無禮者, 惡果敢而窒者."(《논어》, 17 : 24)

않는다는 것이다. 이쯤 되면 화내는 것은 '나'가 아니다. 말하자면 내가 화를 '낸 것'이 아니라, 화가 '난 것'일 따름이다. 노여움도 이쯤이면 해맑다. 이 대목에서 수주(樹州) 변영로가 노래한 논개의 분노를 연상하게 된다.

거룩한 분노는
종교보다도 깊고
불붙는 정열은
사랑보다도 강하다
아, 강낭콩꽃보다도 더 푸른
그 물결 위에
양귀비꽃보다도 더 붉은
그 마음 흘러라

— 변영로, 〈논개〉(부분)

그렇다. "거룩한 분노는 종교보다 깊"을 만큼 해맑고도 순정한 것이다. 여기서 '불천노', 즉 "노여움을 옮기지 않는" 분노란 이미 내 '마음의 흔들림' 또는 '짜증' 같은 잡티가 끼지 않은 순정한 분노다. 더러운 것은 더럽게 비추되, 그것이 사라지면 또 그만인 거울과 같은 것이다. 이렇게 거울처럼 맑고 고요함을 갖고 있기에 새로운 경험과 새로운 앎도 평심하게 받아들일 수 있는 것이다. 따라서 '불천노'의 텅 빈 마음자락이야말로 곧바로 호학의 호(好)가 뜻하는 '열린 마음'과 다르지 않다. '불천노'는 호학의 필요조건을 상징하고 있는 말이 된다.

한편, 안연의 호학을 구성하는 두 번째 특징인 '잘못을 거듭하지 않음(불이과)'이란 무엇일까. '불이과'란 그의 배움(學)이 얼마나 철저하고 실천적이었던가를 보여준다. 가령 '담배가 몸에 해롭다'는 것을 모를 때는 몰라도, 몸에 해롭다는 것을 알게 된 다음에는 더이상 담배를 입에 댄 적이 없는 격이다. 담배로 상징되는 인습이나 습관이란 매우 끈덕진 것이어서 이성적으로 잘못되었다고 판단하더라도 쉽게 몸에서 떨어지질 않는다(자로의 죽음이 관습적 지식 때문이었다). 그러니 담배를 끊는 데 도움을 주는 온갖 발명품들이 줄을 잇는다. 그래도 작심삼일. 이것이 보통 사람의 삶인 것이다. 그런데 안연은 모를 때는 몰라도, 안 다음에는 두 번 다시 잘못을 저지르지 않았다는 것이 '불이과'라는 말 속에 들어있다. 동시에 이 앞에는 철저한 자기반성의 과정이 전제되어 있음을 놓쳐서는 안된다.

자신의 행동 하나에도 그것이 지나친 것인지 또는 모자라는 것인지, 제대로 맞춤한 것인지를 낱낱이 헤아리고 철저히 따져보는 과정 말이다. 그러니 호학 가운데 호(좋아함)가 '노여움을 옮기지 않음(불천노)'이라는 평상심의 경지와 짝한다면, 학(배움)은 '잘못을 거듭하지 않음(불이과)'의 철저함과 짝한다. 이것은 공자가 지향한 삶의 태도인 호학이 안연의 일상 속에 이미 실현되었다는 뜻이다.

이럴진대 스승 공자가 어찌 그를 아끼지 않을 수 있었으리! 안연은 공자 학술의 고갱이인 열린 마음으로 사물을 대하며 배움을 얻고 익히는 호학을 몸소 체득하고 실현하는 경지에 이르렀던 것이다. 동시에 안회는 스승의 학문을 회상하는 자리에서 자신의 스승 좇기를 갈(竭)로 개념화하고 있으니, 앞서 공자 학술의 핵심이 민(敏)과 호(好) 그리고 갈(竭)로 구성되었던 점을 회상하지 않을 수 없다.

"선생님의 학술은 배우다가 그만두고자 하여도 그럴 수가 없었으니, 이미 온 힘을 다 쏟아부어도(竭) 또 저만치 앞에 우뚝하니 서 계신다네."
"欲罷不能. 旣竭吾才, 如有所立卓爾. 雖欲從之, 末由也已."

— 《논어》, 9:10

스승을 따라서 배우다 지쳐 "그만두려 해도 그럴 수가 없다"라고 하였으니 이것은 안연이 배움을 그만두려 해도 이미 너무 깊이 빠져들어 되돌아가기가 막막한 상황이다. 이는 거꾸로 안연 자신의 학문적 깊이도 꽤 심오해졌음을 자백한 걸로 읽어도 좋겠다. 또 "이미 온 힘을 다 쏟아부어도(竭) 또 저만치 앞에 우뚝하니 서 계신다"라는 고백은 자신이 모든 에너지를 다 쏟아 탈진한 상태에 이르렀음에도 또 스승의 그림자조차 발견할 수 없음을 안타깝게 토로하고 있는 모습이다.

역시 스승 공자도 비천한 자가 물어도 자신이 아는 것은 없고 오로지 이치를 헤아려 힘껏 가르치는 것(竭)일 따름이라고 지적한 바 있었다. 거기서 보았던 '최선을 다함'을 뜻하는 스승의 '갈'과 여기 배움의 갈증을 토로한 제자의 '갈'이 동질적인 것임에 주목하지 않을 도리가 없다. 이에 공자는 늙마에 제자들을 회상하는 자리에서, 그 첫번째로 안연을 꼽고 그를 덕행(德行)이라는 이름으로 기렸던 것이리라.[16] 공자의 교육 목표인 덕성과 그 실천이 제자 안연의 일상 속에 실현되었음을 인정했던 셈이다.

5. 공자의 꿈

희귀하게도 《논어》 속에는 자로와 안연이 스승과 함께 자리했던 장면을 그려놓은 대목이 있다. 그야말로 정담(鼎談)의 자리다. 황혼녘 노을이 비껴들고, 창 바깥에는 봄꽃이 분분하게 지고 있었을지도 모른다. 둘 다 스승에 앞서 요절하여 공자의 가슴에 못을 박은 제자들이기에, 이 장면을 읽을 때마다 사제가 함께한 아름다운 한 시절의 회상인 양 가슴이 저리다. 딱딱한 수업시간은 아니고, 무람없는 휴식의 자리였던 것이

---

16) "德行, 顔淵."(《논어》, 11:2)

리라. 제자들이 질문할 적에야 답변을 내리는 《논어》의 구성과는 달리, 여기서는 스승이 제자들에게 꿈을 묻고 있기에 가져보는 추측이다.

> 안연과 자로가 스승을 모시고 있었다.
> 공자 말씀하시다. "어디 각각 자기 뜻(志)을 말해보지 않으련?"
> 자로가 말했다. "바라건대 마차와 값비싼 가죽옷을 벗과 나눠 쓰다가, 친구가 망가뜨려도 아까워하지 않는 사람이길 바랍니다."
> 안연이 말했다. "저는 잘한 짓을 자랑삼지 않고, 공로를 뻐기지 않는 사람이 되고자 합니다."
> 자로가 말했다. "바라건대 스승님의 뜻도 듣고자 합니다."
> 공자 말씀하시다. "늙은이를 편안히 해주고, 동료들 간에 신의가 있으며, 젊은이를 품어주는 세상을 만들고 싶구나."
>
> 顔淵季路侍. 子曰,"盍各言爾志?"子路曰,"願車馬衣輕裘, 與朋友共, 敝之而無憾." 顔淵曰,"願無伐善, 無施勞."子路曰,"願聞子之志."子曰,"老者安之, 朋友信之, 少者懷之."
>
> —《논어》, 5 : 25

자로나 안연이 진술한 내용, "마차와 값비싼 가죽옷을 벗과 나눠 쓰다가 망가져도 아까워하지 않는 것"(자로)이나, "잘한 것을 자랑삼지 않고, 공로를 뻐기지 않는 것"(안연)은 아직 몸에 익숙하진 못하였지만 앞으로 꼭 이루려고 마음에 간직한 목표들이다. 그러니까 이 장은 바람, 꿈에 대한 대화다. 자로는 재물보다 사람을 소중하게 여기는 꿈을 가지고 있음을 말한다. 또 안연은 스스로를 성찰하는 눈을 갖기를, 그리하여 외유내강한 인간이 되는 꿈을 술회한다.

눈여겨볼 것은 공자의 꿈이다. 자로의 질문에 공자는 우선 "늙은이를 편안히 해주고 싶다"고 답한다. 이것은 당시 노인들의 열악한 처지를 반증한다. 또 "동료들 간에 신의가 있는 세상"에의 꿈은 당시 불신에 가득 찼던 세태를 보여준다. 그리고 "젊은이를 품어주는 세상을 만들고 싶다"는 것은 가정의 파괴로 인해 젊은이들이 교육을 받지 못하는 당대의 문제점을 드러낸다. 그러니까 이것은 노인복지, 신뢰사회 그리고 교육복지를 시행함으로써 인간문명의 재건을 바랐던 공자의 꿈이 여실하게 드러난 것으로 읽어야겠다.

오늘날로 당겨 번역하자면 공자는 첫째, 노약자들이 생존을 의탁할 수 있는 복지사회와, 둘째, 말과 실천이 등호를 긋는 신용본위의 정치·경제사회 그리고 인간중심 교육을 통해, 짓눌린 청소년들이 인권을 회복하는 사회에의 꿈을 갖고 있었다고 할 수 있겠다.

스승이나 제자는 이미 오랜 옛날 죽어 사라졌다. 그러나 잔학한 춘추시대의 어느 날 꾸었던 꿈들은 오늘날까지도 동아시아인의 삶과 세상의 상식으로서 연면히 이어져왔다. 자로가 꾸었던 '재물보다 사람을 소중하게 여기는 사회'에의 꿈, 안연이 꾸었던 '자신을 낮추고 상대방을 배려하는 덕치사회'에의 꿈 그리고 스승이 펼친 바, '복지사회'와 '신뢰사회' 또 젊은이들이 인간다운 교육을 받을 수 있는 참된 문명의 비전은 아직껏 이 땅에 꿈으로 남아있다. 이 꿈들이 유교가 오늘 우리에게 남긴 유산이다. 내가 공자와 맹자를 두고 '오래된 미래'라고 이름 붙이곤 하는 까닭이기도 하다.

저자

배병삼(裵柄三)

1959년 경남 김해 출생.
경희대학교 정치외교학과 졸업.
동 대학원에서 〈다산 정약용의 정치사상 연구〉(1993년)로 박사학위를 받음.
유도회(儒道會) 한문연수원에서 권우 홍찬유(卷宇 洪贊裕) 선생과 한학의 원로들로부터 한문과 고전독법을 배움. 한국사상사연구소 연구원을 거쳐, 현재 영산대학교 자유전공학부 교수. 스스로 동양 고전 및 우리 전통사상을 오늘의 시각으로 풀고 해석하는 작업을 과업으로 삼고 있다.

저서로 《공자, 경영을 論하다》(2012년), 《논어, 사람의 길을 열다》(2005년), 《한글 세대가 본 논어 1, 2》(2002년), 산문집 《풀숲을 쳐 뱀을 놀라게 하다》(2004년) 외에도 공저 《글쓰기의 최소원칙》(2008년), 《고전의 향연》(2007년) 등이 있다.

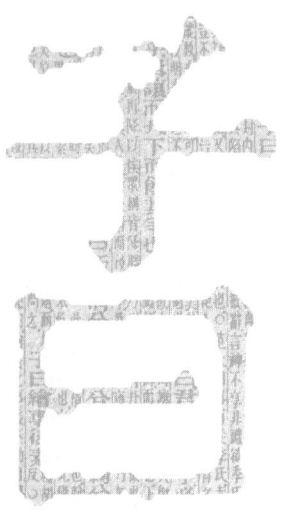

우리에게 유교란 무엇인가

초판 제1쇄 발행 2012년 6월 25일
      제2쇄 발행 2012년 9월 20일
      제3쇄 발행 2013년 7월 22일
      제4쇄 발행 2018년 6월 20일
      제5쇄 발행 2022년 3월 21일

저자   배병삼
발행처   녹색평론사

주소   서울시 종로구 돈화문로 94 동원빌딩 501호
전화   02-738-0663, 0666
팩스   02-737-6168
웹사이트   www.greenreview.co.kr
이메일   editor@greenreview.co.kr
출판등록   1991년 9월 17일 제6-36호
ISBN   978-89-90274-72-4 03150

값 16,000원